U0535621

中国金融四十人论坛
CHINA FINANCE 40 FORUM

致力于夯实中国金融学术基础，探究金融领域前沿课题，引领金融理念突破与创新，推动中国金融改革与发展。

建言资政在金融

一位政协委员的调研作业

肖钢 著

中信出版集团｜北京

图书在版编目（CIP）数据

建言资政在金融：一位政协委员的调研作业 / 肖钢
著 . -- 北京 : 中信出版社 , 2024. 11. -- ISBN 978-7
-5217-6969-2

Ⅰ . F12；F832

中国国家版本馆 CIP 数据核字第 2024AY3669 号

建言资政在金融：一位政协委员的调研作业
著者： 肖钢
出版发行：中信出版集团股份有限公司
（北京市朝阳区东三环北路 27 号嘉铭中心　邮编　100020）
承印者： 北京通州皇家印刷厂

开本：787mm×1092mm 1/16　　印张：30.75　　字数：330 千字
版次：2024 年 11 月第 1 版　　印次：2024 年 11 月第 1 次印刷
书号：ISBN 978-7-5217-6969-2
定价：88.00 元

版权所有·侵权必究
如有印刷、装订问题，本公司负责调换。
服务热线：400-600-8099
投稿邮箱：author@citicpub.com

中国金融四十人论坛书系
CHINA FINANCE 40 FORUM BOOKS

"中国金融四十人论坛书系"专注于宏观经济和金融领域，着力金融政策研究，力图引领金融理念突破与创新，打造高端、权威、兼具学术品质与政策价值的智库书系品牌。

中国金融四十人论坛是一家非营利性金融专业智库平台，专注于经济金融领域的政策研究与交流。论坛正式成员由40位40岁上下的金融精锐组成。论坛致力于以前瞻视野和探索精神，夯实中国金融学术基础，研究金融领域前沿课题，推动中国金融业改革与发展。

自2009年以来，"中国金融四十人论坛书系"及旗下"新金融书系""浦山书系"已出版190余部专著。凭借深入、严谨、前沿的研究成果，该书系已经在金融业内积累了良好口碑，并形成了广泛的影响力。

目录

序言 /

第一章
宏观形势与政策取向

第一节　站在"十四五"开端　　　　　　　　　　005
第二节　市场转向通胀预期如何应对　　　　　　　012
第三节　充分发挥我国强大国内市场优势　　　　　017
第四节　现代化产业体系的关键　　　　　　　　　030
第五节　统一大市场不是搞计划经济　　　　　　　040
第六节　居民储蓄率下降对经济的影响及应对　　　049
第七节　政策设计的思路与实施"陷阱"　　　　　053

第二章
破解制造业投融资难题

第一节	畅通制造业投融资渠道	065
第二节	促进民营企业投资制造业	082
第三节	纾困民营企业	087
第四节	市场化债转股	094
第五节	推动科技、产业、金融良性循环	107
第六节	让年轻人爱上制造业	112
第七节	建设新型劳动关系	116
第八节	稳住制造业投资回升态势	122
第九节	推动金融业与制造业协同发展	128
第十节	绿色金融助力"双碳"目标实现	134

第三章
金融改革下一程

第一节	金融供给侧结构性改革	145
第二节	加大基础设施补短板力度	152
第三节	构建新基建的市场化投融资模式	155

第四节	破解我国公募REITs的五大障碍	160
第五节	推动基础设施公募REITs健康发展	169
第六节	私募股权创投基金的独特作用	173
第七节	深化新三板改革	177
第八节	建设现代中央银行制度	180
第九节	国有银行股改的启示	184
第十节	完善金融税制	190
第十一节	接上科技与资本的断点	196
第十二节	推动养老金投资转型	202
第十三节	健全长期投资者制度	206

第四章
数字金融再出发

第一节	数字经济发展面临三大问题	217
第二节	构建数据要素流通交易制度	221
第三节	上市公司在数字经济发展中的引领作用	226
第四节	共享经济的诚信体系	231
第五节	大力发展数字普惠金融	234
第六节	加强对大型金融科技公司的监管	242
第七节	健全金融数据治理体系	247

第八节	资产数字化与数字市场化	255
第九节	发展智能金融	261
第十节	数字金融与工业互联网融合	285
第十一节	监管科技的瓶颈与发展建议	289
第十二节	完善监管沙盒机制	294

第五章
打造全球人民币金融资产配置中心

第一节	打造全球人民币金融资产配置中心恰逢其时	313
第二节	稳步推进资本项目可兑换	318
第三节	可持续投资的信息披露	327
第四节	沪港通对金融开放的启示	333
第五节	有序推进我国资管行业转型	339
第六节	净值化管理的优势与挑战	348
第七节	基金业对外开放	352
第八节	信托业的新使命	358
第九节	跨境资本流动的均衡态势	367

第六章

金融支持粤港澳大湾区

第一节	粤港澳大湾区顶层政策体系形成	377
第二节	粤港澳跨境金融合作需求显著提升	385
第三节	粤港金融合作路径探索	389
第四节	推动琴澳金融双向开放	398
第五节	大湾区数字金融创新	404
第六节	在"一带一路"建设中加快推进人民币国际化	410
第七节	亚洲金融合作要实现四个转变	413
第八节	打造亚洲数字经济金融合作新亮点	418

第七章

财政金融风险治理

第一节	影子银行治理	429
第二节	把握好处置风险的节奏和力度	447
第三节	加强金融控股公司监管	455
第四节	防范地方政府隐性债务风险	457
第五节	化解区县财政风险	461
第六节	以系统观念应对房地产风险	464

序言

这是一本政协委员调研作业集，真实记录了我在担任全国政协十三届委员期间从事调查研究的情况，集中反映了一名政协委员履行建言资政和凝聚共识职责的成果。用政协委员的行话来讲，就是交作业了。

正确的决策离不开调查研究，正确的执行也离不开调查研究。调查研究是谋事之基、成事之道，是我们党的优良传统，也是政协委员开展工作的基本功，是增强履职本领的根本途径。我记得2021年全国政协经济委员会组织开展了关于构建现代化基础设施体系的专题调研，调研途中我们专门去湖南韶山开展党史学习教育，在韶山毛泽东同志纪念馆，我们再次看到毛泽东主席关于调查研究的著名论断——"没有调查，没有发言权"，"不做正确的调查同样没有发言权"[①]，这引起了大家的热议与思考。我们触景生情，温故知新，对做好调查研究工作有了进一步认识，

---

① 参见《毛泽东选集》第一卷。

受到了深刻教育。

怎样做正确的调研，提高调研的实效？我的学习认识是，首先要坚持讲政治、为人民，这是政协委员做正确调研的根本前提。政协是政治组织，政协委员必须旗帜鲜明讲政治，在调研实践中深刻领悟"两个确立"的决定性意义，进一步增强"四个意识"、坚定"四个自信"、做到"两个维护"。要坚持人民政协为人民，按照专门协商机构建设的要求，从党政所思、群众所盼、政协所能出发，围绕党和国家中心工作展开调研，坚持问题导向和目标导向，坚持真调研，调研真问题，增强系统观念，提升服务大局能力。其次要树立正确的履职观，这是政协委员做正确调研的思想基础。要端正调研态度，力戒形式主义、官僚主义。政协调研不同于党政机关的调研，在选题机制、调研场景、组织方式和报告撰写等方面都有政协的优势与特色，有利于拓展调研的深度与广度，发挥好建言资政和凝聚共识的重要作用。再次要注意处理好调查和研究两个环节的关系，这是政协委员做正确调研的基本范式。现实中真实的情况有可能被一些表面现象所掩盖，典型案例也不一定代表全局情况，因此，既要做好真实情况和问题的调查摸底，掌握第一手材料，又要在调查的基础上进行去粗取精、去伪存真、由此及彼、由表及里的综合分析，透过现象看到本质，力求把握事物发展规律。对于政协委员来讲，既要学会调查，更要擅长研究；既要"解剖麻雀"，又要分析全面情况，研究突出问题，防止片面性、碎片化。可见，调查是基础，功夫在研究，目的在应用。文以载道，以用为贵。要把微观调查与宏观研究有机结合，把定性分析与定量分析有机结合，提出解决问题的创新思路与务实举措，不断提升"言值"，发挥以研资政的积极作用。最后要坚持读书学习，这是政协委员做正确调研的重要途径。读书学习是政协委员的第一职责，也是人民政协固本强基的重要任务。政协委员要靠"说得对"发挥作用，就必须多读书、读好书、善读书，借助阅读的力量，提高认知水平，加强自我教育，促进自我提高，把读书学习与调查研究紧密结合起来，倡导不读书不学习就不调研，不调研就不协商，不做正确的调研就不提政策建议。

正是基于以上思想认识，近年来我努力学习做正确的调查研究，并按照调研题目与内容，将本书分为七章。

第一章宏观形势与政策取向。主要反映了我对宏观经济金融相关问题的调研与思考，属于宏观开头篇。我在全国政协十三届履职期间，正值党中央提出构建新发展格局，充分发挥我国超大规模市场优势和内需潜力，也恰好是我国"十四五"规划实施的时期，同时党中央还做出了加快建设全国统一大市场和以实体经济为支撑的现代化产业体系等重大部署。因此，这一章汇集了我对这些问题的学习体会和研究所得。

第二章破解制造业投融资难题。全国政协经济委员会围绕这个问题多次组织开展调查研究，我作为一名来自金融界的政协委员，侧重从金融角度对如何优化制造业投融资模式提出了一系列政策建议，对促进民营企业投资制造业也提出了务实举措，有些措施正在实施中。在这一章中，《纾困民营企业》和《市场化债转股》两篇报告曾获得中央领导同志的批示，引起了相关部门的重视。针对我国灵活就业人数增多、非标准劳动关系已成为就业趋势，我就加快建设我国新型劳动关系的体系与制度进行了调查研究，提出了新型劳动关系的定义与内涵，以及相关的保障制度，对如何让年轻人爱上制造业、加快培育新兴产业工人提出了意见。在推动金融业与制造业协同发展、稳住制造业投资回升态势等专题上，也提出了新的发现和举措。

　　第三章金融改革下一程。反映了我对深入金融供给侧结构性改革问题的调研思考，对改革的内涵、必要性，金融供给侧结构性改革与经济供给侧结构性改革之间的关系，以及如何实施金融供给侧结构性改革做了阐述。在全国政协宏观经济形势分析座谈会、专题协商会上，我分别汇报了参加政协调研后的收获。比如，在加大基础设施补短板力度方面，我就消除思想认识误区、创新基础设施投融资机制、推进基础设施营运管理改革等提出了建议。又如，针对发挥私募股权创投基金的独特作用问题，我分析了私募股权创投环境发生的变化及原因，就拟定规范和引导资本发展指导意见、出台私募股权创投基金监管条例、破解长期资金瓶颈、完善税收优惠措施等提出了建议。再如，针对深化新三板市场改革问题，我就增加新三板市场发行交易功能，试点股票发行注册制，实施严格的退市制度，改革市场交易机制以及坚持以机构投资者为主体等提出了建议。此外，我对宏观政策边际效用递减问题做了分析，对政策实施中非预期负面影响的原因进行了探讨，主张区别政策、体制和改革的含义，处理好三者之间的关系。公开发行不动产投资信托基金（REITs）是我长期关注的课题，我深入基层和项目进行调研，分析了我国长期存在的制约公募REITs发展的障碍并提出了破解路径。在基础设施公募REITs试点后，我又做了跟踪研究，就制定单独法规、优化运行机制、促进基础设施专业运营能力与资本运作能力共同提升、完善估值定价体系等提出了建议。此外，在这一章中，我还就国有商业银行股份制改革的下一程、完善金融税制、接上科技与资本的断点、推动养老金投资转型等问题发表了自己的见解。

第四章数字金融再出发。数字经济是全国政协经济委员会高度重视和重点研究的问题之一，我多次参加相关专题调研。我记得在2022年全国政协召开"推动数字经济持续健康发展"专题协商会的消息公开报道后，网上点击量超过7000万，一个会议的报道引起如此热烈的反响，应该是创纪录的。数字经济和数字金融也是我一直很感兴趣的，近几年我花了不少时间跑了一些地方和企业，在全国政协的几次会议上都谈了自己调研后的认识与建议，呼吁构建新型数据产权，抢占全球数字经济竞争制高点，制定数据开发、流通、交易与共享的制度规则，建设多层次数据交易市场，加强和改善对数据流通交易的监管。我在2019年就提出要加强对大型金融科技公司的监管，建议完善对大型金融科技公司的监管框架，出台相关规则加强对金融消费者与投资者的保护，加强反垄断监管，建立健全日常跟踪监测体系和应急管理机制，应该说是具有一定前瞻性的。几年前，全国政协开展政协委员自主调研试点，我自选以"智能金融"为题，第一批参加了试点，自主安排调研，形成报告后得到全国政协领导的充分肯定。后来我坚持跟踪研究这个问题，每年都牵头主编《中国智能金融发展报告》。值得一提的是，我在数字金融方面的调研成果还体现在连续3年撰写提交了三个政协委员提案：一是关于支持发展互联网小贷公司的提案，二是关于支持互联网银行更大力度服务小微企业和个体户的提案，三是关于构建金融科技伦理治理体系的提案。这三个提案都得到了有关部门的重视与答复，对促进相关问题的解决产生了积极影响。

第五章打造全球人民币金融资产配置中心。这是我在全国政协2020年第一季度宏观经济形势分析座谈会上首次提出来的，当时受新冠疫情影响，经济社会活动一度暂停，全球金融市场大幅波动，但我国金融市场表现出较稳的态势和较强的韧性。当时我的发言在社会上产生了积极正面的影响，《人民政协报》头版头条发表了我的观点，多家媒体进行转发，对于凝聚共识、提振信心发出了一个政协委员的心声。要打造全球人民币金融资产配置中心，离不开我国金融市场的开放。为此，我就稳步推进资本项目可兑换提出了建议，总结了我国基金业对外开放和开办沪港通的历程、经验和启示，对如何渐进式推进市场开放、优化市场投资生态、健全跨境资本流动审慎管理提出了自己的看法。同时，加快我国资产管理行业转型，增强其国际影响力，不仅是打造全球人民币金融资产配置中心的重要组成部分，也是建设我国资产管理高地的必然要求。因此，这一章也汇集了关于上述几个方面问题的调研心得。

第六章金融支持粤港澳大湾区。金融业在大湾区建设中具有不可替代的重要作用，发展空间广阔，潜力巨大。进一步推进粤港澳金融合作，打通境内外金融要素市场，对于促进大湾区实体经济发展和国际科创中心建设，具有重要意义。为此，我组织开展了相关课题研究，比较系统地梳理了近20年来粤港金融合作政策体系，总结了金融合作的成效，分析了存在的困难、挑战和障碍，探索了创新金融合作的路径与措施。主要是以人民币国际化作为深化金融合作的引领，以资本市场融合发展作为深化金融合作的基础，以发展全球财富管理中心作为深化金融合作的途径，以聚焦和辐射东盟市场作为深化金融合作的支点。在推动琴澳金融双向开放和互联互通，加快横琴粤澳深度合作区建设方面，我提出了推动"资金通"、便利"服务通"、加快"规则通"的建议，并要做到四个坚持，即坚持服务实体经济和居民生活为宗旨，坚持服务协同创新共同体为要务，坚持双向开放互联互通为重点，坚持规则衔接、机制对接为基础。

第七章财政金融风险治理。2018年我第一次参加全国政协调研的题目是"健全系统性金融风险防范体系"，当时根据调研组的分工，我就防范化解地方政府隐性债务风险问题写了调研报告。同年5月，我在全国政协专题协商会上进行了发言，引起了有关方面的高度重视。关于我国影子银行风险问题，我从2011年就开始研究，当时我发表的观点曾引起金融界的热议。之后我持续跟踪研究，有了更加全面、深入的认识。2018年《关于规范金融机构资产管理业务的指导意见》（简称资管新规）颁布之后，影子银行治理取得很大成效，风险化解取得重大成果，但也出现了一些新情况和新问题，为此，我通过调研对如何把握好处置风险的节奏和力度，促进资管行业健康发展提出了政策建议。房地产风险事关系统性财政金融风险防范，我在调研中深切感到，防范化解房地产市场风险没有一剂见效的灵丹妙药，必须坚持系统观念，用普遍联系、全面系统、发展变化的观点来认识房地产市场，把握房地产行业的发展规律。

需要说明的是，以上七章的文稿除个别文字修改外，基本保留了原貌，不少是公开发表过的，有关数据也没有更新，这样可以更好地反映当时的实际情况和认知水平。

我一直喜爱写作，在我的职业生涯中，无论处在什么工作岗位，我都有自己动手写作的习惯，而且每一阶段结束后都会写作出版一本书来做一个小结。作为政协委员，通过写作来反映调研成果、交流沟通信息、履行委员职责，是一件有意义的事情，也是一名政协委员忠诚、有担当的体现。对个人而言，写作是沉淀、消化已学知识的过程，是增强记忆能力、思考能力的途径，也是改善心智、提升自我的力量。写作虽然耗时、费力、辛苦，并且有风险，但每当完成一项写作任务时，总会感受到一种难得的愉悦与充实。可以说，写作是成就自我最好的投资。

一届政协人，一生政协情。担任全国政协委员，既是荣誉，更是责任。我参与了解社情民意，从事参政议政活动，亲身感受到人民政协的独特优势，深切领悟到全过程人民民主的真谛，也无比珍惜这一段人生经历。

《习近平谈治国理政》第三卷第326页有一段对政协委员的殷切希望。习近平总书记借用人们熟悉的诗词，要求广大政协委员有"望尽天涯路"的追求，耐得住"昨夜西风凋碧树"的清冷和"独上高楼"的寂寞，最后达到"蓦然回首，那人却在，灯火阑珊处"的领悟。这不仅是对政协委员的要求，更是对人生的教导。

心若年轻，则岁月不老。回首过往半生路，归来仍是少年心。持续写作，终身学习，将是我一生的执着与坚守，也是我最好的养老。

第一章

宏观形势与政策取向

"依托我国超大规模市场优势,以国内大循环吸引全球资源要素,增强国内国际两个市场两种资源联动效应,提升贸易投资合作质量和水平。"

——摘自党的二十大报告

"要依托我国超大规模市场和完备产业体系,创造有利于新技术快速大规模应用和迭代升级的独特优势,加速科技成果向现实生产力转化,提升产业链水平,维护产业链安全。"

——摘自《习近平著作选读》第二卷,第330页我国超大规模市场涵盖了劳动力、消费、产业、创新、金融、物流、房地产等各类市场，既包括商品市场和服务市场，也包括要素市场。超大规模市场不仅以市场规模来衡量，更重要的是全国统一大市场，以及对全球产生重大影响、对国内国际双循环形成有力支撑的强大市场。可以说，像我国这样超大规模的统一市场，全球只有一个。

第一节
站在"十四五"开端[①]

"十四五"规划需处理好五大关系

第一,继承和创新的关系。"十四五"规划与"十三五"规划相比,既有继承,又有创新。

第二,市场和政府的关系。第一次提出有效市场和有为政府的更好结合,这是多年不断深化认识市场与政府关系的成果。在发展市场经济的过程中,要更加重视中国特色社会主义体制优势。

第三,开放和自主的关系。"十四五"规划要处理好、统筹好国内国际两个大局。

第四,发展和安全的关系。安全是发展的前提,发展是安全的保障,确保不发生影响现代化进程的系统性风险。

第五,战略和战术的关系。规划建议中既有宏观目标,高瞻

[①] 此文系作者2020年12月在中国金融四十人论坛旗下北方新金融研究院内部交流会上的主题演讲。

远瞩，又有具体举措，务实管用。

同时，"十四五"规划有七个战略要点。

第一，以构建新发展格局为总纲。

第二，以推动高质量发展为主题。

第三，以深化供给侧结构性改革为主线，同时注重需求侧管理。

构建新发展格局，关键是供给端转型升级与需求端扩内需、促消费相适应。从2020年新冠疫情恢复情况看，总体上，生产恢复好于需求恢复，大企业好于小微企业，南方地区好于北方地区。南北差距在扩大，经济发展重心开始南移。无论是从人口流入流出的情况、GDP（国内生产总值）增长的情况看，还是从金融方面的情况、技术研发的情况看，重心都在南移，区域发展不平衡。

新冠疫情发生后，许多国家富人消费降低、储蓄增加，而穷人失业、收入减少。因此，富人比穷人恢复得更快更好，这种不平衡的现象确实存在。

从我国的情况看，多年来，资本、劳动、土地等要素相结合，创造了大量财富，但居民消费支出占居民可支配收入的比例在下降，贫富差距扩大。这些不平衡的现象说明，需求侧成为一个短板，供大于求的问题显现，因此，注重需求侧管理也是"十四五"期间的发力点。

需求侧管理除了消费还涉及投资，扩大投资是必要的。但是过度依靠扩大信用规模来扩大投资，效益并不好，特别是基础设施大部分是公益性的，项目本身没有足够的现金流，结果是债务高企，不仅未来的偿付能力受到影响，而且对 GDP 的拉动也越来越少。因此，要逐步改变过去更多依赖负债驱动型的投资扩张，盘活资产存量，提高投资效率，拓展投资边界。对老思维、老模式的改革，是需求侧管理的重要内容。

第四，以科技自立自强为支撑。坚持创新在我国现代化建设全局中的核心地位，把科技自立自强作为国家发展的战略支撑。

第五，以发展实体经济为着力点。坚定不移建设制造强国、质量强国、网络强国、数字强国、交通强国。推进金融、房地产和实体经济均衡发展。

第六，以扩大内需为战略基点。把满足国内需求作为发展的出发点和落脚点，加快构建完整的内需体系，完善扩大内需的政策支撑体系，通过创新驱动，实现需求牵引供给、高质量供给引领和创造新需求，全面促进消费，拓展投资空间，培育更多新的增长点。

第七，以集中精力办好自己的事为根本。针对当前复杂的国际形势，强调要办好自己的事。

中国超大规模市场潜力有待发挥

循环经济，源于环境经济学术语，现在延伸至宏观经济领域，主要涉及生产、分配、流通、消费和各种要素流动。从经济发展的历史来看，有出口导向外向型和进口替代内向型两种类型。我国1987年提出国际大循环经济发展战略，即"两头在外，大进大出"。直到2006年，我国发布"十一五"规划时，提出了"把扩大国内需求特别是消费需求作为基本立足点，促使经济增长由主要依靠投资和出口拉动向消费与投资、内需与外需协调拉动转变"。

从时代背景来讲，改革开放以来，"两头在外，大进大出"对促进经济发展起到了很大的作用，但是弊病也逐渐暴露，关键核心技术受他国限制。我国经过了40年快速增长，需要转向高质量发展阶段。再加上中美博弈升级、国际形势变化，"以国内大循环为主体、国内国际双循环相互促进"的新发展格局应运而生。这是党中央主动作为、长远谋划所做出的重要战略抉择，也是一场深层次的体制变革。

我国能够依靠国内需求实现发展，中国具有超大规模市场优势，投资和消费的国内需求潜力巨大，只是潜在力量尚未完全发挥。要把潜力变成现实，还需要付出艰苦的努力，必须加快改革开放，破除体制机制障碍。

我国现在有14亿人口，未来人口将继续增加。过去我国每年新生婴儿数量达2 000万以上，近年来数量在减少，但是人口总量仍在上涨，我国依然具有人口红利。特别是到2030年，"80后"约有6亿人，"90后"约有4亿人，且受教育程度普遍更高，这些都是超大规模市场的潜在优势。

扩内需一定要有新思维，传统需求侧视角是替代论，外需不行扩内需，而新需求侧视角是需求与供给相互促进论，要增强消费的基础性作用，扩大传统消费、培育新型消费、发展服务消费就必须提升国内供给质量与水平，充分参与国际竞争，改善资源利用效率，提高供给创新能力，更好适应需求变化。

注重稳增长与防风险的长期均衡

构建新发展格局，需要注重跨周期调节政策框架的制定、稳增长和防风险的长期均衡。

逆周期调节主要针对短期情形，着力解决当前问题；而跨周期调节主要解决经济发展的中长期问题，特别是结构性问题。跨周期政策框架怎么建立、有哪些工具，是需要深入研究的问题。

从我国经济长期发展趋势看，稳增长和防风险同等重要。2020年以来我国宏观杠杆率上升了近30个百分点，由2019年末的241%上升至2020年末的270%，政府部门、企业部门、居民部门的杠杆率都在提高，势必对未来造成风险。因此，稳增长和防风险，不是一两年的事情，既是攻坚战，又是持久战，需要保持两者长期均衡。这是一项复杂艰巨的任务。

如何衡量高质量发展，宏观上有人均GDP、全民劳动生产率、营商便利度、制造业增加值占比、宏观杠杆率等指标。这些指标有些较好，有些改进有难度，但我相信，经过"十四五"的努力，按不变汇率，我国人均GDP可达到1.2万美元，开始进入高收入国家行列。

增强金融普惠性，构建金融有效支持实体经济的体制机制

"十四五"金融工作有八大任务。

第一，建立现代中央银行制度，完善货币供应调控机制，健全市场化利率形成和传导机制。

第二，构建金融有效支持实体经济的体制机制，提升金融科技水平，增强金融普惠性。

第三，深化国有商业银行改革，支持中小银行和农村信用社持续健康发展，改革优化政策性金融。

第四，增强资本市场枢纽功能，全面实行股票发行注册制，建立常态化退市机制，提高直接融资比重。

第五，推进金融双向开放，稳慎推进人民币国际化。

第六，完善现代金融监管体系，加强制度建设，提高金融监管透明度和法治化水平，完善存款保险制度。

第七，坚决惩治各种金融乱象，对各类违法违规行为要"零容忍"。

第八，积极稳妥防范化解金融风险，坚决维护金融稳定，牢牢守住不发生系统性金融风险的底线。

要构建金融有效支持实体经济的体制机制，首先，要贯彻新

发展理念，坚持规模、效益、质量的统一，紧紧围绕创新链、产业链打通资金链、服务链，积极支持先进制造业和科技创新产业发展，优化信贷结构，提供多元化服务。

其次，要完善货币供应调控机制，保持流动性合理充裕，健全结构性货币政策工具，改善传导机制，有效引导金融机构精准服务实体经济，支持经济发展薄弱环节。

再次，要构建金融支持小微企业、民营企业的长效机制，发展新型银企关系，改进风险管理，提升金融科技水平。

最后，要大力发展绿色金融，注重环境风险评估，切实将环境风险评估纳入金融机构业务决策的流程之中，发挥金融资源配置扶优限劣的积极作用，为实现绿色发展贡献力量。

第二节

市场转向通胀预期如何应对 ①

如何理解并实现"迈好第一步,见到新气象"?

2021年是很重要的一年,既是"十四五"开局之年,也是构建新发展格局的第一年,还是建党100周年。中央经济工作会议上提出明确要求,2021年要在构建新发展格局上"迈好第一步,见到新气象",这是对2021年经济工作的总要求。我学习理解"迈好第一步,见到新气象"具有两个含义:一方面需要开好局,起好步,得"稳"字优先,要继续巩固好经济恢复的基础,保持经济在合理区间运行;另一方面要见到新气象,就需要在全面深化改革和扩大开放方面有新的作为。

要实现这个目标,就要按照中央的部署,坚持稳中求进的方针,更加讲究科学精准地实施宏观政策。进入2021年以来,特别是牛年春节以来,全球金融市场震荡加剧,而且出现震荡调

---

① 此文系作者2021年3月在中国财富管理50人论坛闭门研讨会上的发言。

整，未来的几个月甚至一年内还会有大的调整。引起全球金融市场震荡和调整的最大的变化，就是整个市场由通缩预期转向了通胀预期。坦率地说，关于将来转向通胀的问题有很多讨论，但是最近通胀预期来得这么快还是始料不及的。大家都知道，我们可能在一个月前甚至两个月前还在讨论现代货币理论到底是不是有效、无限量化宽松货币政策是不是有效。

实际上当时讨论的前提是没有通胀，再怎么样都通胀不起来。如今在这样一个预期突然转变的情况下，这些问题就不再成为问题了。最近，从全球舆论来看，已经不再讨论这个问题了。因此，通胀再度成为全球金融市场的一个关键敏感词，预期的转向带来了很多变化，这是当前最主要的一个变化，比如，美国10年期国债的收益率不断上行，30年期国债的收益率也在上行，全球股市下跌，大宗商品的价格在迅速上涨，黄金市场价格下跌，以比特币为代表的各种加密货币剧烈波动，这些变化反映了市场预期宽松的货币政策产生转向。我们经常提及的10年期、30年期国债的收益率，是一个风向标，从金融市场特别是债券市场来看，它是对通胀最敏感的指标，也可以说金融市场总是通胀的第一个感知者。

金融市场当前受通胀预期的影响很大

近期大家都看到美联储的表态，明确要继续维持宽松的政策，甚至表态在两年内不加息，不担忧通货膨胀。市场也在揣摩，一方面认为这是政治表态，美联储可能知晓通胀将要来临，表态是为了安抚市场；另一方面作为中央银行而言，它可能是最后一个知道通胀将要来临的组织。

金融市场之所以受通胀预期的影响很大，主要还是因为通胀是宏观经济周期变化的先行指标。一般来说，价格持续上涨，经济的景气度就要提升。如果从一个周期的角度来讲，比如，以10年为期来看一个经济周期的演变，价格基本上是存在需求导向的，也就是需求扩大，价格就上涨。当然供给的冲击也会造成价格的上涨，但是一般认为供给冲击带来的价格上涨不具有周期的趋势性特点，我们在衡量通货膨胀的时候，通常看核心通胀，即剔除食品和能源价格因素后的通胀，原因就是食品和能源价格的变动往往受供给冲击比较大。比如，农产品受自然条件、气候条件影响比较大，能源受地缘政治冲击比较大，包括新冠疫情对它们而言也是一个冲击。因此，我们认为核心通胀是把价格的上涨作为主要需求导向，观察需求扩大或者萎缩先行的指标，所以需要排除因为受供给冲击而造成的价格上涨。

当前这一轮通胀预期，主要是受前期大规模刺激政策的影响，这个影响已经造成了需求的扩大，所以现在市场普遍认为，2021年全球的经济复苏好于2020年。尽管疫情防控还是复杂多变，但全球总体上对于疫情的担忧是朝着趋缓的态势发展的，包括疫苗的接种范围不断扩大，重症病人的占比在下降，应该说2021年全球经济复苏是一个大概率事件，无论是从国际组织还是金融市场的各种分析师的预测来看，这都是一个已经基本达成的共识。

中国经济展望与对策建议

中国经济已经深度融入全球的经济，我们的发展离不开全球的大背景，所以在这样一个大背景下，市场通胀预期的上涨也是合乎逻辑的。这种通胀预期也是造成近期我国资本市场波动的一个重要原因，不仅是股票市场和债券市场，2020年下半年以来，我国大宗商品的价格也在持续上涨。正因为这种价格的上涨会推动PPI（生产价格指数）持续上涨，大家从2021年1月的数据可以看到，PPI的同比增长已经转正了，现在预期未来的几个月乃至于2021年还会继续上涨。而且PPI上涨的幅度和速度可能会快于CPI（消费价格指数）。从我国核心CPI来看，2013—2019年大体稳定在1.2%~2.5%，保持在比较平稳的水平。2020年，由于受到新冠疫情的冲击，CPI在短期内出现下行，但是后来也很快恢复稳定。2021年1月CPI又回到 –0.3%，主要是受基数的影响。未来随着经济的增长，2021年的经济增长大概率会是前高后低的趋势，如果消除了这个基数的差异，特别是核心CPI，2021年还会保持一个平稳的态势，但PPI上涨会快于CPI的增长。

2021年，一方面要巩固我国经济复苏的基础，另一方面要预防通货膨胀。特别是还要预防系统性金融风险，必须按照中央要求坚持宏观政策的连续性、稳定性和可持续性，不急着转弯，同时在实施积极财政政策的过程中要更加注重效率，更加注重可持续。现在我国的财政形势还是比较严峻的，各地财政比较困难。在实施稳健的货币政策时，要更加注重前瞻性，尽量长期保持正常的货币政策空间。

第三节

充分发挥我国强大国内市场优势[①]

逐步形成以国内大循环为主体、国内国际双循环相互促进的新发展格局,是党中央审时度势,对当前和今后一个时期我国经济发展做出的重大战略部署,也是全球化重构时代我国经济发展的重大战略抉择,更是构建高水平开放、制度型开放新格局的必然要求。围绕高质量发展主题和构建新发展格局战略部署,党的十九届五中全会提出了国内市场更加强大的目标。充分发挥我国强大国内市场优势是"十四五"时期经济平稳健康发展的根本保障。

"十四五"时期中国经济金融发展的内外部环境面临三大变化:一是人口红利和低劳动成本优势趋于消失,二是后发优势不再,三是相对有利的外部发展环境正在发生深刻改变。

我国强大国内市场优势,是一个全面、系统的概念,具有丰富的内涵。强大国内市场不仅是以某些市场达到世界最大规模来

---

① 此文为中国金融四十人论坛《径山报告》课题组所著《走向"十四五":中国经济金融新格局》综合报告《充分发挥我国强大国内市场优势》的部分成果。

衡量的，更重要的是强调其是全国统一的市场，并且是能够对全球市场产生重大影响，对内循环与双循环形成有力支撑的大市场。可以说，像我国这样超大规模的统一市场，全球只有一个。当然，尽管我国强大国内市场优势蕴藏着巨大潜力，但要转化成现实优势，充分发挥其效能，还需要一系列条件。在这方面，我国目前还面临着不少障碍和挑战。要真正实现从潜在优势到现实效能的转变，更好地推动国内国际双循环相互促进的新发展格局，还需要进一步深化改革、扩大开放，采取一系列政策措施。

我国强大国内市场优势的内涵

"十四五"时期，面对国内外更加复杂严峻的形势，在传统优势趋于消失的同时，中国经济必须挖掘和释放强大国内市场优势潜力。具体而言，中国强大国内市场优势有如下五个方面的基本内涵。

第一，新一代青壮年人口优势。强大国内市场优势首先是由我国超大规模的人口数量决定的。在未来较长时期内，我国仍将拥有世界上相对规模最大的优质劳动力资源。这些人成长于中国经济蓬勃发展的高速增长期，受教育程度高，是互联网等新经济时代的原住民，正在成为各行各业的生力军，为我国经济发展持续注入新鲜血液，使我国成为人力资本积累的后起之秀，一代更比一代强。我国必将具有更强的创造力和国际竞争力。

第二，超大规模消费市场优势。近年来，中国已经在越来越多的行业成为世界第一大消费国。中等收入群体的快速增长是促使中国消费规模不断壮大的重要原因。改革开放40多年的经济高速增长，孕育了一大批具有较高消费能力的中等收入群体。从宏观经济结构来看，由投资驱动向消费拉动转型也是当前和未来中国经济的一个显著特征。长期以来，中国经济的宏观支出结构呈现低消费、高储蓄、高投资的典型特征。这意味着，未来我国消费率仍存在一定的上升空间。

第三，科技创新与技术产业化应用规模优势。强大国内市场优势在科技创新和风险投资领域有重要体现。首先，强大国内市场意味着更高的新技术涌现概率。人口基数和经济实力是影响科技创新的两个基础性因素。近年来，我国的科研经费投入不断增长，研发投入强度仅次于美国，是世界第二大研发投入国。从全球经验看，创新中心主要由科技、知识、人力、文化、体制等创新要素驱动发展，并对周边区域具有高端辐射与引领作用，可以形成创新性区域经济，对一国高端创新有较大的引领和促进作用。另外，强大国内市场优势还为新技术的产业化落地创造了更广阔的空间、更丰富的应用场景和更充分的试错机会。在强大统一国内市场中，更多的大企业会相互竞争，难以形成垄断，有利于增强企业的国际竞争力。强大统一国内市场促进了创新型城市建设和产业配套完善，也为高端科技设备"备胎"提供了充分的开发、试验空间。

第四，大规模金融市场优势。改革开放40多年来，中国金融业几乎从零起步，从单一结构走向门类齐全、功能完备的金融市场，对经济高速增长发挥了关键作用。金融竞争力是国家竞争力的重要组成部分。当前，我国金融市场已经具备成为大规模金融市场的潜力，主要表现在四个方面。一是中国金融市场的体量已经位居全球前列。二是中国金融市场拥有规模庞大、结构多样的投资者群体。三是随着中等收入群体扩大和人口老龄化时代来临，居民资产配置和财富管理需求持续增长。四是新冠疫情拉动了海外资金配置中国金融资产的需求。

第五，强大国内市场地区收敛优势。我国幅员辽阔、人口众多、发展不平衡不充分，这既是中国经济金融发展面临的问题和挑战，也蕴含着未来可持续发展的潜力和机遇。强大国内市场内部较大的区域差距为经济持续发展提供了潜力、机遇、韧性和活力，这是超大规模经济体的独特优势，是其他经济体无法比拟的。较大的地区差异蕴含着增长潜力，落后地区追赶发达地区、缩小区域差距的过程本身就是经济增长潜力释放、产业转移升级、国内贸易增长的过程。需要指出的是，落后地区追赶发达地区的收敛效应并不是天然存在的，也不是说越落后的地区发展潜力越大。不同发展水平的地区禀赋优势有差异，潜在增长率也不同，精准发掘区域优势、释放增长潜力是落后地区实现收敛效应的前提。

强大国内市场与对外开放

"十四五"时期强大国内市场的开放优势将进一步得到发挥，构建国内国际双循环相互促进格局的条件将更加有利。强大国内市场并非一个封闭的国内市场，而是一个开放、包容、联通国际的市场，是世界市场的重要组成部分。近年来，我国通过实施更高水平的对外开放，形成了进出口平衡发展、利用外资和对外投资相互协调的良性循环，为全球大规模的货物服务贸易往来、跨境资金流动以及我国积极融入国际产业链供应链提供了广阔的空间。我国强大国内市场促进了国际国内要素有序自由流动，市场深度融合，国内国际双循环相互促进的新发展格局。

第一，我国货物与服务进出口较快增长，成为经济全球化的重要力量。2001年我国加入WTO（世界贸易组织）后，与世界经济的相互依存程度不断加深，并连续多年成为世界第一大出口国和第二大进口国。我国强大国内市场带来的大规模跨境货物服务贸易往来，为建立开放型世界经济、拉动世界经济增长贡献了中国力量。

第二，大规模跨境资金往来通畅便捷，促进国际国内要素有序自由流动。改革开放以来，大量境外资本和企业来华投资，推进我国快速形成了制造业产业链的国际生产网络。即使在近几年全球投资不景气的背景下，我国仍保持了第二大外资流入国的地位。通过吸收和配置全球资源，推动海外布局与国内产业协同互补，增强对全球资源的整合和掌控能力，加速我国制造业实现了技术进步和产业升级，在开放合作中形成了具有更强创新力、更高附加值的产业链。

第三，超大规模消费市场是促进双循环的"压舱石"和"助推器"。近年来，美国、欧洲国家等实施了"再工业化"，新冠疫情的全球暴发也进一步加速了全球产业链的重新布局，但全球化趋势不可逆转，互联网、数字技术已成为全球化的最大推手，必将打造升级版的全球化。企业以服务消费者需求为导向的客观规律不会改变，我国不断壮大的国内消费市场，必将增强对外国投资者和企业的吸引力，全球产业链无法与中国"脱钩"。同时，巨大的消费市场优势不仅使我国成为全球产业链重构的基石，而且是培育我国自身产业链竞争力的"助推器"。

第四，完整的制造业体系助推我国积极融入国际产业链，巩固和提升我国国际分工地位。近年来，我国制造业规模持续壮大，制造业增加值占世界制造业的比重进一步提高。我国已经成为全世界制造体系完整度最高的国家，工业覆盖联合国工业体系全部门类，产业链较完备，上下游产业配套能力较强，这增加了我国应对外部冲击的韧性和回旋余地。虽然中国已成为全球供应链不可或缺的辐射中心，同时也是全球供应链的重要需求方，但自身产业链也存在着不稳、不强、不安全的问题，特别是对资源品和高附加值零件与设备等进口依存度较高，需要进一步融入国际经济，不断补链、固链、强链，引进来，走出去，形成吸引外资和对外投资并重的格局，深度融入全球经济投融资活动，努力培育新形势下我国参与国际合作和竞争的新优势。

第五，科技创新和技术产业化规模优势将加速国内国际市场融合。新一代科技创新与技术产业化应用以互联网服务、大数据、人工智能等信息技术领域为代表，其典型特征是区别于普通物质商品，能够突破传统的地理界线，加速国内国际市场的相互融合，更好地促进国内国际经济双循环。同时，这些技术应用所涉及的跨境信息交换、数据传输、资金清算和归集等业务，也要求跨境业务参与方积极合作以制定相关规则、规范业务开展，这进一步促进了科技创新与技术产业化应用的更新换代。

第六，大规模金融市场优势有助于配置国内国际资源。我国保持常规、稳健的货币政策，与主要发达经济体相比，利率保持在正常水平，本外币利差上升。人民币资产的优势会更加明显，境外投资者配置中国金融资产的需求会更加强烈，而中国金融市场持续双向开放为境外投资者参与中国金融市场提供了便利，大规模金融市场也意味着能够吸纳足够多的境外资金。更多的境外机构和资金进入中国金融市场，有利于强化各类市场参与主体的规则意识，推进市场法治化，带动评级、咨询、会计、审计等现代服务业发展，扩大金融市场的容量与深度，改善市场定价机制与效率，这对我国更好地吸引外资企业、改进金融服务实体经济，以及维护和提升我国在国际产业链中的地位将发挥重要作用。

市场潜力转化为现实优势的障碍与挑战

尽管强大国内市场优势蕴藏着巨大潜力，但要将其转化成现实优势，充分发挥其效能，还需要一系列条件。当前我国强大国内市场仍然面临一些障碍和挑战。

第一，人口结构演变和资产价格攀升共同制约了青壮年人口优势发挥。一是劳动年龄人口占比持续下降。二是人口"抚养比"持续上升。三是人口结构变化会引发宏观经济结构的转型。四是老龄化时代的到来还可能引发一系列社会问题。此外，房地产价格在过去10多年里大幅攀升，造成了剧烈的再分配效应。居高不下的房价已经开始成为制约中青年人口由农村向城镇、由小城镇向大中城市流动的因素，进而约束了经济增长动能和社会活力。高房价、高房租以及高负债不仅加大了中青年人的生活负担，抑制了即期消费，还造成了社会上的一些焦虑情绪。

第二，劳动者报酬偏低和结构性供给不足共同制约了超大规模消费市场潜力释放。从需求端看，我国消费率偏低的最根本原因在于劳动者报酬份额偏低，绝大部分普通劳动者的收入和消费能力有限。从供给端看，由于制度藩篱和市场发育不健全，存在大量需求旺盛但是缺乏供给的领域，从而限制了消费市场壮大。此外，交易费用和行政成本等因素导致市场摩擦，也是限制超大规模消费市场潜力释放的原因。

第三，自主创新能力不足阻碍了科技产业化应用规模优势的发挥。当前，我国科技创新领域面临较大挑战，高技术产业领域主要以加工贸易方式参与全球产业链分工，核心部件和高端精密设备等领域"卡脖子"现象比较普遍，一些关键零部件严重依赖进口。高技能人才仍然短缺，支持创新发展的制度软环境也有待优化。

第四，金融体系结构与超大规模经济创新及高质量发展要求不相适应。我国金融结构失衡，金融服务新兴产业和成长型企业的能力不足，银行业和间接融资占比过高，股权融资占比过低。庞大的银行业并不能有效支持轻资产、少抵押品但技术和知识含量高的新兴产业与成长型企业，服务效率不高。资本市场容纳新兴产业的广度和深度不够。私募股权投资和创业风险投资行为短期化问题严重，政府主导的科技发展引导基金的作用发挥不理想，促进科技创新和科技成果转化的"最先一公里"和"最后一公里"短板明显，风险分担与利益共享机制仍不健全。此外，中国金融市场双向开放程度仍有待提升。近年来，尽管我国金融开放步伐明显提速，但仍滞后于实体经济的开放步伐，也影响了大规模金融市场潜力的释放。

第五，国际国内营商环境制约了强大国内市场效应发挥。近年来，虽然我国营商环境得到了显著改善，在全球排名大幅度提升，但距离法治化、国际化营商环境还有不小的差距。各地区发展也很不平衡，中西部地区与东部地区的差距仍然较大，南方与北方差距有所扩大。同时，逆全球化趋势给我国强大国内市场优势带来了严峻挑战，导致我国在全球产业链重构中面临更多不稳定、不确定因素。

第六，金融风险累积增大，给我国强大国内市场优势发挥带来新的挑战。我国宏观杠杆率继续升高，实体经济债务负担加重，居民偿还住房贷款和消费型贷款的压力增大，银行信贷风险日益突出。受国内外多重因素影响，国内金融市场波动加剧，汇率风险和流动性风险加大，房地产风险仍然存在。金融具有"双刃剑"的特征，如果防范不好风险，就会给我国强大国内市场优势带来极为不利的影响。

主要结论与政策建议

为实现我国强大国内市场优势从潜在优势到现实效能的转变，加快构建以国内大循环为主体、国内国际双循环相互促进的新发展格局，提出以下建议。

第一，加大人力资本投入，提高技能人才占比，加快培育适合中国国情的养老体系。为充分挖掘和释放新一代青壮年人口的优势，主动应对老龄化挑战，首先要持续加大人力资本投资，深化教育改革，出台青少年学习和探索数学、物理、化学及生物等基础科学的优惠扶持政策，营造鼓励基础理论研究的社会环境。实施精英人才培养工程。进一步加强职业教育和技能培训，全面提升劳动者素质，形成高质量、多元化、竞争力强的人力资本。其次要坚持"房子是用来住的、不是用来炒的"定位，高度重视房价大幅波动带来的社会问题以及年轻人择业问题，特别是房价过高会影响制造业发展，降低产业链聚集效应，增大成本压力，影响青壮年人口合理流动。最后，要加快培育适合中国国情的养老体系。不断完善城乡居民社会保障体系，提高基本养老保险和基本医疗保险，增强保障能力。

第二，扩大中等收入群体，壮大国内消费市场。要适度提高劳动报酬在 GDP 中的比重，确保劳动者收入增长与经济增长和劳动生产率增长相适应。大力推进新型城镇化，形成大都市圈和城市群，适应农村人口向县城聚集的需要，加快推进县域产城融合。此外，还要加大供给补短板力度，针对医疗、养老、家政、物业、幼儿教育、文旅休闲等需求旺盛而供给不足的领域，及时破除制度藩篱，引导劳动力、资本等要素资源实现市场化配置。

第三，构建支持民营企业发展的长效机制。首先，坚持所有制中性和竞争中性原则，对民营企业与国有企业一视同仁，实现公平竞争。其次，构建亲清政商关系，优化地方政府职能，深化政府部门"放管服"改革，减少对民营企业经营发展的直接干预，不应对企业发展速度、规模和行业选择等提出具体要求。再次，金融机构要转变经营理念与方式，将支持民营企业发展作为业务战略的重要组成部分。最后，健全民营企业的现代企业制度，改善公司治理结构，坚持高质量发展理念。

第四，提升金融体系对经济高质量发展的适应性和协调性。关键在于以金融战略性转型和结构性改革去适应经济转型升级的要求，以股权化、长期化、多元化、国际化和规范化为核心，深化金融供给侧结构性改革，构建结构平衡、富有韧性、适应经济高质量发展的现代金融体系。既要大力发展股权市场，增加风险资本供给，强化金融的创新催化剂功能；也要稳慎推进人民币国际化，抢抓机遇，打造全球人民币金融资产配置中心。

第五，推进房地产金融改革，促进房地产业长期健康发展。当前房地产金融的核心问题是平衡金融供给与金融风险，症结在于资产价格及其预期管理。房地产金融改革既要服务和服从于构建房地产调控长效机制、防控金融风险、控制杠杆水平、盘活存量资产、加大有效供给和引导资产合理定价的改革，也要顺应房地产行业自身发展趋势。为此，房地产金融改革应当坚持以可持续发展、有效服务实体经济和民生改善为中心，构建多层次的市场化房地产金融体系，探索创新型的房地产公共金融体制。一是发展房地产证券化市场，改变过度依赖银行融资的局面。二是创新房地产金融服务，构建有效、包容、可持续的公共金融体系，推动公共租赁住房市场发展，满足中低收入家庭购房租房需求。

第六，以更高水平金融开放应对日益复杂严峻的国际环境，推动形成互利共赢局面。首先，练好金融市场化改革内功，持续推进利率市场化改革与人民币汇率形成机制改革。其次，优化金融开放的体制机制，完善开放、统一、普惠的跨境投融资体系，构建开放多元、功能健全、富有弹性、竞争力强的外汇市场体系。最后，构建与更高水平金融开放相适应的现代金融治理体系，推进金融监管体制机制改革，建立开放经济条件下多层次跨境资本流动宏观调控体系，加强金融基础设施建设，积极推动金融科技赋能。

第七，保持金融稳定，守住不发生系统性风险底线。一是加强宏观政策协调，提高宏观调控有效性。二是防范化解中小银行风险，推动转变经营理念，补充资本，改进公司治理，加强对实际控制人的监管，健全内部合规与风险控制流程，因地制宜发展数字金融，提升业务能力与效益。三是防范地方政府债务风险，特别是隐性债务风险。建立规范的举债融资机制，控制举债规模，严格项目筛选，加强财务约束，提高资金使用效率。四是防范输入型风险，统筹协调好人民币国际化、资本项目可兑换和人民币汇率机制改革之间的关系，密切监测跨境资本流动，建立早期预警体系，高度重视国内外资本市场的联动风险。

第四节

现代化产业体系的关键[①]

2023年5月5日召开的二十届中央财经委员会第一次会议强调"加快建设以实体经济为支撑的现代化产业体系",并做出了一系列重要部署。

眼下国际环境日趋复杂,各国对于产业链供应链主导权的争夺逐渐激烈,新一轮科技革命和全球地缘政治格局演变等因素相叠加,我国产业体系发展面临新挑战与新机遇。此次战略部署,为高水平谋划推进现代化产业体系建设指明了方向。

现代化产业体系的含义及重要意义

现代化产业体系是一个经济学术语,是一个发展经济学的概念,主要是指农业、工业、服务业、信息业、知识产业等融合发

[①] 此文系作者2023年6月接受中国金融四十人论坛采访的发言。

展的产业形态。

目前已有很多文献从不同角度探讨了现代化产业体系的内涵与特征。比如，有的从产业部门角度，即农业、工业、服务业等融合协调发展来分析；有的则从全球产业分工的角度，分析各国生产活动相互依赖的生产组织网络，进而分析一个国家或地区在全球产业链价值链中所处的地位；还有的从生产环节出发，从时间和空间维度，探讨生产、消费、流通、交换与技术未来发展方向的产业体系，从研发、设计、制造、营销、售后服务以及回收处理等诸多环节研究产业升级的路径。总之，这方面的研究内容已经非常丰富。

在我看来，建设现代化产业体系与提升产业体系现代化水平应该是近义词，核心是按照党的二十大报告要求，坚持把发展经济的着力点放在实体经济上，推进新型工业化，加快建设制造强国、质量强国、农业强国、航天强国、交通强国、网络强国、数字中国。

从历年党中央对建设现代化产业体系的要求看，通过学习领会，有助于加深理解、把握要点。比如，我国"十二五"规划提出，发展结构优化、技术先进、清洁安全、附加值高、吸纳就业能力强的现代产业体系；"十三五"规划提出，加快构建创新能力强、品质服务优、协作紧密、环境友好的现代产业新体系；"十四五"规划提出，构建实体经济、科技创新、现代金融、人力资源协同发展的现代产业体系。党的二十大报告提出，要建设现代化产业体系。2022年中央经济工作会议提出，要加快建设现代化产业体系，强调找准关键核心技术和零部件薄弱环节，集中优质资源合力攻关，保证产业体系自主可控和安全可靠。2023年5月召开的二十届中央财经委员会第一次会议进一步明确，要加快建设以实体经济为支撑的现代化产业体系，建设具有完整性、先进性、安全性的现代化产业体系。可见，这一系列论述勾画出不同时代背景下建设现代化产业体系的重点任务。当前我们要深刻认识加快建设以实体经济为支撑的现代化产业体系的重要意义，准确把握其内涵与特征，全面落实这一重要战略。

建设现代化产业体系，首先是推动高质量发展的坚实基础。构建现代化产业体系是中国式现代化的物质技术基础。实体经济是"压舱石"，特别是对于我国这样一个人口众多、超大市场规模的社会主义国家来说，必须做大做强实体经济。

其次是应对百年未有之大变局的必然选择。近年来，国际政治经济格局发生重大变化，全球经济东升西降不可逆转，全球产业链供应链加速重构，我国发展面临难得的历史机遇与巨大挑战。

在这样的背景下，必须加快构建以国内大循环为主体、国内国际双循环相互促进的新发展格局，因为我国拥有完整的产业体系和超大规模内需市场，具备大国经济内外循环的基础与应对外部冲击的韧性，这也必然要求加快我国产业转型、充分发挥我国产业基础优势，提高产业链供应链的安全性、稳定性与竞争力。

当前还应看到，我国产业升级发展一方面受到某些发达国家的压制与阻遏，另一方面又面临新兴经济体对我国传统产业的替代与追赶，这就更加迫切需要提高自主创新能力，促进我国产业链持续补链、强链、延链。

再次是实现共同富裕的重要路径。建设现代化产业体系涉及产业空间布局和区域经济协调，中西部地区与东部地区都有比较优势，如何引导跨区域产业转移与承接，提高不同区域之间产业分工协作的水平，探索区域财税共享、公共产品联合供给与政绩联合考核等体制机制创新，应当是建设现代化产业体系的题中应有之义。

另外，产业发展和结构升级，势必促进提高劳动力要素等资源配置效率，扩大税收规模，带动邻近地区发展，这些都具有积极正向的溢出效应。

最后，现代化农业建设本身就是现代化产业体系的重要组成部分，无疑会加大对农村基础设施和公共服务的投入，增进农民福祉。

现代化产业体系的建设路径

建设路径要尊重经济规律，发挥政府和市场的作用。体系建设至少应当包括以下几项：一是发展壮大战略性新兴产业，二是巩固提升传统产业，三是促进知识密集型服务业发展，四是加快建设农业强国。

目前我国的短板主要在于科技创新，一些产业的核心环节和关键零部件面临"卡脖子"难题。我国基础科学研究投入不足，基础科研成果转化率不高，发明专利产业化率也较低。根据联合国工业发展组织的相关数据分析，我国工业附加值水平与主要发达国家相比仍有较大差距。在这方面突破的关键是加快提升自主创新能力，突破关键技术瓶颈，加快形成"科技—产业—金融"良性循环机制。

我国产业的优势是多方面的。比如，门类齐全，完整性好，产业发展的基础设施（包括老基建与新基建）良好。在这方面，应当顺势而为，加快传统产业转型升级，加快技术改造步伐，实施大中小企业融通创新，提高效率与质量，使产业由大变强。

要以数字化转型为抓手，开拓新的生产方式、商业模式，变革组织结构、生产流程与产业形态，以适应不断变化的市场需求。

同时，要继续加大对新老基建的支持力度，保持适度超前，为确保产业链供应链的畅通与安全，推动开放合作，创造良好条件。

建设具有完整性、先进性、安全性的现代化产业体系

人工智能非常重要。机器学习、人工智能对产业的系统性影响前所未有，基于数据、算力与算法，结合其他技术，给经济、产业、商业和个人带来深刻变革，极大地催生了新的产业形态和

经济增长点，开拓了转型升级的新路径，增强了创新融合发展的新动能，提升了产业发展的质量与效率。目前我国智能制造正在加速推进，工业和信息化部等八部门联合发布《"十四五"智能制造发展规划》，这将成为现代化产业体系的重要驱动力。

二十届中央财经委员会第一次会议提出完整性、先进性、安全性三个关键词，是对多年来我国现代产业体系建设实践的集中总结与概括，具有鲜明的时代特色与深刻内涵。"三性"既是目标，也是要求，三者紧密联合，相辅相成，缺一不可。

完整性是产业体系建设的基本前提和条件，也是我国需要继续巩固的优势，没有完整性，先进性、安全性也就无从谈起。

先进性是转型升级的方向，是关键，是竞争力、创新力、话语权和影响力的最终体现。

安全性是根本保障，关系到产业生存与发展，关系到国民经济全局，也是产业链供应链自主可控的必然要求。

因此，全面理解和统筹兼顾"三性"要求，提升产业现代化水平，就是要牢固树立系统观念，统筹发展和安全的关系。要进一步巩固我国完备产业链的优势，深入实施创新驱动发展战略，提升前沿技术与原始创新能力，促进新技术快速大规模应用和迭代升级，加速科技成果向现实生产力转化。要坚持底线思维，从国家整体安全角度出发，立足产业链供应链，分行业做好战略设计，健全风险评估制度，聚焦基础零部件、基础软件、关键材料、工艺及产业技术基础等关键环节，加大攻关力度，构建安全可靠的供应链。

值得一提的是，中国将坚定不移地维护产业链供应链的公共产品属性，推动开放合作与协同创新，与各国一道，共同努力构建安全稳定、畅通高效、开放完整、互利共赢的全球产业链供应链体系。

推动传统产业转型升级的突破口

二十届中央财经委员会第一次会议提出"坚持推动传统产业转型升级，不能当成'低端产业'简单退出"，这个要求很有针对性，是有的放矢。近年来，对传统产业认识的确存在一些误区，有的把传统产业等同于落后产业，甚至作为淘汰产业。其实，传统产业与国计民生息息相关，仍然是我国经济的大头，是就业的主要载体，是现代化产业体系不可或缺的重要组成部分。

而且，战略性新兴产业发展也离不开传统产业提供的生产生活用品，以及传统产业转型升级的市场需求牵引。

应当看到，当前传统产业发展面临诸多困难，推动转型升级势在必行。我认为，一个突破口就是加快数字化转型，打造传统产业新优势。要大力推进产业数字化，特别是中小企业数字化转型，发展智能制造和产业互联网，培育壮大人工智能、大数据、区块链、云计算、网络安全等数字产业，提升通信设备、核心电子元器件、关键软件等产业水平，以更好地改造与武装传统产业。

关于怎样充分激发企业发展的内生动力和创新活力问题，建设以实体经济为支撑的现代化产业体系，离不开企业这个市场主体，更离不开企业家和技能人才。因此，这个战略部署本身就包含要更加珍惜和重视企业家精神，更加重视发挥市场主体作用，更加重视我国人才红利。当前要进一步激发民营企业发展的内生动力与创新活力，关键是要在制度和法律上平等对待国企和民企，将民营企业和民营企业家是自己人的定位落到实处，在政策和舆论上鼓励支持民营经济和民营企业发展壮大。

做好三产融合发展需遵循的原则

三次产业融合发展，主要涉及现代产业体系结构问题，也就是说，现代产业体系一般包括现代农业、先进制造业、战略性新兴产业、现代服务业和未来产业等，处理好它们之间的关系，促进跨界融合，从而形成新产业、新业态、新模式。

做好三次产业融合发展这篇大文章，需要遵循以下原则。

一是坚持实现高质量发展为主干。以战略性新兴产业为新增长引擎，未来产业为潜在增长点，既要发挥新兴产业的引领作用，又要夯实传统产业的基础地位，统筹推进各产业全面协调发展。

二是坚持实施创新驱动融合发展。三次产业融合发展的纽带主要是科技、资本与人才。其中，科技创新特别是核心技术自主化，是三次产业融合发展的最重要支撑。

三是坚持稳中求进、统筹协调。要因地制宜，遵循经济规律，顺应产业发展大势，综合资源禀赋优势和环境承载能力，找准定位，循序渐进，释放融合发展的叠加倍增效应，防止贪大求洋，避免低水平重复建设，减少过度同质化竞争。

四是坚持改革开放。融合发展从本质上来说是生产要素资源的优化配置，因此要深入推进要素市场化配置改革，加快建设推动全国统一大市场体制机制。同时，推动更高水平对外开放，构建开放型产业体系，积极融入全球产业分工合作，推动中国技术、标准和服务"走出去"。

当前值得注意的是，各地发展战略性新兴产业的积极性很高，招商引资的力度很大，地方之间的竞争日趋激烈，在这种情况下，如何在发挥市场机制作用的前提下做好顶层设计与统筹规划，形成差异化布局，增强产业协同效应和专业化分工效应，是迫切需要解决的问题。

至于如何促进先进制造业和现代服务业深度融合，是三次产业融合发展的重要问题，也是我国产业体系建设的短板。我国生产性服务业供给不足、占比偏低、竞争力不强，难以适应现代化产业体系的需求，迫切需要加快发展。过去我国呈现出口外向型，"两头在外"，主要是利用我国低成本优势为全球生产产品，对研发设计、物流、咨询、采购分销、成果转化、运营管理、售后服务等高附加值环节投入不够。随着工业化不断加深，这些生产性服务业逐渐从制造业中剥离出来，但仍依附于制造业。可见，加快先进制造业与现代服务业的深度融合，是引领产业向价值链高端进阶的重要力量，也是全球产业竞争的战略制高点。

为此，要对标国际一流水平，加大投资力度，鼓励支持生产性服务业，强化专业分工，创新商业模式，着力培养国际化专业人才，扩大服务业开放，引入更高标准国际企业，发挥鲇鱼效应，提升服务能力与水平。

第五节

统一大市场不是搞计划经济[①]

2022年4月,中共中央、国务院发布《关于加快建设全国统一大市场的意见》,引起广泛关注。什么是全国统一大市场?为什么要加快建设统一大市场?当前建设统一大市场的难点有哪些?

全国统一大市场的内涵与特征

我国的市场经济体系主要由商品服务市场、生产要素市场和金融市场三大体系构成。"统一大市场"是指,在一个国家或一个区域范围内,这三大市场能够自由流动、平等交换的一系列制度安排的总和。

统一大市场是在一定的资源禀赋、社会分工、经济发展水平和

---

① 此文系作者2022年6月接受中国金融四十人论坛采访的发言。

参与各方共同利益的基础上逐渐演变形成的，它是一个比较发达、成熟、高水平的市场经济形态，而不是一个割裂和脱钩的市场。

全国统一大市场主要有三个特征

第一，自由性。各类市场主体能够自主经营、自主决策、自负盈亏，消费者能够自由选择，各种商品要素能够自由流动。

第二，开放性。在一个区域内或一个国家内，商品要素的流通应该是开放的，不存在各种市场壁垒。此外，全国统一大市场并不是一个"孤岛"，它与全球市场是联通的，是全球市场的一部分。因此，统一的国内大市场应该是充分开放的。

第三，公平性。建设全国统一大市场，要求规则要有一致性，而且应该公开透明，所以要有公开透明的法律体系做保障，通过法治经济实现市场公平竞争的目标。

从国际上看，欧盟和美国都是统一大市场。欧盟是在若干个主权国家之间，也就是一个区域内形成的统一大市场，经过30年的发展，它还统一了货币，发行了欧元。而美国作为一个大国，也用了几十年的时间统一国内市场。美国是一个联邦制国家，各州都可以立法，且州与州的立法不同，历史上州之间还有关税，后来废除了，在商品、服务、要素、金融市场的流通方面，已经建立了一个联邦层面的统一规则，形成了国内的统一大市场。

从统一大市场的定义、内涵和主要特征来看，建立统一大市场的过程，就是提高资源配置效率的过程，通过消除市场壁垒，更好地发挥市场主体的作用，让各类市场主体自主决策、公平竞争。

建设全国统一大市场的重要意义

加快建设全国统一大市场建设具有重要意义。首先，建设全国统一大市场是加快构建新发展格局，促进国内经济循环的需要。在统一的制度和规则之下，通过打破地方保护和市场分割，特别是打通制约经济循环的堵点，促进商品和生产要素在全国范围内自由流动，有利于激发各个市场主体的活力，推动整体经济发展，建成高水平社会主义市场经济体制，从而构建新发展格局。

其次，建设全国统一大市场也是应对当前经济下行压力的需要。当前我国经济面临的"三重压力"进一步增大，短期来看，需要采取一些强有力的宏观调控措施，加大调控力度，对冲经济下行压力。长远来看，要着力于体制机制的改革，向改革要增长动力和潜力。建设统一大市场有助于提高整个社会资源配置的效率，是一个整体的、系统的体制机制改革。

最后，从提高我国的国际市场竞争力角度来看，建设全国统一大市场也是必需的。我国人口多、市场大，潜力也大，无论是商品流通总额、要素市场总额，还是金融市场规模等，我国都排在世界前列。中国拥有一个超大规模的国内市场，但它也是全球市场的一部分，要把这种超大规模市场变成一个有很强竞争力的市场，就需要加快建设统一大市场，提高我国市场的国际竞争力。

建设全国统一大市场要梳理好两大关系

建设统一大市场有三个关键词：高效规范、公平竞争和充分开放。这三个关键词集中概括了建设全国统一大市场的基本目的、基本要求、基本路径。建设全国统一大市场，本质上是推进现代化经济治理体系建设的一项改革。

建设全国统一大市场，核心是要处理好两大关系，一是政府和市场的关系，二是中央和地方的关系。

所谓"统一大市场"是一套一系列制度安排的总和，制定全国规则和法律要由中央政府来进行顶层设计，所以"统一"的主体应该是中央政府，同时还要与基层的实践经验密切结合。"统一"的主要方式要依靠法律法规的立、改、废、释等手段。从这个意义上讲，统一大市场实际上是依法治国在经济领域的一种体现，最核心的是依靠公开透明的法规来保障。

建设全国统一大市场，实际上就是要补短板。经过几十年的发展，我国在社会主义市场经济体制方面取得了很大成就，但也要看到还有不少短板，要通过统一大市场的建设来补上。

这种短板主要体现在四个方面。一是高标准的要素市场体系还不健全，包括土地、劳动力、资本、技术、数据等要素市场。二是各类市场主体公平竞争的制度环境也不健全，各个地方准入规则还存在一些歧视以及不透明，各地监管规则也不完全一致。三是宏观经济治理体系也不健全，一些宏观政策还存在连续性不够、稳定性不强等问题。因此，健全宏观经济治理体系，也是建立统一大市场的重要内容之一。四是营商环境还有待优化。在世界银行发布的《2020年营商环境报告》中，中国营商环境在全球190个经济体中排名第31位，与前几年相比，我国在国际上的排名有了显著上升，但是推进法治化、市场化、国际化营商环境建设还任重道远，特别是和国际上排名靠前的国家相比，我国营商环境还有不小的差距。

建设全国统一大市场的堵点、难点在于如何调动地方政府的积极性。地方政府追求当地的经济发展和税收增加，这是合理且正常的需要，但是一些地方政府为了追求地方利益，往往采取一些行政干预措施，甚至采取一些保护本地企业的措施，对外地企业设置不公平的准入条件或待遇，从而削弱了公平竞争，也不利于提高资源配置的效率。短期来看，这种做法可能对当地经济有好处，但长期来看对整个统一市场建设、提高全国的资源配置效率和增强全国市场的国际竞争力是不利的。因此，地方保护和市场壁垒妨碍了市场机制发挥作用，提高了资源要素跨区域、跨行业流动的制度成本。

以负面清单为例，按照中央要求，将实行"全国一张清单"管理模式，而不是由各地区各部门发布具有市场准入性质的负面清单。作为企业主体，只要符合法规监管要求，就可以进入市场展开公平竞争。

破除地方保护和市场壁垒，需要地方政府转变职能，找准自身功能定位，当好"裁判员"。地方政府抓经济发展的任务没有变，只不过抓经济的方式方法要做出改变，重点应该放在改善营商环境、加强公平竞争审查、维护市场公平秩序上，推进公共设施建设，做政府应该做的事情，既不能错位，也不能越位。

破除地方保护，需要进一步处理好中央和地方的关系，尤其是地方政府的事权和财权要相匹配。当前一些地方的事权和财权并没有做到基本匹配，因此也在一定程度上扭曲了地方政府的行为。下一步应该进一步合理划分中央和地方的事权和财权，根据形势和任务要求，调整和改革对地方政府财政转移的结构和力度，比如人口流入多的地方，公共设施建设、配套就需要多一点。此外，也要帮助地方开辟新的收入来源，消除地方政府对"土地财政"的依赖。

统一大市场不是重回计划经济

当前有一种观点认为，建设全国统一大市场是重回计划经济，这当然是一种误解。"统一"不是"集中"，也不等于集权，更不是计划管理。正如上文所言,"统一"的含义是制定全国一致性的市场制度安排,不能"政出多门","统一"强调的是市场制度规则的统一与基础设施联通。统一市场本质上是市场经济的高级形态。只有比较发达的经济体才有统一市场,商品、要素、人员、资金等才可以自由流动。

统一市场与计划管理和行政干预恰恰相反。就市场主体而言,"统一"是要给各种市场主体自主经营的权利,更加尊重市场主体的选择,包括消费者的选择,而不是去指挥企业、干预企业的生产经营。政府在统一市场中,主要是负责制定法律规则,加强公平竞争审查,反对垄断,反对不正当竞争,这是政府的职能。统一国内大市场本身也是推进我国社会主义市场经济体制进一步改革,使其更加健全。

通过统一市场的建设,进一步厘清政府和市场的关系,改变过去行政干预过多的状况。从这个意义上讲,"统一"不是人为"一统",而是要靠法治。同时,统一市场的建设需要很长时间,久久为功,是一个历史演进的动态过程,最终要走到法治经济的轨道上来。

加快推进户籍制度改革,促进劳动力自由流动

打造统一的要素资源市场,其中统一的劳动力市场十分重要。城市户籍制度完全放开应是努力的方向。促进劳动力、人才

跨地区顺畅流动，实现充分就业，提高就业质量和人民生活水平，对我国实现高质量发展具有积极意义。

在城乡二元经济结构下，我国劳动力流动基本呈现两个特点：一是从农村向城市流动，二是城市与城市之间的流动大规模增加。这种人口的流动在促进就业、推动经济发展、增加城市服务业的供给等方面，发挥了很重要的作用。

在现行户籍制度条件下，如果按照户籍来计算，当前城市化率只有46.7%，处于较低水平，但如果按常住人口计算，我国的城镇化率达到了64.72%。这就意味着依然有大量农业转移人口住在城镇，但并未真正获得城镇居民身份。因此，要加快推进户籍制度改革，而户籍改革的难点和重点是大城市的户籍改革。

目前我国要求除个别超大城市，其他城市的落户限制应该逐步放开，实行以经常居住地登记户口制度，推动农村转移人口在城市落户。现在城区常住人口在300万以下的城市已经基本取消落户限制，但常住人口在300万以上的城市目前还是有落户门槛的，外来劳动力要想成为真正的城市市民还存在一些困难，背后的难点主要是公共服务均等化。

当前外来劳动力面临着住房难、收入增加难、孩子就学难等问题，此外在社会保障如养老、医疗、工伤等方面，外地人口和城市市民之间也有很大差距。因此，在促进劳动力和人才跨区域流动方面，很重要的一点是推动公共服务均等化，而这又与各地财力、物力、承载力密切相关，只能随着经济的发展逐步加以解决。

劳动力应该在城市和农村之间实现"双向流动"。除了农民工进城落户困难,现在城里人到农村就业创业也不顺畅。因为农民有集体经济组织成员权,城里人即便在农村投资也无法成为农村集体经济组织的一员,所以下一步怎样允许城里人到农村去就业、创业,享受相关的权益,也需要进行一系列制度改革。

接下来要积极稳妥推进各项改革,分类施策,掌握好改革的节奏和力度。因为这些难啃的"骨头"都涉及深层次的制度改革,需要通过试点总结经验,再从点推广到面,不是一朝一夕就能解决的。

总的来讲,要坚持发展是第一要务,不断提高经济发展水平,持续不断深化改革,而且是稳妥的改革。不能走得过快,否则适得其反,欲速则不达。很多改革还要进行试点,循序渐进地推动。

中共中央、国务院发布的《关于加快建设全国统一大市场的意见》指出,"在维护全国统一大市场前提下,优先开展区域市场一体化建设工作"。中国南北差距、东西差距较大,所以要鼓励发展区域性一体化市场,因为在一个区域内的各个城市以及邻近省之间,经济、文化、资源禀赋都有相似之处,土地、劳动力的流转以及联系也比较紧密,便于推进各种要素的自由流动和平等交换。因此,发展区域性市场,也是推进统一大市场建设的重要内容。

第六节
居民储蓄率下降对经济的影响及应对[①]

储蓄率是指包含政府、企业、居民在内的整个国民储蓄占 GDP 或国民收入的比重,是宏观经济最基础的变量之一。过去 40 多年我国经济保持年均 9% 以上的高速增长,高储蓄、高投资是重要推动因素之一。

目前,我国储蓄率仍高达 40% 以上,稳居全球主要经济体之首,但储蓄率持续下降是必然趋势。2010—2019 年,整个国民储蓄率从 50.9% 下降至 44.4%,其中,居民储蓄率从 42.1% 下降至 34.8%,未来还会进一步下降。

影响居民储蓄率下降的因素主要有以下几点。

第一,宏观经济结构变化。一方面,居民消费对经济增长的拉动作用日益凸显,储蓄占比相应下降。2010—2019 年,最终消费占 GDP 的比重从 49.3% 上升至 55.4%,其中,居民消费占比从 34.6% 上升至 38.8%;相应地,资本形成总额占比从 47.0%

[①] 此文系作者在全国政协 2021 年第三季度宏观经济形势分析座谈会上的发言。

下降至43.1%。同时，居民消费倾向在不断上升。2010—2019年，我国居民平均消费倾向从57.9%上升至75.1%，共上升17.2个百分点。另一方面，居民人均可支配收入增长逐年放缓。伴随经济增速换挡，居民可支配收入实际增速也从2010年的10.4%下降至2019年的5.8%。

第二，人口老龄化。第七次全国人口普查数据显示，2020年我国60岁及以上人口占比为18.7%（其中，65岁及以上人口占比为13.5%），而15~59岁人口占比为63.4%；与2010年相比，60岁及以上人口占比上升5.4个百分点，而15~59岁人口占比则下降6.8个百分点。老年人口迅速增加以及劳动年龄人口快速减少，成为推动抚养比上升的主要因素。实证研究发现，人口抚养比与储蓄率呈现显著负相关关系。因此，抚养比上升将导致储蓄率下行。根据当前人口数据和退休制度预测，我国人口抚养比将从2020年的0.68上升至2030年的0.88。随着老年人口占比增加及人口抚养比上升，居民储蓄率将进一步降低。

第三，居民债务增加。近年来，我国居民杠杆率持续上升。中国人民银行的数据显示，2008—2020年，居民部门杠杆率由18.2%上升到72.5%，年均增长4.5个百分点。债务偿付压力增大使可支配收入受到影响，拉低了居民储蓄率。尤其是中青年家庭由于面临购房租房、子女教育等多方面支出压力，债务负担较重，储蓄率偏低。从一些调查数据看，"60后"平均工资增速最低，"70后""80后"工资水平较高，"00后"工资水平不高，但上涨速度很快；同时，"80后""90后"债务覆盖率较高，超过 50%。

居民储蓄率对宏观经济有直接或间接影响。一是储蓄率与经济增长高度相关、相互影响，储蓄率是影响潜在增速的重要因素。二是储蓄率与投资率的关系，两者之间具有稳健的正相关性，越大的经济体，投资和储蓄的相关性越高。中国投资率与储蓄率的相关系数高达 0.8。储蓄率下降对于资本密集型行业的转型升级有不利影响。

居民储蓄与居民养老金财富关系十分密切。人口老龄化必然导致居民储蓄率下降，但养老金财富在积累增长，居民财富的结构发生很大变化。养老金财富可以弥补储蓄率下降导致的长期资本缺口。比如，美国国民储蓄率虽然只有 18.7%，但养老金财富却相当于 GDP 的 140%，居民储蓄有效转化为养老金财富，成为资本市场长期资金的重要来源。

我国面临的主要问题是，随着人口老龄化加剧，储蓄率下降，养老金体系不健全、不可持续的问题比较突出。我国过多依赖第一支柱，而第二支柱、第三支柱发展面临诸多困难，许多省市养老金收不抵支。有研究预计，2036 年前后，累计结余将耗尽，财政补贴规模会越来越大，难以弥补养老金缺口。因此，需要加快完善养老金制度改革，在财政支持和国有资产划拨的基础上，大力发展第三支柱，做好养老金制度的系统配套。

在储蓄率下降趋势中，还要注意研究居民储蓄的结构。从广义来说，居民储蓄可分为三个部分：实物储蓄、金融储蓄和养老金储蓄。现在实物储蓄（主要是房地产）占比过高，金融储蓄占比较低，养老金储蓄很少。2019年中国居民财富配置于金融资产的比重为20.4%，比美国低22.1个百分点；而配置于住房资产的比重达59.1%，高出美国28.5个百分点。未来需要通过调整结构来增加长期资本来源。

应对居民储蓄率下降趋势，必须转变经济增长方式，更多依靠创新驱动增长，减少对高投资、高积累模式的依赖。同时，加大向低收入群体的转移支付力度，提高社会保障的一体化水平，增加对公共卫生、教育、养老等公共服务的支持力度，助力形成与经济发展水平相适应的储蓄－消费关系。

总之，居民储蓄率下降趋势是经济社会发展的规律性现象，关键是防范储蓄率下降过快给经济带来的负面影响，及时补充养老金储蓄，增加长期资本来源，优化居民储蓄结构，加快经济发展方式转变，促进经济持续健康发展。

第七节

政策设计的思路与实施"陷阱"[1]

逆周期调节与跨周期调节

首先,就学习党的十九届五中全会和中央经济工作会议的精神,谈两点个人体会。

第一点学习体会,"十四五"规划的主题是高质量发展,主线是供给侧结构性改革。高质量发展是一个新的课题,在西方主流经济学中,并没有提出这样的概念,这是中国特色社会主义政治经济学的用语。就如同世界各国和有关国际组织对中等发达国家并没有一个统一的定义和标准一样,对什么是高质量发展,如何衡量高质量发展,也没有统一的标准。从我国的情况看,至少有五个重要指标,可以用来衡量我国是不是高质量发展。

第一个指标是人均GDP,或者人均国民收入。到2035年我国基本实现现代化,GDP总量或人均GDP要再翻一番。

---

[1] 此文根据作者在全国政协2022年第三季度宏观经济形势分析座谈会、中国金融四十人论坛内部课题评审会上的发言综合而成。

第二个指标是全要素生产率。从全球来看，劳动生产率增幅是递减的，资本收益率也在下降，在技术进步的情况下，全要素生产率也在下降，这是所谓的生产率之谜，从20世纪到现在都在讨论。我国要实现高质量发展，就必须持续提高劳动生产率和劳动报酬，提高全要素生产率，这是潜在增长率趋降的条件下实现我国目标的关键。

第三个指标是营商便利度。营商便利度不能简单理解为我们在世界银行《全球营商环境报告》中排名位次的上升，这只是一个很重要的参考。关键是如何建立法治化、市场化、国际化的一流营商环境，建立健全一个长期、稳定、透明、可预期的制度环境。

第四个指标是制造业的占比。制造业有两个占比，一个是制造业的产值占GDP的比重，另一个是制造业增加值占制造业产值的比重；制造业的总产值占GDP的比重，我们国家是27%，远远高于美国的11%，因为美国的制造业下滑，服务业将近有一半是制造业的服务业，我国服务业大部分是传统服务业，制造业的服务业占的比重并不高。制造业还有一个指标，即制造业增加值率，现在我国是21%，美国、日本、德国大概在30%以上。

第五个指标是宏观杠杆率。当然我讲的是衡量高质量发展的综合性指标，各个行业要实现高质量发展，还有具体的分行业的指标。从全国来讲，这几个指标很重要，如果要达到比较好的水平，实现高质量发展，就必须靠改革。前文讨论的潜在增速也好，人均GDP也好，释放增长的潜力要靠改革。提高生产率必须依托科技创新，而科技创新的背后也是改革，营商便利度的提升更要靠改革，制造业占比的增加也要靠改革。推动金融、房地产和实体经济协调均衡的发展，本身就是改革。宏观杠杆率要降下来、稳定住，背后也是改革。因此，构建新发展格局从表象上来看，是讲发展的问题、经济的问题，但本质上是全面深化改革的问题。而且这个改革，按照习近平总书记重要讲话的精神，是一次系统性深层次变革。

第二点学习体会，党的十九届五中全会提出来关于逆周期调节和跨周期调节的命题，中央提出要增强逆周期调节能力，搞好跨周期政策设计。如何把这两者结合好，是一个新的课题。

逆周期调节和跨周期设计有相同之处，但又有不同点。我认为有四个方面的不同。

第一，着力点不同。逆周期调节的政策着力点是眼前，解决短期问题；跨周期调节的政策着力点是中长期，解决中长期存在的问题，特别是着眼于未来 15 年面临的问题。

第二，具体目标有所不同。逆周期调节的目标相对来说比较单一，而跨周期调节的目标是多元的，因为毕竟是跨周期的，所以要平衡更多的关系，在平衡更加多元化的目标的难度上，跨周期调节比逆周期调节要大。

第三，政策工具不同。逆周期调节的政策工具主要是财政政策和货币政策，来得快，见效快，也比较直接。而跨周期调节除了财政政策和货币政策以外，更多要发挥国家宏观调控规划的指导作用。党的十九届五中全会讲得很清楚，我们国家整个宏观政策分三个层次：第一个层次是国家的规划，这是总的起指导作用的规划；第二个层次是在国家规划下的宏观调控政策，包括财政政策和货币政策，地位很重要；第三个层次是就业政策、产业政策、环境保护政策、区域协调政策等，这些政策要综合配套。跨周期的政策设计不能主要依靠财政政策和货币政策，因为跨周期是长期的，更多要依靠产业政策、环境政策、区域协调政策等，这些是慢功夫，不是马上见效的，但是政策要设计好。

第四，政策实施方式不同。逆周期调节的实施方式讲究相机抉择，以及灵活、精准，就是要根据经济运行情况适时适度调整，有时调整可以快一点。跨周期的政策设计应当更加稳定，因为是着眼于长期的，对持续性的要求更高。

总之，处理好或者结合好逆周期调节的政策和跨周期调节的政策，是实现"十四五"规划目标需要深入研究的问题。

关注宏观政策边际效用递减

目前，我国宏观调控政策是有力有度有效的，对于稳增长、调结构、惠民生，促进高质量发展发挥了重要作用。同时，也应该看到，近几年来宏观政策的边际效用存在着递减的趋势。比如，基建投资对经济和消费的拉动效应就远不如以前了，银行信贷对GDP的拉动效应也在递减，过去一元贷款大概拉动三元的GDP，现在一元贷款只能拉动几毛钱GDP。财政的减税降费效应在递减，财政支出拉动投资和消费的乘数效应也在降低。当然，这个问题很复杂，为什么宏观政策的边际效用在下降？我认为有如下原因。

第一，政策效应时滞。政策的出台和实施需要一个过程，随着时间的推移，有些政策的正面效果才会逐步显现，这需要一个过程。另外，有的政策需要一些配套措施，有些政策可能由于配套措施没有及时跟上，就难以落地，有的措施的实施可能需要精细化，这些都给政策效应打了折扣。

第二，政策环境变化。同样的政策在不同阶段、不同条件下，它的效应是不一样的。比如，我们现在处在高债务的条件下，2022年的政府债务预计达到65万亿元，这还不包括地方政府的隐性债务，很多地方还息的压力非常大。居民个人债务这几年增长快，个人负债占GDP的比重达到70%左右，当然不同口径测算可能有一定的差异，但个人负债水平较高已成共识。企业负债更不用说了，也是很重的。就经济发展原理来讲，债务对经济发展的作用已经到了一个阶段，刚开始债务增加有利于促进经济增长，但是一旦达到拐点，债务再增加就会"反噬"，反而对经济增长造成拖累，由于长时期高杠杆，我们已经进入这个阶段。现在市场主体行为，由过去的追求利润最大化转变为现在的追求债务最小化，因为连利息都还不起了，这个环境有很大的变化，这个行为主体包括政府、企业、居民个人，他们利用杠杆的意愿在走弱，这对经济发展的拖累是相当大的，对政策环境变化的影响也是很大的。

第三，政策效应抵消。这是很明显的，负面影响大于正面影响，把积极的政策效应抵消了。近两年新冠疫情对经济拖累很大。2022年1—8月，社会消费品零售总额同比增长0.5%，其中实物消费增长超过4%，主要是服务消费下降3%，9月的数据可能会有所改进。

根据以上原因，我建议将提升宏观政策效能继续作为一个重要问题加以深入研究。要提高宏观政策的效能，必须坚持扩大内需战略和深化供给侧结构性改革有机统一。要创新思维，改进政策框架，优化政策的实施方式，完善政策的传导机制，同时还要保持政策连续性、稳定性和可持续性，特别是要注意当前政策与未来几年的经济发展政策相衔接，防止经济未来连续几年都处于低速增长阶段，同时，不断提升政策针对性和有效性。

政策实施中的非预期负面影响

第一，研究政策效果偏误具有理论和现实意义。

在推进政策的过程中，出现所谓非预期的负面影响是普遍现象，也是一个很重要且很复杂的问题。从实践到理论进行系统梳理，研究政策的非预期负面影响产生的原因，特别是从体制、机制的视角分析，非常具有创新性。

首先，通过观察、分析看似不相关的案例，寻找共性的机理和共性的原因，寻找背后体制、机制的症结，从案例上升到理论的分析。

其次，建立"政策体制和改革"的互动理论框架，揭示正确处理好政策、体制、改革这三者之间关系的重要性，从而得出结论，诸如政策要避免过度超前，改革的力度要贵在适当、持之以恒等。

最后，在研究的基础上提出切实的改进建议，对进一步推进体制改革，改进政策设计和政策执行，提高政策精准性、有效性和协调性，实现国家治理体系和治理能力的现代化，都具有重要的理论意义和现实意义。

第二，体制并非造成非预期影响的唯一原因。

首先，实践证明，过去的改革经验，比如增量改革、渐进式试点、以开放促改革等，在过去40年是很有效的。经过40年的改革，容易改的都改完了，现在剩下的是难改的"硬骨头"，简单依靠过去的经验已经难以适应更加开放、更加现代化的市场经济的发展需要。正因如此，也容易出现政策的非预期负面影响。

在此背景下，如何让政策适应变化的体制和外部环境，减少非预期负面影响仍需深入探讨。

其次，政策执行的非预期影响在不同的情况下存在差别，并非都是体制的原因。

比如，关于民企的困境，体制不是主要原因。改革开放40年以来，民企不是在每个阶段都困难，而是在好几个发展阶段得到了很多资金支持。最近几年民企困难，原因是多方面的，很难简单归咎于国有企业和民营企业的不平等。当然，不平等的确是一个问题，但早已存在。

比如，煤改气问题是因为设备改完了但气源不够，这是科学决策不足，跟体制没有太大的关系。出于环境保护的考虑进行煤改气是正确的，但是气源不够是没预料到的问题，具体背后的责任需要进一步探讨。

比如，社保征收改革之前，全国有一半的省份由税务局来收社保，问题出在基层，也与体制没有太大且直接的关系，主要是征收的基数问题，不是征收的机构问题。

比如，关于猪肉供给的政策，我国猪周期反复存在，根本的原因在于猪肉大规模的需求和家庭散养之间的矛盾。

总之，针对不同的政策，对体制和政策非预期影响之间的因果关系，需要进行更加深入细致的研判。

再次，可通过适当的实证统计分析，结合数学模型推导，分析具体问题。比如，对于中小银行行为的变异，可以通过40年来中小银行的经营数据、存贷款的结构变化、风险指标变化等指标，再结合模型进行分析。

最后，针对政策、体制和改革三者之间关系，需要理顺政策和改革的含义及区别。这三者相互影响，有的政策也是改革，有的政策则不涉及体制改革，这两者既有不同，又有重叠。因此，这三者的关系需要进一步梳理。

第二章

破解制造业投融资难题

"制造业是我国经济命脉所系,是立国之本、强国之基。"

——摘自《习近平著作选读》第二卷,第372页

"要优先解决民营企业特别是中小企业融资难甚至融不到资问题,同时逐步降低融资成本。要改革和完善金融机构监管考核和内部激励机制,把银行业绩考核同支持民营经济发展挂钩,解决不敢贷、不愿贷的问题。"

——摘自《习近平著作选读》第二卷,第207页

制造业是推动工业化和现代化的主力军，从根本上决定着一个国家的综合实力和国际竞争力。从世界近现代历史看，制造业的持续发展和转型升级，是主要发达国家现代化的共同经验。

从 2011 年起，中国制造业总量稳居世界第一，高技术制造业增长迅速，高端制造出口、装备制造业比重上升。同时，也应看到，制造业大而不强，产业科技含量和附加值偏低，制造业投融资难的问题依然存在，年轻人不愿从事制造业的现象较为普遍，金融服务制造业还有不少困难有待破解。

第一节

畅通制造业投融资渠道[1]

制造业的重要性众所周知，习近平总书记曾在多个场合反复强调，制造业是立国之本、强国之基，从根本上决定着一个国家的综合实力和国际竞争力，要推进制造业的高质量发展，坚定不移地建设制造强国。制造业是推动工业化和现代化的主力军，中国是一个超大的国家，这个特点决定了中国一定要发展好自己的制造业。

强大的制造业是中国实现现代化的必要条件。回顾近现代的历史，主要的发达国家普遍都经历了制造业的持续发展和不断的转型升级。18世纪60年代，英国用大规模的工厂化生产取代手工作坊，率先完成了工业革命。19世纪末，德国、美国抓住了第二次工业革命的历史机遇，在电力机械等领域形成领先优势，随后实现现代化。第二次世界大战以后，日本在钢铁、电子、汽车等产业的快速发展支撑下，迈入了发达国家的行列。

---

[1] 此文系作者2019年6月在中国金融四十人论坛闭门研讨会上的演讲。

发达国家都经历了把制造业做大做强的过程，德国、日本等国家的经历尤其说明发展制造业是至关重要的。反之，一些拉美国家和陷入了所谓中等收入陷阱的国家最根本的问题在于它们落后的制造业。从这个意义上讲，制造业对于一个国家确实是至关重要的。

美国人瓦科拉夫·斯米尔写了一本书——《美国制造：国家繁荣为什么离不开制造业》——来分析美国的制造业。书中有一句话讲得很好："如果没有强大且极具创造性的制造业体系，以及制造业体系创造的就业机会，那么任何一个先进的经济体都不可能繁荣发展。"这本书把制造业的重要意义讲得很透彻。

围绕这个题目，我讲四个方面的问题：第一，大国制造业竞争的态势；第二，我国制造业的成就和问题；第三，我国制造业投融资困境的成因分析；第四，政策建议。

大国纷纷重振制造业，国际竞争日趋激烈

2019年5月，全球制造业采购经理指数（PMI）低于50的荣枯线。10年间，全球制造业指数只在2011年欧债危机的时候低于过50。

2008年发生了全球金融危机，制造业指数开始有所下降，但是直到2011年欧债危机才跌到49以下。后来全球制造业指数开始回升，一直都在50以上，虽然中间也有一些波动，比如

2015年的时候，全球原油价格急跌，叠加中国股灾、人民币汇率承压等因素，使全球制造业指数下跌，但也没跌破50。

之后全球经济又迎来了复苏。从2016年起，全球制造业指数一直回升到54，当时全球包括中国的经济景气向好。后来全球制造业指数又开始回落，直到2018年中美贸易出现摩擦。

中美贸易摩擦是影响全球制造业指数的一个重要原因。从2018年出现贸易摩擦到2019年5月，全球制造业指数低于50，而且2019年5月较4月下降0.6个百分点。

全球制造业PMI由三个指数组成，分别是新订单指数、生产指数和制造业从业人员指数。从各个子项目来看，2019年5月的新订单指数是49.5，比4月下降了0.6个百分点；生产指数是50.1，高于荣枯线，但是比4月下降0.5个百分点；从业人员指数是49.9，跌破了50。

分地区来看，中国、英国、德国的PMI分别是49.4、49.4、47.7，都跌到了50以下。美国制造业的PMI是50.5，虽然还在50以上，但已经是10年来的最低位，比4月下降2.1个百分点，可见中美贸易对美国的影响也很大，而中美间的贸易摩擦仍会是长期性的。

过去几年，大国都在探讨经济怎样转型，怎样由制造业向服务业发展。在转型之后，大国又开始重新探讨重振制造业的问题，开始在制造业领域展开竞争。

美国加强了对制造业回归的重视，采取很多措施来提振美国制造业的优势，包括降税和贸易战。从统计指标来看，美国的相关措施起到了一定的效果——从2017年2月到2018年3月，美国新增了22.2万个制造业的就业岗位，占所有工作岗位的9.8%，制造业确实在回升。

同时，美国人也在反思，近几年美国跨国公司确实发展得很快，但跨国公司50%以上的资产不在美国，而是分布在全球各地。50%以上的工作岗位雇用了所在国当地的劳动力，1/3的股东来自美国以外的国家，所以美国觉得吃亏了，要求跨国公司回国。

从特朗普竞选的口号、承诺，以及当选总统后采取的一系列措施都可以看出，特朗普希望让美国成为全球范围内开设工厂、雇用员工最好的选择。

当然，美国内部也有不同的看法。反对的观点认为，美国经济未来是否成功并不在于制造业，而在于自由贸易和服务业发展。这个观点的理论依据在于，在新的全球化趋势下，货物转移、劳动力转移、知识转移的成本都越来越低，这让生产和消费能够分离，工厂的位置并没有那么重要。

在中美贸易出现摩擦后，很多人认为贸易摩擦加税使从中国进口的商品价格提高了，对美国来说是一个损害。特朗普的回答是制造业的税很低了，欢迎企业回美国建厂生产。

我们在国内还没感受到《中国制造2025》的震撼力，但国外尤其是美国，很看重这份文件，并且做了深入的研究。美国的一些知名智库都很熟悉《中国制造2025》，它们认为中国能成为制造业强国。国外感受到中国赶超的速度很快，开始有紧迫感。

例如，美国于 2018 年 10 月发布的报告《美国先进制造业领导力战略》就提及中国。报告称，全球的竞争对手组织良好，《欧盟工业 4.0 计划》和《中国制造 2025》都证明了这一点，但美国在科技创新方面仍处于领先地位。美国必须保护并且利用这一优势，在美国国内工业基地和国际盟友中迅速有效开发新的技术，并将新的制造技术转化为实践。

2019 年 2 月，德国也出台了工业 4.0 的相关报告——《国家工业战略 2030》，这份报告认为中国的制造业发展是成功的，赞扬中国的成就。报告说，全球成功的平台经济、互联网公司，目前几乎只在美国和中国发展，而不在德国和欧盟等大多数国家和地区发展。因此，德国必须采取行动。

这份报告指出，中国是一个产业政策特别成功的国家，在 2015 年就确定了《中国制造 2025》发展计划。事实证明，这种将市场经济原则与积极产业政策结合起来的战略非常好。因此，国家之间相继推出国家战略规划，要跟中国竞争，竞争态势越来越激烈。

竞争的内容概括起来主要有三个方面。

第一，未来的技术。包括人工智能、网络安全技术等，在人工智能领域的竞争尤其激烈，比如，2018 年德国和法国共建人工智能中心，研究开发人工智能。美国发布了《美国国家人工智能研究与发展策略规划》，积极布局人工智能。

第二，技术人才。各个国家都推出了很多的政策吸引国际人才。

第三，核心领域的龙头企业。

竞争的形式包括投入和政策。

一是投入，主要指研发投入。技术需要长时间的大量投入。这几年中国的研发投入持续增加，研发投入占GDP的比重达2.1%，虽然仍低于美国、德国、日本，但中国GDP的总量很大，所以在研发费用上金额并不低。

二是政策。各国都出台了一些鼓励创新的政策，包括知识产权保护政策、税收政策、引进外国投资政策、绿色环保政策、可持续发展政策以及基础设施政策等。

我国制造业的四项成就和三个问题

我国制造业的成就可以归纳为以下四个方面。

一是制造业总量稳居世界第一。近5年来，我国制造业增加值年均增长7.4%。当前我国制造业增加值已经超过24万亿元，占全球制造业增加值的比例大约为27%。世界银行的统计数据显示，2017年中国制造业产出是3.59万亿美元，超过了美国（2.16万亿美元）和德国（0.76万亿美元）的制造业产出之和。

二是中国进入制造业强国前三名。德勤发布的全球制造业强国调查报告显示，自2013年以来，中国、美国和德国稳居制造业强国前三名。

三是高新技术制造业增速快。近5年来，我国制造业投资年均增长 9.3%，其中技术改造投资年均增长 11.9%，高新技术制造业年均增长 11.7%。

四是高端制造出口、装备制造业比重上升。一般而言，装备制造业的技术含量和附加值较高。目前我国装备制造业占规模以上工业增加值的比重已经达到 32.9%。根据有关资料，我国高端制造业出口占比已经达到 42%。特别是最近几年，随着供给侧结构性改革的推进，规模以上工业企业利润年均增长也超过 6%。当然，由于 2019 年情况有些变化，上述指标数据和前几年相比还是存在差距的。

我国人工智能行业的发展速度确实较快。腾讯研究院发布的《中美两国人工智能产业发展全面解读》显示，截至 2017 年 6 月，全球人工智能企业总数达到 2 542 家，其中美国拥有 1 078 家，占比 42%，相关从业人员数量为 7.8 万人；中国拥有人工智能企业 592 家，占比 23%，从业人员数量为 3.9 万人。

另外，从各国在计算机、人工智能领域发表论文数量的排名来看，2013—2017 年，中国（不含港澳台）发表论文总数为 59 573 篇，占比 25%，在 167 个国家和地区中排名第一，美国发表论文总数为 32 527 篇，占比 13.66%，排名第二，其中包括 4 307 篇中美合作论文。从中美两国在计算机、人工智能领域发表的论文情况和合作情况来看，中国的发展速度的确是很快的。

但当前我国制造业还存在以下三个问题。

第一，从战略层面来看，我国制造业增加值占 GDP 的比重下降。

2016年，我国印发的国家经济安全政策文件要求，制造业增加值占GDP的比重不低于30%。但我国制造业增加值占GDP的比重在2010年达到31.5%之后便持续下降。截至目前，制造业增加值占比也始终低于30%。

随着制造业生产效率的快速提升，工业产品供给会得到大幅改善，一般工业产品消费也会达到饱和状态。因此，消费升级和制造业生产效率的提高会促使经济由工业部门向服务部门转变。这是一般规律。

PIIE（彼得森国际经济研究所）的研究报告显示，1950—2012年，44个国家和地区（不包括中国）的制造业增加值占GDP的比重均呈下降态势。中国金融四十人论坛高级研究员张斌的研究也表明存在上述规律，即随着工业化发展，工业制造业生产效率提高，工业产品消费饱和，会导致制造业增加值比重下降，而服务业增加值比重上升。

然而，即便存在一般规律，由于以下四个方面因素的存在，我国制造业增加值占比也不会下降太快。

一是由于技术进步，制造业和服务业的界限开始模糊。并不是所有的服务业增长都很快，也不是所有的制造业增长都很慢，这个特点在美国、日本、德国、中国都存在。我国制造业发展要转向服务型制造业。制造业和服务业的界限并没有那么明显。虽然企业转到服务业，但它确实仍然属于制造业企业。

二是贸易成功国家的制造业增加值比重的下降速度通常要相对缓慢。日本、韩国、新加坡、中国都属于这种模式。因为很多制造业产品是要出口的，所以贸易的支撑会缓解制造业增加值占比的下降趋势。

三是随着研发和创新速度的加快，高新技术企业增多，导致新旧动能转换以后，人力资本密集行业的发展速度加快。当前我国正处于这个阶段。1997—2007年，我国高新技术企业数量年均增速达14.7%，尤其在2012—2017年，我国高新技术企业数量年均增速达22.3%，增长更快。这可以延缓我国制造业增加值占GDP的比重下降的趋势。

四是我国对工业品消费饱和程度有所高估。我国社会消费品零售总额增速从之前的百分之九点几降到了现在的百分之八点几。但消费增速下降并非因为工业品消费饱和了，而可能是受人均收入增长缓慢、住房按揭挤出效应或者部分产品不适销对路等其他因素的影响。因此，现阶段我们对于所谓的工业品消费饱和程度有些高估，我国工业品消费、更新仍具有潜力。

另外，在理论层面上，关于新技术革命会给制造业投资带来正面影响还是负面影响是有争议的。

一种观点认为，开发新技术需要加大投入力度，在技术改造方面的资金投入会有所增加；另一种观点认为，技术进步导致投资的一些资本形成可能更加便宜，因此对投资总量的影响并没有那么大。

但我个人认为，从中国目前的情况来看，新技术革命发展一定会带动制造业投资，给制造业投资带来正面影响。因为在对企业调研时发现，企业只要搞技术改造、搞研发，就一定要投入资金。

第二，从质量层面来看，我国制造业确实是大而不强，也就是说还存在着大量的低端、无效供给。相关统计数据显示，我国220种工业产品的产量已经位居世界第一，但核心技术、核心零部件的对外依存度仍然很高。虽然我国高端制造业出口占比已经达到42%，但仍远低于美国（60%）和德国（53%）。

第三，从效率层面来看，我国产业科技含量和附加值偏低。改革开放以来，我国工业增加值率在2006年达到最高，为29.68%，之后就持续下降，现在约为21.5%。美国制造业人均年产出是11万美元，而中国不到3万美元。就军工行业而言，2017年美国军工产品出口额为6 100亿美元，而中国为2 800亿美元，美国是中国的两倍多。

按照2017年全球军工企业营业收入进行排名可以看出，波音公司（934亿美元）、空客集团（753亿美元）、中国北方工业有限公司（646亿美元）、中国航空工业集团有限公司（593亿美元）以及洛克希德·马丁公司（510亿美元）分别位列前五名。但就全球汽车行业、医药行业而言，中国企业基本进不了前五名。

未来提升我国制造业发展质量，应从以下几个方面着力。

一是实现关键技术产业化。我国技术产业化程度较低，特别是自主创新能力的培育有待加强，中国距离做到五个"90%"还差得很远。所谓五个"90%"，即90%的创新企业是本土企业，90%的研发机构要创建在企业，90%的研发人员要在企业，90%的科研经费要来自企业，90%的专利申请要来自企业。

二是实现制造业智能化，也就是把制造业和信息技术相互融合。

三是实现制造业服务化，就是推动生产性服务业向价值链高端迈进。

四是实现制造业绿色化，做到节能减排。

造成制造业投融资受阻的三个因素

根据我们的调研，我国制造业投融资确实比较困难，主要表现在投融资渠道窄、融资难、融资贵和融资期限短四个方面。近几年，银行对制造业贷款的比重持续下降，而股权投资在制造业中的占比也小，制造业的发展确实受到了阻碍。我想从三个方面讨论制造业投融资难的原因。

第一，存在工业化后期的瓶颈制约。

我国现在已经进入工业化后期，有几个方面发生了改变，与30年前的情况完全不同了。

一是劳动力、土地等生产要素的价格上升。

二是制造业税费负担很重。尽管最近已经降了3个百分点的增值税，企业得到一定实惠，但是除了税以外，企业还面临很多费用。

三是产业工人结构发生了很大变化，劳资关系呈现新特点，教育没有跟上制造业的发展。我国现在有4亿产业工人，其中

2.4亿是农民工，超过一半比例，这表明我们工人的技术含量较低，不能适应工业化后期制造业的发展。

四是存在产能过剩的问题。

我们确实存在产能过剩的问题，需要去产能、去杠杆，甚至还存在一部分"僵尸企业"。这些企业的收缩是势在必行的，也符合产业政策方向。"僵尸企业"的问题需要处理，该淘汰就得淘汰。坦率地说，我们对"僵尸企业"的处置速度还是很慢的，企业退出率过低。

目前，我国企业的出生率很高，根据国家统计局等的统计数据，中国每天有1.8万户企业诞生、注册，减掉每天"死亡"的企业，企业数目每天还是净增加的，这是好现象，表明大家创新创业的热情高。但我们也要看到，仍存在落后的企业以及"僵尸企业"退出率过低、过少的问题，这不利于市场出清。

一方面，这影响了投资者的盈利预期。如果让产能过剩的企业长期留在那里，行业未来投资利润预期上不来，最终会抑制投资。另一方面，企业退出速度慢还会减缓新技术的传播与扩散。因此，处理"僵尸企业"、加快企业退出，不仅有利于制造业转型升级，还能够改善预期、增加投资，加快技术的传播和扩散。

美国企业的退出比例大概为15%，也就是说100家企业中每年有15家要被淘汰。我们过去对企业退出率重视不够，实际上这是有规律的，退出率过低会影响整个行业的发展，但过高也不行。

五是新旧动能转换难度比较大。

六是新经济、新模式给传统的制造业带来冲击。

这些工业化后期的瓶颈制约是很多国家发展过程中会遇到的问题。当工业发展到一定程度时，受到工业化后期的瓶颈制约，制造业有效需求就会下降。一方面，前景不明朗、预期制造业利润率不高导致大家不愿意投资；另一方面，因融资困难也缺乏资金进行投资。

第二，存在投融资生态制约。

一是制造业企业负债率普遍偏高。我国制造业企业负债率高达70%左右。全国银行业不良贷款率只有1.9%左右，而一些地方的制造业不良贷款率却高达9%。高债务违约率、高不良贷款率使很多银行抽贷，投融资生态不好，也影响投融资信心。

二是投融资环境不佳。例如，信用信息共享还不够充分。各地融资担保机构作用不理想，表现在融资担保额小和担保费用高两方面。目前融资担保费率为2%，费率很高。地方政府在省、市、县每一级都成立担保机构，而每一级都需要负担人员成本，最终都体现在担保费率里。我个人认为，不需要层层成立融资担保机构，在省级成立一两家就足够了。

三是商业信用发展不足。现在社会的信用主要依靠银行信用，而企业自身的商业信用不值钱，例如签发的汇票不经过银行承兑就没人相信。在企业竞争当中的公平交易和法治环境不佳。

四是国企和民企待遇不平等。民营企业创造了全国80%的专利、60%的发明专利和70%的新产品。但民营企业贷款余额的比重逐年下降，而国有企业贷款余额的比重却是逐年提高的。

根据中国人民银行的统计数据，2013年至2018年6月底，民营企业贷款余额的占比由47.64%下降到36.01%，降低了11.6个百分点，而同时期的国有企业贷款余额比重却提高了13.15个百分点。

第三，存在金融服务创新能力制约。

首先，多层次资本市场不发达，直接融资渠道不畅。近几年，风险投资、创业投资和私募股权投资基金总体来说发展不错，但发展了十几年也就只形成了5万亿元的社会资本。较金融总资产的300万亿元规模来看，5万亿元还是太少了。

其次，地方政府的产业投资引导基金发挥的作用也不理想。一是因为基金规模不大。特别是自资管新规发布以来，私募基金和地方政府产业投资基金的募资都很困难。二是因为政府投资基金风险偏好低。政府投资基金的风险偏好本应该稍微高一点，技术创新需要高投入，不损失一点钱是搞不出来的。但是地方政府产业投资基金很谨慎，甚至只能盈利不能亏损。很多地方国有投资公司的考核方式就限制了投资不能亏损，投资到民营企业、科技企业亏损了就更不行。

最后，银行贷款长期存在重土地、重房地产抵押的问题，信用贷款很少。银行在贷款时也搞捆绑销售，贷款的同时需要企业存一定比例的款项，拿到现金的成本比较高，企业负担不起。

更重要的问题是，银行贷款绝大部分的期限都在一年以内，企业借款需要倒换。当从银行借不出资金的时候，企业只能通过借高利率过桥资金的方式进行续接。如果借贷过桥过不去，就会造成断贷、抽贷，企业负担加重。

现在的普遍现象是，如果银行利率是5%，企业实际承受的负担可能是10%~12%。过桥、担保的费率加起来至少是银行利率的一倍，甚至比一倍还要高，制造业企业根本承受不起。

优化制造业投融资模式的政策建议

第一，进一步优化金融生态环境。

首先，加大制造业结构的调整力度，坚定不移地加快处置"僵尸企业"。尽管这会给就业带来一些问题，给银行造成一些损失，但我觉得这是必须做的，而且应当尽早做。银行本来就已经计提了拨备，损失就损失一点，不出清一部分企业就迎不来发展生机。其次，加快信用体系建设。最后，健全政策性融资担保体系，增加担保能力。同时大力推进商业信用环境建设，特别是要打一场信用生态保卫战，把金融生态环境搞好。

第二，加快推进金融供给侧结构性改革，创新发展符合制造业特点的金融服务和产品体系。

制造业的有效需求和金融业的精准服务要对接，需要处理好三个方面的关系。

一是处理好新与旧的关系。

新与旧分别指新兴行业、新技术行业和传统行业。目前来看，新的行业融资不是太困难，多层次股权融资，银行愿意贷款，政府也愿意支持。但是旧的行业融资却很困难，升级也很困难。我认为，在处理新与旧的关系时，新的行业一定要更多地引入股权投资，不能再依靠银行贷款，特别是不能依靠银行信贷进行研发，否则包袱会越背越重。

二是处理好大与小的关系。

一般来说，大企业融资困难少一些，小企业融资困难多一些。制造业在生产流程上与服务业是不一样的，它需要经历购进原材料、生产产品、卖出产成品的过程，所以需要较长期的资金进行周转。1983年以后，财政不再给企业拨资本金，企业所有生产经营的资金都靠银行贷款来供应，这是造成当前国有企业负债率高的制度性原因。

应按照制造业企业生产经营周期，合理核定银行贷款期限，不能都是发放三个月、六个月的贷款。不同产品的生产周期也是不同的，需要具体核定，而这方面的工作一定要由银行和企业共同来做。此外，可以开发和推广无还本续贷类的产品，商业银行经过批准也可以搞投贷联动，可以发展一些保险直接投资。同时，银行应继续加大对小企业融资的支持力度。

三是处理好轻与重的关系。

轻与重分别指以轻资产或重资产为主的制造业企业，现在情况是轻的贷不到、重的贷不起。轻的贷不到是因为以轻资产为主的制造业企业只有知识产权，而知识产权质押很困难；重的贷不起是因为以重资产为主的制造业企业需要的资金量大，自身贷不起，银行也不愿意贷款。

应该怎样解决呢？建议建立健全动产融资体系，并且建立针对应收账款、知识产权等无形资产的全国无形资产评估和交易市场。此外，应发挥保险机构的作用，开展贷款保证保险和信用保险业务。有条件的金融机构也可以探索建立先进制造业融资事业部制，有利于加强专业化的支持。

第三，大力推进制造业企业改革。

推动混合所有制改革，需要积极引入社会资本，推进企业重组；完善公司治理，转换经营机制；引导企业提升素质，不要盲目扩张；增强企业的创新力和竞争力；规范企业财务制度，加强诚信文化制度。从2018年股票质押危机可以看出，80%以上的质押资金都没有用在本公司的主业上，这个教训还是很深刻的。

第二节
促进民营企业投资制造业[①]

2018年,我参加全国政协经济委员会调研组赴湖北、湖南两省开展"促进民营企业投资制造业"专题调研。总体来看,两省民营经济稳步发展,其增加值占GDP的比重超过50%,税收占比超过60%,就业占比超过80%,民间制造业投资企稳回升,增速加快。从金融服务民营企业的情况看,近年来党中央、国务院出台了一系列政策措施,各地结合实际认真贯彻落实,加大工作力度,取得了积极成效。目前民营企业开始分化,一部分企业转型升级和科技创新取得成功,不需要或只需要较少银行贷款,但相当多的企业经营困难,银行不愿贷款。当前存在以下问题。

第一,民营企业贷款占全部贷款比重过低。2017年底,湖南省全部贷款余额2万亿元,其中民营企业仅占9%,与民营经济地位很不相称。银行信贷资源过多投向国有企业、房地产行业和地方政府平台,对制造业的挤出效应明显。2018年上半年,湖北民间投资制造业3 926.66亿元,比上年同期减少996.8亿元。

---

① 本文系作者2018年参加全国政协专题调研后撰写的调研报告。

湖北省制造业贷款占全部贷款的比重已由2015年的12.4%下降到2017年的8.7%。根据国家有关部门的统计，2017年工业企业银行贷款和债务融资余额占社会融资规模存量的比重为14.2%，比2013年下降5.3个百分点。工业民间投资项目到位资金中，银行贷款仅占6.4%。

第二，民营制造业有效信贷需求不足与融资难、融资贵问题并存。一方面，民营企业在投资制造业时存在不愿投、不敢投的现象，有些甚至进入"创新是找死，不创新是等死"的窘境。另一方面，融资难、融资贵问题普遍存在，在投资收益率下降的情况下，民营企业很难得到银行贷款支持。民营企业通过非银行渠道融资成本高，担保费用高，综合融资成本达到10%以上。银行信贷成本高，由于贷款期限一般都在一年以内，为及时归还贷款不得不借高利率过桥资金应急，有些企业在过桥期间发生断贷，造成停产倒闭。

以上问题集中表现为民营企业家预期不稳、信心不足。主要原因在于内外部经济与市场形势发生很大变化，长期因素与短期因素相互交织，共同发生作用。从长期因素看，劳动力、土地等生产要素价格持续上升，税费负担重，产业工人结构发生很大变化，劳资关系呈现新的特点；传统产业产能过剩，转型升级动力不足，供给适应不了需求变化；广大民营中小企业处于产业链中下游，原材料、能源等上游产品涨价，就会侵蚀其部分利润；新型互联网经济给传统经济带来挑战；民营企业治理不健全、财务管理不规范等。从短期因素看，主要是中美贸易摩擦带来不确定性影响，国内清理规范影子银行业务导致社会融资总额骤然下降，加上股市下挫，债市违约增多等，多种紧缩效应叠加。

从深层次原因分析，民营企业与国有企业、地方政府平台相比，处于不利地位，一视同仁没有落实，使它们面对环境变化时困难更大，问题更为突出。

产生上述问题的原因是多方面的，需要综合施策，标本兼治。从金融方面看，需要在深化金融改革、加大金融创新、规范金融服务上下功夫，特别是要抓好已有政策措施的落实工作。为此，提出以下建议。

第一，改进信贷管理与担保方式。改变目前"一刀切"的做法，银行发放贷款应按企业生产经营和建设周期合理确定期限，适当增加3年期贷款比重，适时修订中期流动资金贷款条件与标准，减少因贷款期限过短人为造成续贷困难。用好地方政府担保资金，改变从省到县层层设立担保机构的做法，由省担保机构直接与银行合作，减少担保费用，放大担保倍数和实行优惠利率，同时省级财政增加再担保能力。建立中央政府与省级政府共同承担风险损失机制，区别不同地区，确定差异化分担比例。

第二，创新金融服务。大力推动"银税保互动"产品，对纳税信用等级较高的民营企业可以线上申请银行信用贷款。充分利用互联网、大数据，改造贷款流程和信用风险评级模型，开展多种形式的中小微企业贷款，提高贷款效率和便利度。加强大型商业银行与风控能力强、专门从事小额贷款的金融科技机构合作，采取购买贷款或联合贷款等方式给予资金支持，扩大服务面。进一步优化银行内部考核激励机制，配置奖励费用，开展普惠金融营销竞赛，实施内部资金转移价格优惠。落实贷款尽职免责条款，用实际行动与案例消除基层工作人员对民营企业贷款的畏惧心理。

第三，规范银行经营行为。目前一些商业银行发放贷款时，要求企业将一部分资金作为存款，又存回到银行；有些银行发放贷款不给现钱，只给承兑汇票；有些银行甚至要求企业购买银行理财产品或其他搭配产品，这在无形中减少了企业实际资金使用量，加重了企业利息负担。这些行为都不符合规定，应当予以检查纠正。进一步开展银行业收费专项治理，规范收费行为，确保各项减费让利政策执行到位。

第四，广泛开展清偿企业应收账款的专项行动。据统计，截至 2018 年 7 月末，全国规模以上民营工业企业应收账款净额占流动资产比重达 27.4%，高于全部企业平均水平 2 个百分点。全国各类企业应收账款高达 20 万亿元，其中湖北省就超过 6 000 亿元。主要是处在供应链核心的企业拖欠民营中小企业的款项，形成"大鱼吃小鱼"的格局，加剧了资金紧张程度。建议由有关部门牵头，联合成立专门工作班子，深入剖析，制定有针对性的措施，集中一段时间进行攻关，从源头注入资金，封闭运行，逐步缓解债务链。同时，抓紧建立防止随意恶意拖欠的长效机制。要进一步扩大应收账款等动产质押融资，增强核心企业的社会责任和诚信义务，切实做好应收账款的登记确权工作。

第五，支持民营企业对困难企业开展兼并重组。目前一些上市民营企业因股票质押平仓等陷入困境，多被地方国有企业收购，还有越来越多的民营企业为自保而纷纷主动找国有企业投资入股，希望戴上国企帽子或沾上国企的背景，这种现象值得高度重视。虽然国企介入有利于救助民营企业，但客观上造成了"国进民退"，伤害了民营企业的信誉，会对坚持两个"毫不动摇"方针带来负面影响。因此，建议严格限制国有企业兼并民营企业，已经兼并的，可以承诺将来经营恢复正常后由民营股东回购。对一些具有发展前景但目前遇到暂时困难的民营企业，可支持有实力的、产业关联度高的民营企业去兼并收购，有条件的也可以实施市场化债转股。鉴于前段时间民营企业债券违约增多和当前地方政府债券大量发行的挤出效应，要帮助民营企业恢复市场信心，各大商业银行要有一定比例的资金用于投资民营企业债券，央行也应给予适当支持。

第六，加快商业银行经营模式转型。让大企业面向市场发债，筹集短期和中长期资金，扩大直接融资规模，银行一般不再新增贷款，腾出信贷资源，支持中小微企业。这样做，既有利于发展多层次资本市场，分散银行风险，又有利于央行宏观调控和精准调控，改进货币信贷传导机制。增强商业银行转型的压力和动力，使之集中资源，聚焦中小微企业。

第七，改革国有商业银行产权制度。在稳步发展民营银行的同时，建议选择一家国有大型商业银行进行混合所有制改革试点，可以让民营资本控股，利用大银行优势，主要开展民营中小企业金融服务。此外，对有条件的地方政府控股金融机构，也可依法实行民营化，并一视同仁地加强监管。

第三节

纾困民营企业[①]

自 2018 年 11 月 1 日习近平总书记在民营企业座谈会上发表重要讲话以来,一系列帮助民营企业纾困的金融政策陆续推出。中国人民银行设立民营企业债券融资和股权融资支持工具,商业银行增加信贷,一些地方政府及国资平台、证券公司、保险公司等资管计划纷纷牵头设立纾困基金。据不完全统计,基金规模已达 5 000 亿元。对于缓解民营上市公司及大股东流动性风险、稳定市场预期、增强发展信心,起到了重要作用。同时,我们在调研中发现,对要不要帮助民营企业纾困、如何纾困,还存在一些分歧与问题,需要引起重视。

民企纾困不仅是帮助企业,更重要的是阻止系统性风险蔓延

当前民营企业股权质押风险不是个别或少数企业的问题,而

---

① 本文系作者 2018 年进行专题调研后撰写的调研报告。

是民营企业整体面临的流动性危机和信用危机的一个突出表现，大面积的股权质押和债券违约可能演变成金融体系、金融市场与金融机构的系统性风险，靠民营企业自身显然难以化解。如果这一系统性风险不能被及时阻断，将进一步冲击实体经济，形成金融风险和实体风险相互交织、相互影响的恶性循环。尽管前期一些民企确实存在加杠杆过度扩张、背离主业等问题，但实施民企纾困行动是十分必要的，这不仅是在帮企业，更是在阻止系统性风险蔓延。2018年的股市大幅波动，与2015年的股市危机相比，有相同之处，也有不同的地方。

一是面临的国内外经济金融环境不同。2015年国内经济虽然面临下行压力，但投资、消费、工业生产等数据明显好于2018年；美国、欧洲、日本等主要经济体均处于不同程度的经济复苏中，货币政策量化宽松，美联储直到2015年底才开启本轮加息步伐。2018年经济"变中有忧"，长期因素与短期因素相互交织，中美贸易摩擦带来不确定性，社会融资增量骤然下降，股市下挫，债市违约增多，使民营企业首当其冲。

二是引发流动性危机的原因不同。2015年股市异常波动最主要的原因是杠杆资金入市，其中仅银行理财资金入市就超过3万亿元，引发了抛售和踩踏。股指期货市场联动及高频交易进一步放大了股市波动风险。而2018年股市流动性风险是由多种紧缩效应叠加造成的。

三是对实体经济的影响不同。2015年股市异常波动后，政府部门果断出手救市，有效缓解了流动性危机，股市风险没有外溢到银行、证券、信托、保险等机构以及外汇、债券等其他金融市场，更没有对实体经济造成冲击。而 2018 年股市大幅波动，是从比较低的点位大幅下跌到更低的点位，已冲击到实体经济，大量民营上市公司的股权质押风险暴露，民营企业面临严重的系统性信用危机。从救助情况来看，2015 年主要是救市场，而 2018 年这一次既救市场，也救企业（大股东），救助难度更大。

当前民企纾困中存在的问题和障碍

第一，缺乏纾困的规则和标准。对于拟救助的标的企业，目前没有具体的筛选标准，如何落实"帮困不帮劣、救急不救穷"，成为纾困选择的难点。一些部门和机构为了规避道德风险而迟迟不敢作为，一些地方政府及其国资平台选择利税大户和就业大户，一些银行往往选择经营状况较好的企业作为纾困对象，一些真正困难的企业反而没有机会。一些证券公司主要从化解股权质押风险来选择标的企业。部分资金甚至打着纾困旗号，以高质押率、低利率等条件对正常存续股票质押项目进行竞争性注资，反而提高了市场整体风险。不同出资人、不同操盘人根据各自不同的诉求来选择对标企业，很难精准施策，甚至个别民企大股东前期滥用股权质押套取资金，为背离主业的行为"解套"，引发舆论谴责。在国有资本保值增值的前提下，国有资本参与救助后以何种方式参与公司治理、何种方式分红、何时退出，都缺乏规则和标准，不利于纾困工作开展。

第二，纾困行动"雷声大、雨点小"，纾困资金落地情况并不理想。从实际情况看，纾困基金计划规模大，而实际募资少，一般占募资计划的20%~50%，由于地方财政出资有限，大部分资金需要从市场募集。而社会融资环境偏紧，股市持续低迷，资金避险情绪上升，进一步加大了纾困基金的募资难度。更重要的是，大多数陷入股权质押困境、面临流动性危机的民营企业本身就存在盈利能力弱、商誉减值风险大、股票价格被操纵、大股东减持等问题，这些企业很难满足市场资金对投资项目盈利性、流动性等方面的要求。退出难也是纾困基金募资难的重要原因。受限于价格折扣、锁定期和减持比例制约，投资人的积极性受到影响。

第三，民营企业流动性危机和信用危机没有解除。2018年11月以来，各方共同发力纾困民企，民企股权质押风险部分缓解，市场信心有所恢复。数据显示，A股市场质押股数从11月初的6400多亿股下降到2019年1月22日的6300亿股左右，市场质押股数占总股本的比例由10%下降到9.75%，但民营企业流动性危机和信用危机并未解除。一是A股市场仍然存在下行风险，部分企业暂时缓解的股权质押风险可能会再次暴露，已经投入的纾困基金也可能陷入困境。二是民营企业在债券市场的融资条件和环境有继续恶化的可能，如信用利差扩大、发债成本上升、期限缩短等。债券融资、股权融资及银行贷款三大融资渠道互相反馈循环，任何一种融资方式的恶化都会拖累其他融资方式。

第四，被纾困后的企业有可能再次陷入困境。一些民营企业在获得纾困资金救助后，资产负债表和股票市场表现逐步改善，但随即可能因为新的问题再次陷入困境。一是成为银行的重点抽贷对象。由于银行对其他更差的企业无法抽贷，出于业绩考核和风险管理的要求，只好对获得纾困救助后情况稍好的企业抽贷，或者提高原有贷款利率。二是部分民企接受国有企业的纾困资金后，由于所有制结构变化成了国有企业或国有控股企业，要求银行贷款支持却遭拒绝，难以享受民企支持政策。三是纾困后的企业面临较重的财务负担，目前纾困资金实际成本超过10%，以股权形式注入的纾困资金退出时所需的费用也会转嫁给企业。

政策建议

第一，加强舆论引导，稳定市场预期。有舆论认为，近段时间以来，各方面在支持民营企业发展的政策力度、舆论宣传等方面均达到了前所未有的高度，出现了矫枉过正的倾向，甚至可能引起道德风险和逆向选择等问题，使一些本该淘汰的"坏企业"可能享受到"好政策"。对此建议适时加强舆论宣传，减少各地方、各部门的表态性报道，有针对性地开展解疑释惑工作，避免人们产生"运动式纾困"印象。要采取少说多做的策略，坚决杜绝只说不做。

第二，尽快制定、完善标准和规则，加强统筹协调。在标的企业的选取，纾困基金的运作、管理、交易、退出，国有资本如何参与救助，股票质押风险解除如何界定等方面，均要有明确的标准和规则。要在深入调研的基础上，合理评估与区分上市公司的困境与大股东个人的困境，研究民企大股东失去控制权对上市公司后续经营的影响，统筹研究救助方案。对上市公司本身经营正常，但大股东陷入危机，且失去控制权后对上市公司后续经营形成重大不确定性的，予以优先救助；对上市公司和大股东都遭遇流动性危机，且大股东质押资金没有用于上市公司经营的，应谨慎施救，甚至予以考虑破产重整。纾困难点在于，区分企业临时性困难和实质性风险，以及企业流动性短缺和清偿性危机，这就需要总结各地纾困的实践经验，形成一套切实管用的筛选标准。当然，标准也不能搞"一刀切"，在执行过程中，允许不同地区和行业根据实际情况有灵活调整的空间。纾困民企的工作是一项系统工程，涉及金融监管、国资、财税、司法等部门，必须加强统筹协调，以提升救助效率。以金融系统为例，在信贷、债券、股权三大融资渠道方面统筹协调发力，既要避免不同监管部门政策齐紧齐松，让企业和市场承压太大；也要避免各自为政，出现套利空间，助长道德风险。同时，要加大对纾困过程中违法违规行为的整治力度，确保纾困资金用在"刀刃"上。

第三，坚持市场化原则，增强可持续性。纾困标的和项目，应按照市场化、商业化原则使用资金，坚持投资有回报，借贷要偿还。当前银行业净息差在2.2%左右，贷款逾期率在3%左右，不良率在1.9%左右，多数银行借贷风险成本在1.5%~2%，迫切要求银行既要努力消化、处置不良资产，又要控制新增不良资产。因此，解决银行"不敢贷、不愿贷"的问题，就不能要求贷款利率在基准利率的基础上下浮10%。同时，要支持银行挖掘民企的综合价值和长期价值，根据实际情况采取无还本续贷、债转股、债务重组、投贷联动等方式，实现纾困企业和金融机构的"双赢"。

第四，健全金融服务民企的长效机制。认真总结实践经验，调整优化金融体系结构，构建市场化、多元化、法治化的民企金融服务体系。从组织机构、经营理念、投融资体系、金融科技、监管政策、法治环境等方面形成一整套规范，银行、证券、保险、信托、基金等多主体共同参与，建立健全多层次资本市场体系、普惠金融体系和动产融资体系，提高金融服务民企的能力和水平。

第五，营造公平竞争环境。解决民企发展问题，不能只靠"雪中送炭"，根本在于给予民营企业公平竞争的市场地位，实现所有企业一视同仁，享受国民待遇。要打破各式各样的"卷帘门""玻璃门""旋转门"，在市场准入、审批许可、经营运行、招投标、军民融合等方面，为民企打造公平竞争环境，让民企优胜劣汰，实现高质量发展。

第六，民营企业需要主动调整，走高质量发展之路。政府资金对民企的支持主要是给民企增信，缓解短期流动性困境，但难以解决民企长期发展问题。长期看，民企高质量发展根本上还是要靠自身，这要求民营企业做出实质性调整，如调整发展战略、做好瘦身健体、重新聚焦主业、处置不良资产、完善公司治理等，只有这样才能真正解决问题、化解风险并实现高质量发展。

第四节

市场化债转股[①]

市场化债转股的进展情况

自 2016 年 10 月，国务院发布《关于积极稳妥降低企业杠杆率的意见》及《关于市场化银行债权转股权的指导意见》以来，市场化债转股工作已取得积极成效。由国家发展改革委牵头的部际联席会议制度，发挥了重要作用。各项细化政策逐步配套，提高了债转股业务的规范程度和实施质量。

从实际操作情况看，市场化债转股大致形成了四种模式。

一是收债转股。先由实施机构募集资金，然后按约定价格收购银行在企业的债权，成为企业新的债权人。而后，实施机构与企业按账面价值的一定比例确定转股价格，将债权置换为股权。

二是发股还债。企业开展增资扩股，实施机构按照商定的价格认购新发行股份。接着，企业利用收到的新增资本金按约定偿

---

① 本文系作者 2018 年撰写的调研报告。

还银行贷款。这一模式下，实施机构往往通过设立资管计划或收益权计划募资。

三是以股抵债。这一模式主要适用于企业集团在其子公司层面开展债转股。先由债转股实施机构收购银行在集团子公司的债权，再由集团将自己持有的子公司部分股权按照商定价格，通过大宗交易或协议转让方式出让给实施机构，然后实施机构可将这部分股票在二级市场交易或采用其他方式退出。

四是设立并表基金。银行与企业集团设立有限合伙型基金并募集资金，专门购买集团下属企业的资产。基金采用双 GP（普通合伙人）模式，分别由银行和集团公司所属的基金管理人担任，而公司管理人被设定为基金的实际控制方，从而将这一基金纳入集团公司并表范围，实现资产负债率下降。银行与企业集团约定，在一定期限内企业集团将基金所持下属企业资产装入所属上市公司，通过资本市场减持退出，如未能按时上市，则由集团公司回购。

据有关部门统计，截至 2018 年 7 月底，有 115 家企业实施市场化债转股，到位资金 3 516 亿元，主要分布在钢铁、煤炭、有色、化工、交通运输、装备制造和电子信息等行业。由于前期大多采用明股实债的做法，真正的债转股数额并不大。从已实施债转股的企业情况看，市场化债转股的积极作用正逐步显现。

一是降低了企业杠杆率。根据某银行债转股实施机构的统计，至 2017 年底，在 16 家项目企业中有 14 家资产负债率同比下降，11 家企业净利润实现较大幅度增长。部分企业尽量将短期、高息的负债转换为股权，优化了企业债务期限结构，减轻了债务滚动的压力。

二是促进了国有企业改革。市场化债转股通常需要引入外部股东，有助于企业合理调整生产要素或产品结构，提升公司治理和经营管理水平。同时，企业集团从子公司及其下属企业层面开展债权转股权工作，与债转股实施机构合作剥离不良资产，通过并购重组等手段整合内部资产，或引入外部优质资产，优化了集团内部资源配置。

三是防范了金融风险。本轮市场化债转股规定银行应通过实施机构转让债权，由实施机构将债权转为对象企业股权，因此银行的贷款基本可以足额偿还。随着债转股覆盖范围扩大到关注类和不良类贷款，部分商业银行正将市场化债转股视作减少不良资产的重要途径，主动为出现风险征兆的客户提供债转股服务，有助于防范因企业债务违约而形成的流动性风险和信用风险。

市场化债转股项目落地的主要经验有以下几点。

一是以推动公司改革为核心。市场化债转股做得成功的标志是，银行和投资机构能在公司治理和产品转型升级方面达成共识，这是提升企业股权价值、实现债转股多方共赢的关键。企业是否有改革意愿，企业大股东和管理团队是否有相应的行业经验和管理能力，成为银行在选择标的企业时关注的重点。债转股解决的是企业面临的诸多问题中的一个方面，部分国有企业以债转股为契机，引入多元化投资者，在保证国有控股的前提下开展混合所有制改革，实现提质增效。投资机构在获得公司部分股权后，为推动股权增值，防止企业杠杆降而复升，积极派驻董事或监事参与公司治理，履行股东职责，为企业提供顾问服务和资本运作便利等。

二是充分利用上市公司平台。一方面，上市公司或拥有上市公司的集团企业债转股可以参照股票二级市场交易价格确定转股价格，方便企业、银行和投资机构建立符合各方诉求的价格调整机制，进而最终确定债权转让和转股价格及条件。另一方面，上市公司为债转股实施机构股权退出提供渠道，有利于提高投资者积极性。

三是实现资产重组，提升股权价值。着重分析企业的资产状况，并按质量高低进行分类，充分发挥投资银行工具等优化资源配置，对于质量较优且经营相对良好的资产进行资本注入，对于原有低效优质资产通过引入外部投资者进行重组等手段进行盘活，对于低效、无效的低质资产进行剥离。设计合理、操作灵活的资产重组有利于企业改善资产结构，提高市场化债转股效率。

四是政府部门加强引导。本轮债转股坚持市场化、法治化原则，企业和银行双向自主选择，估值定价完全按照市场方法，政府不要干预。但这并不排斥更好发挥政府作用。在如何推动国有企业改革，如何让信息更充分、更透明，如何避免债转股过程中的道德风险等方面，政府部门应当加强引导和协调作用。前期市场化债转股的成功案例，都与政府部门积极协调和加快办理各类审批事项密切相关。

值得一提的是，对前期出现的明股实债现象需要做客观、全面的分析。在政府部门的要求和压力下，商业银行和企业为完成任务，大量签约，导致债转股项目总金额高达 1.7 万亿元，实际上到位资金只占 20%，主要受限于项目状况不佳、资金来源不足，特别是银行通过理财、私募等渠道募集资金，中间还需嫁接资管计划、收益权计划等形式间接持有债转股企业股权，期限错配严重，迫使银行要求企业按照固定利率支付股息，并约定期限回购。可以说，明股实债是前期相关各方利益诉求碰撞和博弈的结果，既满足了银行的要求，维护了实施机构的利益，又迎合了企业完成降低负债率任务的需求。在前期并未明令禁止的背景下，的确有一定的合理性和必然性。目前政策明确不搞明股实债是完全正确的，因为明股实债并未真正降低企业资产负债率，反而增加了财务负担，掩盖了企业真实的资本结构，达不到债转股的初衷。现在新的明股实债现象已经得到明显遏制，越来越多的企业都希望做真正的债转股。

市场化债转股存在的主要困难

本轮市场化债转股与上一轮行政化债转股相比，最大的区别是五个关键要素：市场化的投资参与主体、市场化的交易结构、市场化的估值与定价、市场化的资金来源、市场化的退出机制。说到底，实质上是市场化的股权投资活动。上一轮行政化债转股政策设计简单明了，操作机构单一，标的企业确定，资金来源有保障，因此进展较快。1999年成立四家资产管理公司，从四大行剥离不良资产13 939亿元，中国人民银行给四家资产管理公司再贷款6 000亿元，四家资产管理公司向四大行定向发行10年期金融债8 000亿元（中央财政担保）。由四家资产管理公司在收购四大行1995年以前形成的呆滞贷款中，将一部分转为资产管理公司对企业的股权，实施债转股企业名单由国务院确定，当时确定580户企业，实施债转股金额3 951亿元。因此，本轮市场化债转股相对缓慢是客观必然的。当前推进市场化债转股的主要困难有以下几个方面。

第一，多主体参与，各方需求不对称。

企业要降低负债和财务费用，提高盈利能力，有些企业把债转股看作国家又一次拯救行动，寄希望于政府买单。商业银行在贷款本息正常的情况下根本不愿意也不适合去做股权投资，即使要做，也要求保本保息。其他金融机构的目标是通过好的标的获取未来的投资收益。地方政府主要是帮助当地国有企业渡过难关，常常优先推荐"烂苹果"，有些企业甚至存在逃废债务的倾向。而市场主体则希望选择"好苹果"，各方谈判难以达成共识。

本轮债转股的主要对象是国有企业，且大部分企业属于产能过剩行业，运营效率低、发展粗放，对银行贷款的依赖度较高，短期内很难从根本上走出困境。市场化债转股需要由参与主体自负盈亏，对项目的盈利性、流动性要求较高。真正经营状况较好的企业没有意愿实施债转股，陷入财务困境的国有企业需求强烈，导致各方需求不匹配，诉求和考量各不相同，很难达成多赢的方案。债权人比较分散的企业协商起来难度更大，找不到一家银行来牵头协商。

第二，金融机构的资金、资本和人才不足。

一是金融机构资金不足，筹资成本高。市场化债转股具有金额大、期限长、收益不确定的特点，金融机构完全依靠市场化手段融资，成本高，期限错配严重。虽然2018年7月5日央行下调存款准备金率0.5个百分点（释放资金约5000亿元），用于支持债转股项目，但目前仍未出台具体操作办法，基层机构感受不到政策利好。同时，中国人民银行要求银行与实施主体按照不低于1∶1的比例撬动市场化资金参与债转股项目。新发布的《金融资产投资公司管理办法（试行）》允许金融资产投资公司设立私募股权基金，发行金融债券募集债转股资金；通过债券回购、同业拆借和同业借款等业务融入资金；允许银行理财资金依法依规用于交叉实施债转股，大大丰富了实施机构的融资手段。但是，当前市场流动性的传导机制不畅，投资者偏好固定收益类产品，对股权类投资的风险规避导致长期资金供给不足；资管新规实施力度和节奏有所调整，整体上仍具有较强的收紧效应，金融机构融资成本居高不下。金融资产投资公司承担了融资兑付责任，而股权投资收益不确定，未来偿债风险上升。

二是商业银行资本不足，限制约束大。金融机构实施债转股的风险权重和资本占用都较高。根据《商业银行资本管理办法（试行）》，商业银行被动持有或因政策性原因持有的对工商企业股权投资，两年内风险权重为400%，两年后还未处置的风险权重上升至1 250%，远高于正常贷款100%的水平。资产管理公司实施债转股业务的风险权重为150%，资本占用考核以项目金额的200%为标准，是不良债权收购及实质性重组项目50%标准的4倍。五大银行新设立的实施机构资本金为100亿~120亿元，能实施债转股的规模十分有限。

三是商业银行的人才结构限制。商业银行长期从事信贷业务，注重抵押品和担保，缺乏做股权投资的人才，对行业成长性、估值定价、资本市场运作等不熟悉，缺乏股权投资思维和风险管理经验，妨碍了市场化债转股的推进和实施效果。

第三，股权退出渠道窄，项目流动性不足。

一般情况下，债转股的退出渠道主要有股东回购、并购和二级市场减持，其中二级市场退出受股价和监管政策的影响较大。由于股价波动较大，股价低迷时减持上市公司股票不能达到预期，不仅导致现有项目退出困难，也会影响新项目落地。例如2018年3月，某船舶类国有企业公布债转股重组方案后，股票复牌遭遇了三个跌停，市价较方案公布的债转股资产认购股份的价格下跌约40%，导致其他市场参与机构持观望态度，影响了其他债转股项目的落地。

资本市场有关政策调整对市场化债转股项目退出有一定影响。上市公司非公开发行股票须按市价发行，且发行规模不超过总股本的20%。按市价发行取消了3年期定增锁价机制，导致实施机构参与项目取得的股票定价无法确定，只能通过子公司转股，再以上市公司发行股份收购的方式达到锁价目的，涉及的审批环节增多，加重了实施负担。受上市公司股东、董监高减持股份的规定的影响，债转股整体退出时间要长于 5 年，项目缺乏流动性。

当前市场化债转股面临的困境充分反映了加快国有企业改革的紧迫性和重要性。参与本轮债转股的企业，有些经历了 20 年前的行政化债转股。当年虽然甩掉了债务包袱，但 20 年过去了，后来又盲目扩张、大量负债，造成了今天的困难。当年提出的国有企业改革措施并未得到全面有效落实。国有企业缺乏创新机制，冗员较多，政府干预随处可见，效率较低，公司治理不善，与高质量发展的要求相差很大。同时，政府对"僵尸企业"的处置不够，致使其占用了大量资源，影响了市场出清，拖累了其他国有企业改革。

当前，国企改革已进入攻坚区和深水区，应当借助市场化债转股的契机，推动国企混合所有制改革，加快资产重组和改制，完善现代企业管理制度，强化财务约束和资本管理，充分激发企业活力，建立健全控制合理杠杆率的长效机制。

政策建议

第一，以是否出现债务违约为标志，将市场化债转股分为主动型和被动型两类，分别由社会资本和商业银行主导实施。

主动型主要针对未出现债务违约，能够正常还本付息，但同时有意愿且符合债转股条件的国有企业，由社会资本按照市场化原则来主导实施，这里所指的社会资本主要来自资产管理公司、商业银行的债转股实施机构、私募基金、其他投资者等，但不包括商业银行本身。如果银行用正常类贷款做债转股，实际上收益由确定性变为不确定性，还会减少当期收益，银行是不愿干的。不让银行参加这类债转股，既可以减少谈判主体与复杂程度，又便于充分发挥资产管理公司的作用。可由四大资产管理公司定向对国有商业银行发行金融债券（由商业银行用央行定向降准释放的资金购买），筹集低成本的长期稳定资金，用于支持债转股，确保央行政策落实到位。经过20年在不良资产处置领域的经营，四大资产管理公司的专业人才队伍积累了经验，有条件在债转股工作中发挥更大的作用。

被动型主要针对经营困难、债务出现违约、资金链难以维持的国有企业，可由商业银行主导实施债转股，也可由其下属的债转股实施机构进行。商业银行被动持股非金融企业，没有法律和制度障碍，且商业银行拥有自行决定不良贷款折价的权利，因此可通过直接债权转股权的方式进行。债务违约直接危及债权人利益，可以倒逼银行采取灵活多样的方式进行债务重组。

第二，进一步完善政府引导、市场主导的债转股推进机制，加快推动国企混改方案落地。

地方政府应严格遵循"四个禁止、三个鼓励"的要求，不干预债转股的具体事务，不强制市场主体参与债转股，不下量化指标，不搞"拉郎配"。债转股的目的不仅是降杠杆，更为重要的是淘汰落后产能，转换经营机制，促进产业转型升级，提高资产收益率，这样才能与股权投资者的预期目标达成一致。因此，地方政府应当抓住本地少数重点企业，摸清企业资产"家底"，切实帮助解决一些企业财务状况失真问题，搭建信息沟通和项目对接的平台，在企业财务重组的框架下，实施股债结合、以股为主的综合性方案，真正把债转股与引进战略投资者紧密结合，与资产重组、兼并收购紧密结合，提升企业价值。

第三，提高国有企业转股定价的市场化程度，权衡资产贱卖与减少损失之间的关系。

估值和定价是债转股中最核心、最复杂的问题之一。防止国有资产流失是前提、是红线，同时也要看到，有些低效资产已经产生损失，如果不及时处置，则有可能产生"冰棍效应"，最终造成国有资产损失。目前国有企业尚未建立基于市场公允价值的低效资产减值确认机制，参考股票二级市场交易价格或竞争性市场报价确定的转股价格，可能低于净资产。虽然文件规定经批准是可以的，但实际很难操作，企业和相关主管部门都担心国有资产流失而被问责，影响了资产盘活。

在股权投资中，存在"控制权溢价"，即如果让出控制权，定价自然要高一些。目前，国有企业债转股一般都既不愿意让渡控制权，又不愿意承认资产减损，导致投资者望而却步。因此，要进一步研究制定对国有企业低效资产减值确认的标准和条件，细化定价规则，授权国有企业自主确定、自负盈亏、自担风险，实现市场化定价。

第四，利用上市公司资本公积，扩大市场化债转股规模。

资本公积是所有者权益的一部分，主要由股本溢价构成。截至 2018 年第一季度，1 079 家 A 股上市国有企业资本公积合计 4.3 万亿元，而平均资产负债率高达 79.74%。其中，央企上市公司资本公积合计 2.4 万亿元，平均负债率为 83.39%。鉴于当前 A 股市场处于低位，靠上市公司增发股票进行债转股困难较大，可利用资本公积实施存量债转股，即按现行法律规定，先由上市公司用资本公积向全体股东转赠股份，再由部分股东无偿转赠给相关重组方以抵减债务。这样做不仅有利于降低上市公司负债率，改善盈利水平，提高机构投资者参与债转股的积极性，而且有利于提振股市信心，防范金融风险，支持实体经济发展。

第五，创造必要的支持环境，进一步完善配套政策。

首先，适当降低债转股业务资本占用的风险权重。资产管理公司债转股可比照其批量收购金融不良资产形成的债权风险权重的 50% 或 75% 计量，以缓解资本充足率压力。

其次，在资本市场监管方面，给予市场化债转股业务一定的灵活性安排。对市场化债转股所涉及的 IPO（首次公开募股）、定增、可转债、重大资产重组等资本市场运作，给予绿色通道支持，完善定向还债的锁价机制，促进上市公司实现直接的债转股运作，适当降低债转股中引入新的优质资产标准，对债转股涉及融资金额较大的，适当放开发行规模不超过总股本 20% 的限制。建立上市公司股东"以股抵债"的股票过户登记制度。

再次，加大法治化处置力度，推动经营不善、债务负担过重的企业破产重整，对其中的优质资产给予保护，对债务进行重组，有条件的仍可以恢复正常运营。

最后，给予债转股企业一定的税收优惠政策，如通过"以股抵债"方式进行重整的企业，对于债务重组豁免的债务部分要作为"营业外收入"计入企业利润并缴纳企业所得税，这影响了企业重组的积极性，建议对这部分税收予以减免。

第五节

推动科技、产业、金融良性循环[①]

习近平总书记在 2022 年 12 月召开的中央经济工作会议讲话中强调，推动"科技—产业—金融"良性循环。这为落实国家创新驱动战略、强化科技自立自强提供了科学指引和根本遵循。《中华人民共和国国民经济和社会发展第十四个五年规划和 2035 年远景目标纲要》明确提出，要构建实体经济、科技创新、现代金融、人力资源协同发展的现代产业体系。科技是第一生产力，产业是现代经济的根基，金融是实体经济的血脉，科学把握科技创新、产业升级、金融发展的客观规律，进一步畅通科技、产业、金融良性循环，对于增强国家自主创新能力、推动高质量发展具有重大意义。近年来，我国在促进科技、产业、金融良性循环方面采取了一系列有力措施，取得了积极进展与成效，但三者循环畅通还面临不少堵点和难点。

一是基础研究投入不足，科研成果转化率不高。国家统计局

[①] 本文系作者 2022 年撰写的调研报告。

的数据显示，2021年我国基础研究经费为1 817亿元，占全社会研究与试验发展（R&D）经费比重的6.5%，投入规模及占比持续上升，但与发达国家普遍15%以上的占比相比差距仍较大。企业作为创新主体的基础研究投入就更少了。2021年我国企业研究与试验发展经费中基础研究占比仅为0.5%，明显低于欧美国家5%以上的企业基础研究投入水平。以半导体行业为例，2021年全球研发支出805亿美元，其中美国公司占56%，韩国公司占11.9%，欧洲公司占8.1%，中国（不含港澳台）公司占3.1%。世界银行的数据显示，我国知识产权使用费长期处于逆差状态，且近年来有扩大趋势，2021年，我国知识产权使用费逆差351亿美元，同期美国、德国、日本分别为顺差779.8亿美元、376.3亿美元、186.4亿美元。

科研成果转化率不高。成果转化主要分为基础研究成果转化率和专利产业化率。2020年基础研究成果转化率，在农业领域我国为1.2%，美国为6.5%；在材料领域我国为1.9%，美国为17.8%；在能源领域我国为1.7%，美国为19.5%；在网络信息、制造与工程领域，我国的基础研究成果转化率更低。国家知识产权局发布的《2021年中国专利调查报告》显示，我国发明专利产业化率为35.4%，其中企业、高校、科研单位分别为46.8%、3.0%、15.8%。我国高校、科研单位发明专利产业化率明显低于发达经济体，比如，美国高校专利转化率为50%左右。

二是产业竞争力有待增强，价值链地位有待提升。以2022年8月发布的《财富》世界500强企业为例，我国企业实力大幅提升，上榜 145 家（内地 133 家、香港 3 家、台湾 9 家），连续 4 年超过美国，而且资产总额占比、营业收入占比、净资产占比、人员占比均超过美国，但净利润占比为 19.32%，低于美国的 40.22%。我国内地企业平均收入利润率为 5.02%，低于 500 强企业的平均 8.2% 和美国企业的 11.11%；平均资产利润率为 1.14%，低于 500 强企业的平均 1.94% 和美国企业的 3.23%；平均净资产利润率为 9.19%，低于 500 强企业的平均 14.77% 和美国企业的 21.9%。

根据清华大学全球产业研究院的数据，2021 年底全球工业上市公司数量 7 754 家，其中，我国 1 416 家，排第一位，大大超过美国的 529 家，但我国工业上市公司总市值为 2.69 万亿美元，低于美国的 4.19 万亿美元；总营收 2.86 万亿美元，高于美国的 2.09 万亿美元；净利润 1 128 亿美元，低于美国的 1 250 亿美元。

三是金融供给结构不合理，支持科技与产业力度有待加强。股权融资占比偏低，与促进科技创新的需求不适配。长期以来房地产占用了过多的金融资源，对科技创新与产业发展支持不足。银行信贷追求收益确定性与科技创新的不确定性存在矛盾，制造业有效信贷需求不足，供求不匹配，金融服务能力不适应，制约了金融作用的发挥。据银保监会统计，2021 年新增制造业贷款 2.8 万亿元，取得较大突破，但仍只占当年新增各项贷款的 14%。其中，高技术制造业贷款新增 5 807 亿元，仅占当年新增贷款的 2.9%。

为进一步畅通科技、产业、金融良性循环，提高科技成果转化率，优化企业研发投入结构，充分发挥金融支持科技创新和产业升级的重要作用，提出以下建议。

第一，完善科技创新生态体系。加大基础科学研发投入，强化政府在采购、军工等方面的支持力度，聚焦高技术产业竞争力，健全鼓励科技创新制度，建立多元考核评价标准和激励机制，为科研提供鼓励冒险、容忍失败的文化环境。构建连接科技与产业、技术市场与资本市场的综合服务平台。整合"政产学研用"等各方资源，探索形成龙头企业、配套企业、高等院校、科研院所、金融机构等协同联动的发展格局。大幅提高科技成果转化率。提高人才跨界认知水平，重视引进和培养复合型人才。

第二，加快高技术产业发展。加大产业研发强度，向价值链高端进阶。促进高技术制造业与知识密集型服务业融合，营造有利于科技型中小微企业发展的环境。着力补强产业链薄弱环节，支持"专精特新"企业的发展。健全产权与专利保护机制，让企业能投敢投。发挥新型举国体制优势，围绕关键技术领域开展科技项目攻关，促进关键技术、人才、资本等多种要素的相互驱动，推动传统产业数字化转型、高耗能企业绿色改造、生产性服务业高端化延伸，实现优势产业的内涵集约发展。

第三，深化金融供给侧结构性改革，建设强大的科技金融体系。进一步健全银行信贷政策、风险管理制度和绩效考核机制，增加科技贷款和战略性新兴产业贷款，特别是优惠长期贷款与资本性工具。引导金融机构增加科技专营机构，专门支持科创企业。建立知识产权估值认证、交易流通体系，扩大知识产权质押融资和知识产权证券化。探索新的科技贷款收益模式，允许银行分享企业未来 IPO 或营业收入分成的收益，并采取严格的单独考核监管办法。进一步发挥资本市场推动科技创新的枢纽作用。健全长期资金投资机制，提升养老基金、保险资金、企业资金、捐赠基金、家族财富以及资管资金等长线资金投入私募股权创投基金的比例。有效引导投早、投小，改进政府引导基金管理与考核，更多进入科创前沿与市场失灵领域。探索中央银行作为有限合伙人参与私募股权创投基金，承担重大科技攻关项目。创新运用投贷联动、投保联动、投债联动、科创基金等多种方式，加大对"卡脖子"等关键领域、战略性新兴产业、产业改造升级、现代服务业等新动能的支持力度。积极发展科创保险，坚持"政府支持＋商业运作"，对科技创新风险进行分散、转移、消化，实现科技与保险双向赋能、深度融合。适时总结科创金融改革试验区实践，扩大可复制、可推广的经验做法。

第六节

让年轻人爱上制造业[①]

目前全国调查失业率有所下降,但 16~24 岁的年轻人调查失业率上升,这反映出年轻人在就业方面遇到了不少困难。

摩擦性失业是主因

所谓摩擦性失业,是在基本实现充分就业的前提下所产生的失业,比如转换工作、辞职接受培训或有机会不求职等形成的暂时性待岗失业。这是目前年轻人失业的主要原因。当代年轻人的择业观念与条件发生了很大变化。一是就业预期趋于谨慎,对体制内(公务员、事业单位、国有企业)的稳定性十分看好,为降低就业风险,放弃去市场主体就业的打算。由于体制内就业岗位数量有限,只能百里挑一,绝大部分大学毕业生不能如愿。

---

① 本文系作者 2022 年撰写的调研报告。

二是家庭支持解除了失业的财务成本。不少年轻人，特别是大学毕业生并不急于找到人生的第一份工作，主要是其父母可以提供财务支持，为他们寻找符合预期的工作岗位留出了时间与空间。

三是频繁更换岗位。当代年轻人跳槽与换岗频率明显加快，据有关招聘中介组织的抽样调查数据，"90后"在一个单位的工作年限长的不过3年，短的只有半年左右，近1/5的人平均在一家公司待的时间不到3个月，而且绝大多数都是主动离职。年轻人不再墨守成规，也不害怕变化，更敢于放弃沉没成本。

如何让年轻人爱上制造业

现在一方面工厂"抢人"，求工若渴，另一方面年轻人不愿意进工厂，这个结构性矛盾反映了两个问题：一是劳动供给不能满足用工需求；二是年轻人择业空间扩大，择业的"性价比"突显。在工厂工作的环境、时间与自由度远不如快递等服务行业。根据一家电商平台的调研报告，该平台有超过300万名骑手，其中"90后"占比近50%。全国灵活就业者超2亿人，其中80%是35岁以下的年轻人。

改善制造业企业招工的"性价比"是吸引年轻人进工厂的关键。提高员工工资福利、缩短工作时间、改善工作环境等，既是企业需要努力的方向，更是产业发展环境与政策体系需要关注的问题。根本出路在于加快产业升级转型，提高产品质量与效益，同时要真正落实以人为本的理念，关注员工的职业生涯，让员工收获劳动的愉悦。我在调研中发现一个新的现象，不少优秀的民营制造业企业家十分重视提升员工的归属感，加强企业文化建设，大力改善员工食堂、托儿所、住房并参与社会活动，提高对员工的关注度和认可度，让员工的人生目标与公司愿景达成一致，建立长期学习培训计划，极大地提高员工对企业的忠诚度。这让我想起20世纪90年代以前国有企业普遍都是这样做的，过去称为企业办社会。现在民营企业在新的历史条件下又回归了，这个现象值得深入研究。

加快培育新兴产业工人

农民工和大学毕业生已成为新型产业工人队伍的基础。产业升级转型不仅是工业技术升级与数字化转型，更为重要的是产业工人的升级转型。

首先，要加大政策引导，帮助年轻人树立正确的人生观、价值观、择业观。要在全社会倡导职业平等的观念，破除身份不同、待遇不同的现象，对所有劳动技能人才一视同仁，在落户、养老、子女教育、休假、培训、持股、晋升等方面让农民工获得平等地位，得到职业尊严。

其次，要加大力度培育技能型产业工人。积极发展现代职业教育体系，提升年轻劳动者素质。进一步推进高等教育改革，围绕产业转型升级这个主题，完善专业学习、课程设置、培养方案，适当增加学生职场技能实习时间，更好对接劳动供给与需求。

最后，要加大劳动力与人才顺畅流动。我国是世界上劳动力和人才流动规模最大的国家，但顺畅流动的质量有待进一步提高，不仅要促进从农村到城市的流动，从一个城市到另一个城市的流动，而且应促进从城市到农村的流动。目前在城乡融合发展中劳动力与人才的顺畅流动仍然存在诸多障碍，迫切需要按照建设全国统一大市场的要求，加快制度改革，以适应产业发展与扩大就业的新趋势。

第七节

建设新型劳动关系[①]

加快建设我国新型劳动关系的体系与制度

新中国成立 70 年以来，我国走出了一条具有中国特色的就业发展之路，就业规模持续扩大，就业结构不断优化，就业质量显著提升，劳动力市场日趋完善，就业形势长期保持稳定，取得了世人瞩目的伟大成就。2018 年就业人数已达 7.8 亿人，党的十八大以来，连续 6 年实现城镇新增就业 1 300 万人以上，2019 年 1—8 月已完成 800 多万新增就业。就业形势比预期要好。同时，稳中有忧，2019 年 1 月调查失业率升至 5.3%，随后几个月回落，7 月又回升到 5.3%。有些数据出现分化，PMI 从业人员参数已持续低于 50 的荣枯线，而上半年求人倍率依然在 1.28 倍，用工需求大于供给，一些企业达到 1.8~1.9 倍。城镇就业压力与农村富余劳动力转移问题同时出现，新成长劳动力就业与失业人

---

① 此文系作者在《人民政协报》于 2019 年举办的协商座谈会上的发言。

员再就业问题相互交织，就业总量矛盾和结构性矛盾同时存在。

面对复杂多变的内外部经济环境，必须坚持底线思维，把稳就业放在"六稳"之首，贯彻落实好中央确定的就业优先的政策措施。

根据前段时间参加全国政协专题调研，就加快建设我国新型劳动关系的体系与制度谈一些认识与看法。所谓新型的，是指非标准、非传统的劳动关系体系与制度。

随着科技与经济的发展，机器人正在接手成千上万的重复性劳动，替代许多低技能工作，就业替代效应凸显，但同时，科技正在创造机会为新的就业变革铺平道路，就业创造效应大于替代效应，并催生了就业变革效应。

根据世界银行的研究报告，1999—2016年，在欧洲，技术创造了2 300多万个工作岗位，占同期新增就业量的近一半。技术扩大了对劳动力的需求，创造了新的商业模式，构建了全新的、高效的价值链，促进了就业增加。根据中国信息通信研究院发布的《中国数字经济发展与就业白皮书（2019年）》，2018年中国数字经济规模已达31.3万亿元，占GDP的34.8%，提供就业岗位1.91亿个，占当年总就业人数的24.6%，同比增长11.5%。2018年，我国互联网平台雇用了598万正规就业者，并带动提供共享服务的劳动者人数达到7 500万人。比如，滴滴出行平台共有234.5万名司机就业，还有931.5万名司机通过该平台实现灵活就业，两项合计1 166万人实现就业，满足了一年100亿次的出行需求。美团平台2018年有270万外卖骑手工作，支付劳务报酬超过 300 亿元，共带动就业机会 1 960 万个。劳动者在共享经济中充分利用碎片化时间就业，延长就业年龄。越来越多的 60 岁以上人员选择在淘宝、天猫等互联网零售平台开店。衍生出不少新职业，人力资源社会保障部 2019 年 4 月公布 13 个新职业，其中，数字化管理师超过 100 万人，电商主播孵化公司已逾 600 家，包括主播、网红主播经纪人、场景包装师等。

当前，新的就业形态、多元化就业方式明显增多，过去那种几十年如一日从事一份工作，或者就职于同一家企业的时代逐渐消失，灵活就业、非标准的劳动关系已成为就业的常态和趋势，建设我国新型劳动关系的体系与制度已刻不容缓。提两个方面的建议。

一方面，研究新型劳动关系的定义与内涵。

这是建设体系与制度的前提和基础。有人提出"劳动关系、劳务关系、灵活就业劳动关系"并存的用工模式，本质上都是劳动关系。现在主要有以下几种定义非标准的就业形式。

一是灵活就业：以用人单位是否为劳动者办理养老保险为划分，凡没有办理的，均统计为灵活就业的范畴。

二是新经济就业：主要指劳动者在互联网平台等新经济载体就业，包括正规就业与非正规就业。

三是零工经济就业：主要指劳动者从事非全职工作的一种灵活就业形态，一人身兼几份工作。

四是非正规就业：主要指"三无"人员，即无就业合同、无养老医疗保险、无工会成员身份。包括在非正规企业的就业，比如在没有取得营业执照的企业就业。

五是自主创业就业：主要指自我雇用的就业形态，一般可纳入标准化就业。

六是自由职业者：与零工经济有相似之处，一人身兼几职，但许多自由职业者仍然在标准的就业体系中工作，将自由职业作为多元收入来源。

以上可见，需要研究非标准的劳动关系的定义与边界。新型的、非标准就业应具有以下特征。

一是松散性。没有固定的劳动合同，没有受雇于某一固定组织，没有单位依托，但有经常性的劳动收入，并且进出自由。

二是兼职性。一人可以同时为多个单位工作。

三是灵活性。可以自主安排工作时间等。

四是公平性。工作规划透明，按劳分配，收入与工作数量和质量紧密挂钩。

五是稳定性。虽然未有单位依托，但只要辛勤劳动、遵纪守法，就可以获得相对稳定的工作和收入。

另一方面，构建新型劳动关系的保障制度。

当前存在的主要问题是，关于新型的、非标准就业的体系与制度尚未建立，现行规章主要与标准的、传统的就业模式相适应，对新型劳动关系的监管跟不上新形势发展的需要，主要表现为：劳动关系认定难，劳动争议处理难，社会保障缴费难。对此，应采取以下举措。

一要实施包容审慎的政策导向，营造宽松的创业就业环境。

根据新就业特点，调整现行劳动关系与劳务关系，探索建立劳动者合作伙伴关系，对以兼职为主的共享经济就业，在全国各地推广分类管理，有条件的地方实施备案制。推进公平竞争审查与规章修订，清除不平等、不合理、过高的就业准入门槛。

二要加大对民营中小型企业就业扶持力度。根据麦可思公司的统计，本科毕业生在300人以下的中小型用人单位就业的比例从2014年的47%上升到2018年的50%，高职高专毕业生就业从56%上升到61%。应进一步缓解小微企业融资难、融资贵的问题，降低小规模纳税人的税负。

三要构建新型劳动者权益保障机制。统筹设计适应新型劳动关系的社保缴费办法，取消户籍限制，探索按单缴费等新方式，推广商业化保险保障模式，扩大保险覆盖面，修订现行《工伤保险条例》，出台灵活就业伤害保障制度，确保国家对劳动者权益保障不缺位。

四要完善新型劳动者技能培训体系。根据美团研究院对生活服务业新兴行业从业者的调研数据，在培训方面的投入与获得的收入是直接相关的。从业者没有参加过培训，月薪在2 000元以下以及2 000~5 000元的分布较多，而参加过公司组织的职业技能培训，月薪在10 000元以上的分布较多，自费参加额外培训的，月薪在15 000元以上的分布较多。要以企业和劳动者的需求为导向，线上线下培训相结合，创新技能培训的形式与内容，加强对非重复性认知技能和社会行为技能的培训，既要重视技术知识、问题解决能力等硬技能学习，又要重视品格、毅力、团队协作、人际关系处理等软技能的培养锻炼。鼓励发展民营培训机构。探索建立个人职业培训账户制度，完善第三方评估与监管机制。

早在1930年，英国经济学家凯恩斯就预言，技术将在100年内引领人类进入一个悠闲而富足的时代，他认为每个人如果想获得满意的生存状态，将必须做一些工作，但是每天工作三小时就足够了。可惜，今天的世界距离这样的现实仍遥不可及。现代经济理论认为，央行是最后贷款人，政府是最终雇佣者。我们要进一步深化对中央就业优先政策重大意义的认识，从政治、经济、社会的发展全局思考，借鉴各国经验，立足中国实际，勇于改革创新，抓紧谋划未来长远的新型劳动关系体系与制度。

第八节

稳住制造业投资回升态势[①]

2021年1—6月，我国制造业投资同比增长19.2%，高于全部投资6.6个百分点，两年平均增速由负转正（2.0%），高技术产业投资两年平均增速为14.6%。上半年银行制造业贷款较年初增加1.7万亿元，同比连续14个月保持在10%以上。这些数据表明，随着我国经济稳定恢复发展，制造业投资正在回暖。

制造业是实体经济的根基，是大国经济的"压舱石"，是全球竞争的核心领域。经历新冠疫情冲击后，全球主要经济体都把发展或振兴本国制造业摆在更加突出的位置。我国正在由制造大国向制造强国迈进，2020年，我国制造业增加值达到3.85万亿美元，相当于排名第二至第四的美国、日本、德国制造业增加值之和，全球占比超过28%，对全球制造业增长的贡献超过35%。《中共中央关于制定国民经济和社会发展第十四个五年规划和二〇三五年远景目标的建议》明确提出，"坚持把发展经济着力

---

① 此文系作者2021年参加全国政协经济委员会有关专题调研后撰写的报告。

点放在实体经济上,坚定不移建设制造强国","保持制造业比重基本稳定,巩固壮大实体经济根基"。建设制造强国已成为我国实现高质量发展、构建新发展格局的重要抓手。

近年来,我国制造业内生增长动力有所减弱。一是制造业投资增速连下台阶,大部分年份不及 GDP 增速,成为经济增长的拖累项。制造业增加值占 GDP 的比重从 2011 年的 32.1% 下降至 2020 年的 26.2%,虽然占比仍高于美国(10.9%)、德国(17.8%)、日本(20.7%)、英国(8.4%)、韩国(24.9%)等主要经济体,但 5.9 个百分点的降幅也远高于全球水平(全球制造业增加值占比从 2011 年的 15.8% 降至 2020 年的 14.5%)。二是制造业市场主体规模逐年下降。2017—2019 年,我国新注册制造业市场主体由 52.5 万家降至 47.2 万家,年均下降 5.2%;同期,我国每年关停注销的制造业市场主体从 12.9 万家攀升至 20 万家,年均增长 24.6%,其中民营制造业年均关停家数增速达到 25.8%。三是疫情之后复工复产过程中,制造业投资恢复偏弱,虽然两年均速在 5 月实现了首次转正,但远落后于房地产投资、基建投资的增长,且如果考虑到 PPI 处于高位,剔除物价因素的制造业投资实际增速依然为负。四是制造业投资扩张动力偏弱且分化严重。6 月,中国制造业 PMI 为 50.9,虽然仍处于扩张区间,但已连续三个月回落。五个分类指数中,生产指数和新订单指数高于临界点,原材料库存指数、从业人员指数和供应商配送时间指数均低于临界点。大、中、小型企业 PMI 分别为 51.7、50.8、49.1,分化较为明显,占市场主体绝大多数的小企业投资实际处于收缩状态，不同行业之间的分化也很明显。

制造业投资受到投资能力和投资意愿的双重影响，前者取决于企业的盈利水平、融资能力、综合成本等，后者取决于行业前景、宏观形势、外部环境、市场预期等。结合这些因素来看，近年来我国制造业增长乏力、内生动力不足，主要有以下几个方面的原因。

第一，制造业招工难度加大，雇佣成本明显上升。与服务业相比，制造业在工资水平、工作环境等方面竞争力偏弱，尤其对年轻人缺乏吸引力。国家统计局的数据显示，农民工从事制造业的占比已从 2008 年的 37.2% 降至 2020 年的 27.3%，同期，50 岁以上农民工在制造业中的比重从 11.4% 提升至 25% 左右。2020 年，从事制造业的农民工月平均工资为 4 096 元，而从事交通、运输、仓储、邮政业的农民工月平均工资达到 4 814 元。"80 后""90 后""00 后"的农民工渴望在城市生活安家，但高房价提高了生存成本，给他们造成了巨大压力，制造业雇佣成本被迫上升。劳动年龄人口减少、工人队伍不断流失、年龄结构老化共同导致了制造业招工难和用工成本上升。

第二，综合成本上涨难以传导至下游产品，制造业盈利面临双重挤压。2021 年上半年，全国大宗商品综合价格指数同比上涨 28.1%，其中钢铁、有色、化工、能源、纺织价格指数同比分别上涨 37.8%、45.9%、37.6%、24.5%、28.6%。6 月，CPI 同比上涨 1.1%，环比下降 0.4%，表明上游涨价并未传导至下游产品，这意味着大量的中下游制造业企业成本无法转嫁，利润受到双重挤压。数据显示，2019年我国制造业平均利润率为2.6%，同期世界500强企业的平均利润率为6.6%，500强企业之外的企业利润率也达到了4.4%。我国制造业微薄的利润率很难消化来自上游的成本上升，其生产和投资能力必然受到抑制。

第三，创新能力不足、全要素生产率不高，制约了我国制造业转型升级和高质量发展。当前，我国制造业面临来自发达国家和发展中国家的双重压力。在高端制造领域，我国创新和技术升级面临美欧日等发达经济体的打压；在传统中低端制造领域，随着人口红利和低成本优势消失，我国相关出口市场正被东南亚等地区的国家所蚕食。因此，创新成为中国制造业转型升级和高质量发展的必由之路。但客观上讲，中国制造业的创新能力与美国、日本、德国等制造强国相比，还有较大提升空间。创新能力不足，很大程度上导致我国劳动生产率和全要素生产率偏低。有测算表明，我国制造业劳动生产率分别相当于美国、德国、日本的19.3%、27.8%、30.2%，我国制造业全要素生产率年均增速为3.83%，低于世界制造业第一梯队水平。

第四，金融服务制造业的能力和效率有待提升。一是银行制造业贷款余额占比逐年下降，而不良贷款率较高，2020年四大行制造业贷款不良率在4.2%~6.03%，远高于其他贷款。民企制造业融资难、融资贵问题仍然突出。二是资本市场对制造业的支持明显增强，但仍需继续提升。三是期货和衍生品市场在支持制造业企业套期保值和风险管理方面功能发挥不足。我国制造业企业因缺乏风险管理工具进行对冲，承受了较大损失。

因此，提出以下建议。

第一，多措并举为制造业企业降低综合成本。面对劳动力、原材料、土地等要素成本不断上升的压力，要想方设法为制造业企业减负降成本，打造中国制造业新的综合竞争优势。加大职业教育和技能培训投入，健全培训体系，切实解决熟练技术工人紧缺问题。采取多种措施鼓励优秀技术工人留在制造业，提高制造业企业的吸引力和凝聚力，进一步降低企业综合税负水平和制度性成本。

第二，提升自主创新能力，加快培育发展制造业优质企业。认真贯彻落实2021年六部门的指导意见，进一步完善创新投入机制、创新激励机制、创新保护机制，加强创新投入连续性，营造开放创新生态。加快推动产业数字化发展，针对难点痛点问题，构建企业大脑和产业大脑，着力推广工业互联网平台，大力提升供应链和产业链数字化、智能化水平。加大技术改造力度，加强质量品牌建设，参与国际技术规范、标准制定，提高中高端供给能力。

第三，持续提升金融服务制造业的能力和效率。银行类金融机构要继续加大对制造业发展的支持力度，结合不同行业、不同规模企业资金需求特点，合理设置贷款期限，继续加大小微企业首贷、续贷、信用贷款投放力度，重点增加对先进制造业、战略性新兴产业和产业链供应链自主可控的中长期信贷支持。进一步提升多层次资本市场对制造业的服务水平。科学把握各层次股权市场定位，充分发挥科创板、创业板对创新驱动的引领作用，积极发展公司债和资产证券化业务，规范发展私募股权和创投基金，发挥地方政府和国有企业资本引领作用，带动社会资本组建优质制造业培育基金，发挥国家产融合作平台作用，支持投贷联动、投投联动，增强制造业企业内生动力、活力和韧性。进一步发挥期货市场套期保值和风险管理功能，加大商品期货、期权品种供给，帮助企业应对原材料价格上涨及输入型通胀压力。

第九节

推动金融业与制造业协同发展[①]

党的十八大以来，我国制造业大国地位进一步巩固，国际竞争力显著增强，创新能力明显提升。2012—2020年，制造业增加值由16.98万亿元增长到26.6万亿元，连续11年位居世界第一，占全球比重由22.5%上升到近30%。在最新发布的世界500强企业中，我国工业企业有73家入围，比2012年增加28家。2020年规模以上工业企业研发机构和经费支出均比2012年翻了一番，有效发明专利申请数增长了两倍多。高技术制造业占规模以上工业增加值比重由9.4%提高到15.1%，装备制造业占比从28%提高到33.7%，技术改造投资占工业投资比重达到47.1%，新产品销售收入占主营业务收入比重提高到20%左右。

金融支持制造业高质量发展取得很大成效。制造业贷款增速明显提升，贷款结构不断优化，中长期贷款和信用贷款大幅增加。多层次资本市场助力提高制造业直接融资特别是股权融资比

[①] 此文系作者2021年11月在搜狐财经峰会上的发言。

重，为制造业实施创新驱动起到了有力支撑作用。通过保险业务改革，完善首台（套）重大技术装备保险试点，加快新材料保险业务，支持高端装备制造转型升级和新材料产品的市场化应用。

同时，也应当看到，在推动金融业与制造业协同发展中仍面临不少困难，存在一些堵点，主要表现为以下几点。一是信息不对称。一方面，制造业投资动能不强，企业经营面临新问题新挑战，制造业仍处在转型升级的爬坡期，融资难问题依然存在。另一方面，制造业的有效信贷需求不足，制约了金融作用的发挥。根据中国人民银行《2021年第二季度银行家问卷调查报告》，贷款总需求指数为70.5%，比第一季度降低6.9个百分点，比2020年同期降低5.2个百分点。其中，制造业贷款需求指数为68.7%，比第一季度降低3.5个百分点。此外，制造业企业和项目信息缺乏有效整合与沟通，银企对接与互信的成本较高。从制造业角度看金融，总认为银行锦上添花多，雪中送炭少；而从金融角度看制造业，则认为企业市场竞争力不强，经营绩效较差，内部管理与诚信水平较弱。如何全面分析问题、达成共识、有效对接供给与需求，已成为推动金融与制造业协同发展的当务之急。

二是供求不匹配。制造业产能巨大与国内消费市场不适应，需要继续壮大国内消费市场，以扩大内需为战略支撑点，适应制造业规模经济效应和技术创新扩散效应的需要。从我国金融服务制造业的强度系数看（制造业增加值占GDP比重/金融业增加值占GDP比重），仍低于德国、日本，但高于美国、英国。近年来，我国制造业贷款明显增加，但在各项贷款余额中的占比仍有待进一步提高。从我国制造业金融化的程度看（投资性收入占全部营业收入的比重），仍高于世界制造业强国的水平。同时，制造业投资增长与投资回报不匹配，增量资本产出比下降。由于先进的、新型的制造业对金融需求呈现新的特点，资本有机构成提高，需要大规模长期资金支持，对融资租赁、并购融资、产业基金等需求更为旺盛，绿色低碳发展、轻资产模式以及数字化、智能化趋势，对金融服务提出了新的更高要求，也给金融服务制造业提供了巨大机遇与挑战。

三是能力不适应。从制造业角度看，盈利水平偏低，资产负债率较高，资金周转较慢，表现在金融方面，制造业不良贷款率较高，加上传统类制造业占比较高，制造业分化趋势明显，一些中小企业内部治理不规范，信息不透明，影响了金融服务制造业的积极性。从金融角度看，由于先进制造业具有科技含量高、专业性强、技术迭代快等特点，金融服务的机制、人才和手段都不适应，难以精准识别和评估先进技术、项目和企业，缺乏有效管理风险的能力。同时，在业务流程、尽职调查、风险控制、绩效考核和容错纠错办法等操作执行层面，也存在不相适应的问题，使基层机构和一线人员存在一定的畏难情绪。

当前，我们既要看到制造业发展的困难，更要看到制造业转型升级的机遇。经济增速下行，新冠疫情导致部分供应链受阻、大宗商品价格上涨、能源短缺、绿色低碳发展以及人民币汇率升值等，可以倒逼制造业增强国际竞争力，充分利用国内国际两个市场、两种资源，提升价值链的中高端比重，实现制造业高质量发展。因此，研究推动金融与制造业协同发展，要着眼于促进我国制造业再上台阶。

坚持供给侧结构性改革与需求侧管理紧密结合，促进制造业高质量发展

供给与需求相互分离，又相互创造。要大力发展战略性新兴产业，积极参与国际高端产品竞争，构建全产业链集团化发展模式，形成包括生产、研发、应用、交易等政产学研用的创新机制，增强创新能力，应对长周期和各种不确定性挑战。要进一步壮大国内消费市场，增加农民收入，扩大中等收入群体，创造新的市场需求，为消纳吸收部分过剩产能与促进技术创新提供有效支撑。

要进一步推动要素市场化改革，加快要素自由流动，健全要素价格形成机制。保持人民币汇率长期稳中升值，鼓励扩大进口和对外投资，淘汰落后产能，扩大有效需求，实施优质优价策略，加快发展高端产业。

要以产业升级需求为导向，加快发展工业软件、研究开发、检验检测、认证认可、技术转移、科技咨询等专业科技服务，推动生产性服务业高端化发展，形成强有力、可持续助力产业系统性提升的生态，顺应制造业从大规模生产到定制化、个性化生产的趋势，实现制造业升级与生产性服务增效的双轮驱动。

疏通金融服务制造业的堵点，增强金融创新能力

要发展和完善支持制造强国建设的多元化金融组织体系，发挥各类金融机构的差异化优势，推动大型银行设立先进制造业融资事业部，扩大科技金融专营机构，深耕先进制造业，打造专业队伍，理顺银行内部权限与考核机制，提升专业化服务水平。要规范发展制造业企业集团财务公司，更好地为企业重组、结构调整服务。发展制造业融资租赁业务，支持制造业设备更新改造和产品销售。

要紧紧围绕制造业新旧动能转换，加大金融创新力度。充分发挥中央银行货币政策工具作用，引导金融机构为制造业提供中长期资金支持，单列制造业科技创新和技术改造贷款规模，实施优惠的内部资金转移价格。要进一步发展供应链金融，积极支持供应链、产业链稳定循环和优化升级，在产业集群较好的地方试行"供应链金融链长制"，由金融机构负责人任链长，选择重点行业，依托产业链交易数据、资金流、物流、信息流，创新产品服务，促进信用传递与再分配，缓解产业链企业融资难，降低成本，防范风险。

研究扩大知识产权证券化，建立知识产权价值评估体系、监管标准、风险分担机制，地方财政逐步建立知识产权融资风险补偿基金，扩大知识产权证券化的增信阵营，试行知识产权运营机构以及知识产权证券化项目管理人制度，为企业知识产权的产业化创造条件，使知识产权真正成为一种可以估值、定价与流通的

生产要素和资产，将发明成果变成可流动的货币财富。

营造良好生态，健全风险防范化解机制

要进一步规范地方政府项目、融资平台以及房地产行业的融资，降低其在金融资源配置中的比重，腾出更多资源支持先进制造业。完善宏观审慎评估体系，引导大型银行发挥支持制造业的头雁效应。

要进一步完善风险分担机制，整合优化地方各类制造业支持资金，建立健全贷款损失补偿、风险分担以及费用补贴机制，发挥财政奖补贴息作用，合理运用信用保证保险功能，构建多元化的风险分担体系。金融机构要加大制造业不良贷款资产的处置力度，盘活信贷资金存量，提高资金周转效率。

要进一步加快信用信息数据库建设，鼓励依法合规开展信用信息数据在更大范围内共享和应用。健全守信激励、失信联合惩戒机制，强化"白名单""黑名单"制度，提高企业违约代价，降低金融交易成本。

第十节

绿色金融助力"双碳"目标实现[①]

2021年4月30日,习近平总书记在中央政治局集体学习时强调:"要把实现减污降碳协同增效作为促进经济社会发展全面绿色转型的总抓手,加快推动产业结构、能源结构、交通运输结构、用地结构调整。"此次中央政治局会议明确指出,"十四五"时期,我国生态文明建设进入了以降碳为重点战略方向、推动减污降碳协同增效、促进经济社会发展全面绿色转型、实现生态环境质量改善由量变到质变的关键时期。

我们过去发展绿色金融主要是防治污染,从"十四五"规划开始,为了实现"双碳"目标,降碳将成为绿色金融的重中之重,降碳和防污要协同增效、协同推进。绿色金融是指,为支持环境改善、应对气候变化和资源节约高效利用的经济活动,在绿色低碳发展领域所提供的一系列金融服务。

---

① 此文系作者2021年在清华五道口"碳中和经济"论坛上的发言。

"双碳"目标任务艰巨，绿色金融对其实现具有重要作用

全球生态安全由于气候的变化，现在已经受到严重威胁，实现"双碳"目标，是全人类共同面临的挑战。数据显示，全球大概80%的人口还生活在人均能源消费大大低于100吉焦的国家和地区，2019年全球人均能源消费大概是75.7吉焦，各个地区很不平衡，其中亚太地区是61.1吉焦，南美洲地区是55吉焦，非洲最低，仅为15.2吉焦。

联合国设定的人类发展指数将人均能源消费100吉焦作为参考指标，也就是说，全球80%以上的人口目前远远没有达到人均能源消费水平，主要是发达国家排放得很多。同时，全球80%以上的一次性能源消费仍然是煤炭、石油和天然气，仍然属于"传统能源"，而不是非化石能源。

目前，全球80%以上的人口生活在人均GDP低于1.1万美元的国家，即大部分国家还是发展中国家。从以上数据可以看出，全人类要实现"双碳"目标，面临的挑战十分艰巨，这不仅是一个经济问题，还是一个政治、社会问题。

2020年以来，在新冠疫情蔓延的背景下，各个国家的减碳任务更加艰巨。各个国家为应对疫情出台了很多财政刺激措施，联合国环境规划署2021年4月发布的报告显示，全球50个经济体财政刺激一共支出了14.6万亿美元，其中只有3 600多亿美元是符合绿色标准的，当然这是一个比较特殊的情况，是为了应对新冠疫情。

2021年，绿色和平组织也发出公开的批评，指责欧洲央行为了应对疫情，放松了对信用评级下降、碳排放较多的企业抵押品的融资规则，即央行融资需要抵押品，但提供抵押品的企业很多是高碳排放的。因此，绿色和平组织2021年也发出呼吁，要求欧洲央行尽快将货币政策转向纠正气候应对失衡。可见，从全球来看，要完成"双碳"目标，任务还是十分艰巨的。

绿色金融是中国"双碳"目标政策框架里一个重要的组成部分，协同产业政策、消费政策、税收政策、碳市场的交易，绿色金融在推动实现"双碳"目标中具有重要作用。

碳中和目标会给金融体系带来很多影响，首先会给金融业带来巨大的投资和发展机遇，也会给金融业务模式带来重大的变革，对金融资产的定价、估值、信息披露、风险管理均具有长期性和系统性影响。同时"双碳"目标的推进也可能成为系统性金融风险的重要来源，现在不同机构也有一些不同的研究和测算，比如贷款不良率可能会上升，债券违约率可能会提高，上市公司的股票可能会减值等，因为在转型当中可能会遇到各种风险。

"双碳"目标的实现也会给货币政策和宏观审慎政策带来新的挑战。如何处理好降碳和经济增长的关系，如何处理好降碳和能源安全的关系，如何处理好降碳和能源可负担的关系，这些都会给通货膨胀、利率、汇率以及货币政策其他的工具带来一些影响，都属于需要货币政策和宏观审慎政策研究的新问题。

关于未来我国如何进一步发展绿色金融的思考

近几年，我国一直高度重视绿色金融的发展，构建了绿色金融政策的框架，整个框架包括五个方面。

一是政府主导，在减碳问题上不能完全依靠市场，必须发挥政府主导作用。金融机构也要制定好规划，要把自上而下和自下而上结合起来，更重要的是推进金融体制机制的改革。二是充分发挥市场主体和市场机制的作用，金融机构要把管理环境风险、气候风险和抢抓金融发展机遇统筹起来。三是加强金融创新，这需要各个方面的共同努力。四是加强金融基础设施的建设，绿色金融涉及绿色金融产品和标准、绿色数据库、碳排放交易、绿色评级、绿色认证等，这一系列的金融基础设施都需要进一步健全。五是绿色金融法律法规和制度非常重要，包括要强化市场主体对实现"双碳"目标的责任义务，也包括未来要实施环境和气候信息强制披露。

从绿色金融的业务范围来讲，绿色贷款方面，目前我国达到 12 万亿元，位居全球第一。绿色债券的存量债券也超过 8 100 亿元，位居全球第二。未来还要发展绿色股权投资。数据显示，ESG（环境、社会和公司治理）投资占全球总投资资产超过 30%，我国未来也将在此方向上继续发展。

目前，我国也在发展绿色基金、绿色理财，截至 2020 年底，我国和绿色相关的私募基金已经超过 500 只，规模达到 2 000 亿元，其中主要是股权投资。此外，未来我国还应大力发展绿色信托、绿色租赁等。

进一步发展绿色金融，我认为以下两个方面特别重要：一是要实行正向的激励机制；二是要开展环境风险分析和压力测试，增强金融机构防范气候变化风险的能力。正向的激励机制包括很多方面，比如财政贴息，如何扩大金融对"双碳"目标贷款的贴息；中国人民银行如何设立支持低碳转型的专门工具；如何把绿色债券作为央行放款的合格抵押品；另外，还要建立绿色担保和项目风险的补偿基金等。

未来，我们还要培育个人投资者投资 ESG 产品的意识。中国个人投资者数量庞大，如何普及金融知识、普及绿色金融教育，让广大个人投资者投资 ESG 产品，是我们面临的新问题。过去投资一个金融产品，主要是分析风险和收益，这属于二维模式。未来可能要转向三维模式，投资一个金融产品，不仅要看它的风险、收益，而且要看它的 ESG 绩效，对它进行全面衡量。现在有很多金融产品，正因为用于 ESG，实际上它的收益是在增加的，两者并不矛盾，而是统一的。因此，未来如何培育广大投资者投资 ESG 产品是一个新的课题。

对于金融机构来说，下一步应该进一步加强环境风险分析。目前，我国已经有很多金融机构开展这项工作，这项工作具有很强的技术性，需要运用一系列工具和方法，帮助金融机构决策者选择项目。环境风险分为物理风险和转型风险，这些风险都可能增加信贷和投资风险，作为金融机构，必须增强识别监测环境风险的分析和预警能力。金融机构还要开展环境风险的压力测试，有了分析工具和模型,通过这些压力测试传导到金融业务的内部决策流程上来。

要加快发展绿色金融的创新,要针对环境权益开发新的产品,比如排污权、水权、排放权、用能权等。

这些环境权益都可以作为金融资产的底层资产来进行开发。可以探索开发出若干个创新型的金融产品来推动"双碳"目标的实现。

要加强金融机构环境信息披露工作。

目前无论是上市公司还是金融机构,都开始自愿性披露,未来要从自愿性信息披露逐步转向强制性披露,当然要制定规则分步实施。同时要建立公共环境和气候数据平台,特别是进一步加强对绿色金融的评级和认证,通过信息披露,使金融机构业务的透明度增加,对于投资的项目、支持的产品将来的碳排放量到底是多少,要追踪碳足迹。金融机构本身也存在碳排放的问题,不仅要披露金融机构支持企业、支持项目所排放的碳足迹,还要披露自身碳减排的信息。

要加强绿色金融的监管。

为了进一步发展绿色金融,还需要进一步完善相关法律法规体系,健全绿色金融的评价体系,特别是要进一步统一监管的规则,实现绿色金融的发展和金融业风险防范相互协调,也要防止绿色项目杠杆率过高的问题,特别要注意防止金融业"洗绿"的问题——以支持"双碳"目标为名,实际上不是干"绿色"的事情。要进一步加强对绿色金融创新的监管协调,建立绿色金融分析监测预警机制,强化资金运用的监管,有效防范化解金融风险。

第三章

金融改革下一程

"金融和实体经济是共生共荣的关系。实体经济是金融的根基，金融是实体经济的血脉，为实体经济服务是金融的天职，是金融的宗旨，也是防范金融风险的根本举措。

有些问题需要深入研究并出台管用的举措。比如，怎样在产能过剩行业促进'僵尸企业'退出，推动存量资产重组；怎样为分散不确定性创造金融产品，促进跨期限、跨产业、跨群体分散风险，增加有效投资；怎样为新兴产业发展提供金融支持，合理进行资产定价和权益保护；怎样适应绿色投资回报期长的特点，做好中长期资金供给的制度安排，等等。解决好这些问题，是产业界和金融业要共同承担的重任，也是宏观经济政策调节的重点。

金融业制度性利差明显，一度存在'坐地收钱'的强势思维，要突出以客户需求为导向、以服务创造价值，靠竞争力吃饭。"

——摘自《习近平著作选读》第一卷，第 614~615 页

"深化金融供给侧结构性改革必须贯彻落实新发展理念，强化金融服务功能，找准金融服务重点，以服务实体经济、服务人民生活为本。要以金融体系结构调整优化为重点，优化融资结构和金融机构体系、市场体系、产品体系，为实体经济发展提供更高质量、更有效率的金融服务。"

——摘自习近平总书记2019年2月22日在中央政治局集体学习时的讲话

金融供给侧结构性改革，是习近平总书记在深刻总结金融的本质和运行规律、分析金融业发展变化的基础上提出来的，中心环节是金融体系结构调整优化，是着眼于供给侧、服务功能和服务质量效率的，也是精准供给与需求有效匹配的制度改革和机制转换。

第一节
金融供给侧结构性改革[①]

2019年2月22日，习近平总书记在主持中央政治局集体学习时首次提出深化金融供给侧结构性改革。4月19日，中央政治局会议研究第一季度经济形势时进一步要求加快金融供给侧结构性改革。由此可见金融供给侧结构性改革的重要性。习近平总书记在深刻总结了金融的本质和运行规律，特别是在深刻分析了党的十八大以来金融业发展变化的基础上，阐述了金融供给侧结构性改革。在2月的会议上就金融工作的讲话，是习近平总书记关于金融工作新思想、新要求的进一步丰富和发展。

金融供给侧结构性改革的中心环节是金融体系结构调整优化，同时，提出了强化金融服务功能和精准金融服务的双向目标。第一个目标，除了强化金融服务实体经济的功能，还提出了服务人民生活的功能。第二个目标，明确提出了要精准金融服

[①] 此文系作者2019年4月在"2019·金融四十人年会暨专题研讨会"上所做的主题演讲。

务，这涉及建立多层次、广覆盖、差异化、定制化和高质量、高效率的金融体系。围绕中心环节，又进一步提出了融资结构、机构体系、市场体系和产品体系的问题。这一篇重要讲话为金融深化改革开放指明了方向。

金融供给侧结构性改革的内涵

第一，着眼于供给侧结构性，而不是信用扩张。强调金融服务实体经济的功能不等于搞"大水漫灌"，中央的要求一直很明确，央行也在强调不是"大水漫灌"。2019年第一季度的银行贷款增加了6万亿元，社会融资增加了8万亿元，所以"大水漫灌"的质疑声又起。金融改革是着眼于供给侧，而不是搞信用扩张。

第二，着眼于服务功能和服务质量效率并重，而不是做大规模的粗放式经营。

第三，着眼于精准供给与需求有效匹配，而不是增加无效、低效供给。总体来讲，货币信贷供给存在总量过多和结构失衡并存的矛盾。

第四，着眼于制度改革与机制转换，而不是简单等同于政策执行与调控手段。货币信贷政策和宏观调控手段是根据经济金融形势不断调整的，金融部门在落实这些政策和调控手段方面做了大量的工作，但是这些并不能替代改革，还是要着眼于体制机制的转换。

为什么要深化金融供给侧结构性改革

首先,是国内外经济形势变化的需要。2013年,党中央提出经济面临增长速度换挡期、结构调整阵痛期、前期刺激政策消化期"三期"叠加。从2014年开始,经济下行压力加大。2014—2016年处于一个政策相对比较宽松的时期,包括降准、降息,放松房地产的限购、首付及贷款限制等。到了2016年下半年和2017年,全球的经济复苏动能增强,与此同时,国内启动了经济的供给侧结构性改革。因此,2016年下半年,国内经济和国际经济的发展都比较快。但是到了2018年,形势突变,全球处于经济下行期、货币政策紧缩期、贸易摩擦期。在各种因素的作用下,国内多重紧缩效应叠加,造成了2018年的困难。因此,金融供给侧结构性改革是基于整个国内外经济形势的变化需要提出来的。

2019年的经济工作主要把握好三大关系。第一,要统筹好国内和国际的关系,落脚点在凝心聚力办好自己的事情上。第二,要把握好稳增长和防风险的关系,落脚点在不能让经济滑出合理区间(GDP增速6%~6.5%)上。第三,处理好政府和市场的关系,依靠改革开放激发市场主体活力。

其次,是稳字当头、稳中求进的需要。稳就业、稳金融、稳外贸、稳外资、稳投资、稳预期。稳金融也有六稳，稳流动性、稳社融、稳股市、稳债市、稳汇市和稳房市，这是维护金融稳定的六个方面。实现中央六稳和金融六稳的要求，迫切需要加快金融供给侧结构性改革。

最后，是经济水平与产业发展阶段的需要。高收入与中等收入经济体直接融资比重上升。创新型、创意型经济不确定性与快速变迁，使风险共担、利益共享的直接融资优势发挥出来。法治、文化、信用制度促进直接融资。利率、汇率、资本兑换、综合经营改革推动金融结构转变。基于现在所处的经济发展阶段、经济发展水平和产业发展阶段，迫切需要推进金融供给侧结构性改革。

经济和金融的供给侧结构性改革的关系

金融供给侧结构性改革是经济供给侧结构性改革的一部分，金融改革要服从和服务于经济改革。同时，两者相互制约，也相互促进。如果经济供给侧结构性改革不能有效实施，金融的供给侧结构性改革也难以进行。对金融业而言，经济的供给侧结构性改革既提供了机遇，也带来了挑战。经济供给侧结构性改革的一个很重要的目标是，微观主体要有活力，产业链的水平要有提升。这为金融业的发展创造了一个良好的环境、奠定了一个坚实的基础。但同时应该看到，经济供给侧结构性改革也会给金融业带来挑战。这个挑战包括结构性去杠杆、处置"僵尸企业"等。实事求是地讲，现在处理"僵尸企业"的速度还是比较慢，如果加快处理速度，那么对金融业和资产质量会有很大的影响。另外，地方隐性债务潜在风险仍然很大，加上资金脱媒，都给金融业转型和防范金融风险带来很大的压力。

金融供给侧结构性改革与防范化解金融风险并行不悖，目标一致，相互渗透，相互协调。二者的目标都是促进经济高质量发展，跨越中等收入陷阱。在当前防范风险的过程中有几点需要把握。

第一，在稳增长的基础上和高质量发展中，防范化解风险。如果没有一定的增长，没有高质量的发展，这个风险最终是防范不了的。

第二，防控风险要把握好节奏和力度，坚定、可控、有序、适当。这既给金融业去杠杆、防风险提出了更高的要求，也是总结2018年的经验教训，我们在有序和适当方面存在一些问题，今后要在这个方面注意把握好节奏和力度。

第三，防控金融风险要靠改革推动，特别注意夯实基础。加快金融基础设施建设，做好金融业综合统计，健全信息系统和信用惩戒机制。

第四，"管住人、看住钱、扎牢制度防火墙"，这既是改革的内容，又是推动改革与防控风险的保障。

第五，推进改革扩大开放的过程中要提高金融管理能力和风险防控能力。

如何实施金融供给侧结构性改革

要贯彻八字方针，即巩固、增强、提升、畅通。巩固，是要巩固金融业去杠杆和治理乱象的成果。在这个方面确实还有大量工作要做。增强，金融业要加大力度增强服务能力、创新能力、管理能力。提升，重要的是提升落实新发展理念的自觉性，讲求金融供给和有效需求相匹配，注重资产质量和服务水平的提高。畅通，主要是畅通货币政策传导机制，努力实现三个良性循环：金融和实体经济的良性循环，金融和房地产的良性循环，金融体系内部的良性循环。

在中国的金融实力不断增强、中小金融机构稳定发展的背景下，增强金融改革开放的紧迫感和使命感，是实施好金融供给侧结构性改革的关键。

过去很多情况下的改革是倒逼的，回顾金融改革的历史，都是在问题很多甚至面临危机的时候，才有改革的动力。现在，中国的金融实力在不断增强。2018年，中国四大银行都跻身全球十大银行之列。回顾过去100多年的历史，1913年的时候，全球二十大银行主要以英国的银行为主，加上其他欧洲国家的银行，美国的银行也不多。到了20世纪五六十年代，美国的银行在全球的二十大银行中占据主要地位。到了20世纪80年代，日本的银行一度排到了前面。而到今天，中国的银行业也走到前面去了。中小金融机构的发展总体也比较稳定。

在当前中国整个金融形势比较稳定，金融业实力不断增强的时候，怎么来增强改革的紧迫感和使命感？这是我们面临的一个很大的问题。新一轮金融改革开放的要求是很高的。最重要的是有紧迫感和使命感，一定要以自信、自强的追求，提高金融改革开放的水平，增强国际竞争力，走出中国特色金融发展之路，为国际金融治理和规则制定贡献中国智慧与方案。

第二节

加大基础设施补短板力度[1]

近年来,我国在基础设施补短板方面出台了一系列政策措施,取得了明显成效。进一步完善了基础设施,提升了供给质量,发挥了有效投资对稳增长、调结构的关键性作用。基建投资增速从2018年的3.8%回升到2019年1—9月的4.5%,但仍低于同期固定资产投资5.4%的增幅,基建投资增速依然乏力。

我们调研分析,主要原因是投资意愿和投资能力不足。一方面,基建项目公益性强、周期长、直接经济收益率低。另一方面,过去基建投资高速增长主要靠债务驱动,地方债务负担已经很重,无力筹措资金。同时,对基建投资的一些理论认识误区也是影响因素,比如,将基建投资政策视为"大水漫灌",把基建投资和房地产投资等同看待,对基础设施的超前性认识不一,认为基建投资对民间投资存在挤出效应等。

我国基建投资资金来源分为国家预算内资金、国内贷款、自筹资金、利用外资和其他资金五大类。据测算,近年来我国基建

---

[1] 此文系作者在全国政协2019年第三季度宏观经济形势分析座谈会上的发言。

投资的资金来源中，国家预算内资金占比基本稳定在14%~16%，国内贷款占比为14%~15%，利用外资和其他资金合计占比不超过10%，自筹资金占比保持在60%左右，是基建投资最主要的资金来源。自筹资金包括城投债、PPP（政府和社会资本合作）、地方专项债、政府性基金、非标中用于基础设施领域投资的资金等。以上五类资金来源中，预算内资金和银行贷款总体保持稳定增长，利用外资和其他资金占比没有什么变化，主要是自筹资金规模的下滑制约了基建投资。

一是，地方专项债提速扩容，但真正用于基建项目的资金规模大打折扣。2019年1—8月，地方专项债发行1.95万亿元，比2017年和2018年同期分别增长了50%和104%，全年额度2.15万亿元仅剩2 000亿元。市场机构测算，1—8月，地方专项债用于棚改的资金占35.6%，用于土地储备的资金占32.1%，真正进入基建项目的投资不到7 000亿元。

二是，新发的城投债相当一部分用于借新还旧，难以有效支撑基建融资。2015年启动的地方政府置换债工作已全部完成，2019年融资平台的到期债务需要偿还。城投债发行中用于偿债的比例已上升至70%左右。

三是，社会融资总额中的信托贷款、委托贷款、未贴现承兑汇票规模进一步收缩。2019年1—8月，这三项合计规模在2018年减少2.9万亿元的基础上，下降1.16万亿元。

当前无论是中东部地区，还是西部地区，在基础设施领域都有许多短板要补，西部地区困难更为突出。基建投资可以有效稳增长，积累形成资本存量，有利于提升经济增长潜力和经济社会整体效率。在经济下行时期，基建投资是进行逆周期调节的重要手段。为此，提出以下建议。

第一，进一步统一思想认识，消除误区，加强理论研究和舆论引导。

第二，加大对西部地区基础设施建设的扶持力度，增加车辆购置税、民航发展基金、港口建设费等资金补助标准与规模，协调基础设施项目与生态环境保护的关系。

第三，创新基础设施投融资机制。研究利用运价浮动、沿线土地开发等条件，采取合资合股等多种形式拓宽资金渠道。有条件的项目，可向社会资本开放所有权与经营权。研究发行基础设施专项债或永续债的可行性，增加长期性、权益性资金来源。积极支持符合条件的基础设施以资产证券化方式进行融资。尽快推出公募基础设施投资信托基金试点，盘活存量资产，增加股权融资。同时，积极探索基础设施投融资风险分担机制。

第四，把握好治理影子银行的节奏和力度，区别对待基建融资和房地产融资，发挥开发性金融作用，扭转基础设施贷款比重下降趋势。

第五，推进公路交通基础设施营运管理改革，总结推广"建养一体化"模式，形成公路投融资、建设、管理、养护、运营、服务等产业链，精简整合地方相关机构，充分运用数字技术，降低人工成本，提高综合经营管理水平，释放更多收费资金用于支持基础设施建设。

第三节

构建新基建的市场化投融资模式[①]

习近平总书记指出，基础设施是经济社会发展的重要支撑，要以整体优化、协同融合为导向，统筹存量和增量、传统和新型基础设施发展，打造集约高效、经济适用、智能绿色、安全可靠的现代化基础设施体系。《中华人民共和国国民经济和社会发展第十四个五年规划和2035年远景目标纲要》对此做出了专门部署。目前普遍认为，新基建的内涵主要包括三个方面：一是信息基础设施，即以5G（第五代移动通信技术）、物联网为代表的通信网络基础设施，以人工智能、云计算、区块链等为代表的新技术基础设施，以数据中心、智能计算中心为代表的算力基础设施。二是融合基础设施，主要指深度应用互联网、大数据、人工智能等技术，支撑传统基础设施智能化转型升级，比如，智能交通、智慧能源等基础设施。三是创新基础设施，主要指支撑科学研究、技术开发、新产品与新服务研制的具有公共属性的基础设施。

[①] 此文系作者2021年5月在清华五道口全球金融论坛上的发言。

新基建与传统基建有很大不同。一是新基建的形态和边界不断演进拓展，范畴持续延伸，与经济社会各领域深度融合。二是新基建依赖新技术突破，创新速度快，迭代周期短，对经济社会的作用方式不断创新。三是新基建将激发新的产业和市场需求，不断拓宽应用场景，突破技术瓶颈，验证商业模式。正是这些特点决定了企业是新基建投资的主体。

"十三五"以来，我国新基建明显提速，一系列重大工程开始实施，我国已初步建成全球最大规模的 5G 移动网络，根据中国信息通信研究院的数据，5G 在 2020 年直接带动的经济总产出超过 8 000 亿元。工业互联网进入快速成长期，采矿、港口、钢铁、医疗、制造领域领先发展，全国具备一定行业、区域影响力的工业互联网平台超 80 个，连接工业设备数达 6 000 万台套，40 万家工业企业上云，40 多个国民经济重点行业的智能化制造、网络化协同、个性化定制、服务化延伸、数字化研发和精益化管理新模式孕育兴起。新一代信息技术基础设施与经济社会领域融合，取得了突破性进展，对于建设创新型国家，实现高质量发展，发挥了重要的支撑和引领作用。当前新基建存在的一个突出问题是，建设资金需求量巨大，而社会资本投入不足，尚未形成政府引导、企业为主、市场运作的投融资格局，制约了新基建发展。主要表现在以下几个方面。

一是地方政府投资能力受限。一方面财政收入形势比较紧张，另一方面保民生、保运作的刚性支出增多，债务负担很重，一些传统基建补短板的资金缺口比较大，难以安排更多的资金支持新基建。

二是投融资主体较为单一。目前，除了政府投资外，主要是三大通信运营商和一些国有企业投资，民间投资较少，活力不足。

三是市场化投融资模式尚不健全。传统融资方式已无法满足新基建的需求，直接融资主体较少，创新投融资工具应用不足。现行 PPP 模式有待规范和创新。新基建所需长期低成本资金来源亟须拓展。比照高速公路、铁路融资模式吸引民间投资仍存在障碍。地方政府、国有企业与民营资本在新基建投资上利益共享和风险分担机制尚不健全。

为什么会产生以上问题呢？经过调研分析，认为主要有以下几个方面的原因。

第一，部分核心技术受制于人。现阶段新基建相关的高端芯片、关键射频器件依赖进口，电子设计自动化工具、服务器操作系统以及数据库等软件也受到很大制约，不仅使新基建面临严峻的安全挑战，而且国内供给难以满足需求，加上新技术迭代快，影响了新基建的进度，增加了项目建设的不确定性。

第二，项目建设存在一些实际困难。比如，5G 基站建设选址难、进场难，加上电价贵，公共资源开放不足，导致成本较高。据有关省市测算，单个 5G 基站电耗约为 4G（第四代移动通信技术）的三倍。有些地方数据中心供需布局结构性失衡，经济较发达地区需求大于供给，经济欠发达地区供给大于需求。新基建属于新事物，缺乏相关技术标准和建设规范，也制约了建设力度。

第三，应用场景不足导致项目盈利模式和投资回报不确定。新基建越用越强，越用就越有价值。由于不少行业、企业信息化和设备联网率较低，"信息孤岛"状态尚未完全打破，新基建与产业融合上的数据集成共享、商业合作模式等方面存在壁垒，特别是中小微企业受资金、技术和人才制约，通过新基建带动企业转型发展的参与度不高、主动性不强，限制了新基建的有效市场规模。

综上所述，要加快构建政府引导、企业为主、市场运作的新基建投融资模式。首先，从根本上来说，必须加大核心技术攻关，锻长板、补短板、强弱项，确保新基建的系统可控性和安全性。要积极培育新基建应用市场，深入实施工业互联网发展战略，做好标准、产业、建设、应用、政策等方面的有机衔接，充分调动企业积极性，营造良好的发展环境。

其次，进一步增强地方政府资金引导作用。在防范化解地方政府债务风险中，要处理好增量债务和存量债务的关系，既要发挥增量债务对经济社会发展的促进作用，也要注意防范存量债务过多累积的风险。新增债务更多投入新基建领域，发挥对经济增长与质量改善的撬动作用。存量债务要进一步调整结构，提高使用效率。

再次，探索新基建的利益共享、风险共担机制。对于准经营或纯经营的新基建项目，要充分引入市场竞争，完善价格形成机制，优化资源配置，破除障碍，允许民营资本以股权或其他方式投入重大新基建项目，激发市场主体投资活力。

最后，开辟新的资金渠道，推进新基建信托投资基金试点，有效盘活存量资产，形成存量资产与新增投资的良性循环，同时吸引专业市场机构参与运营管理，提高投资建设和运营管理效率。

第四节

破解我国公募 REITs 的五大障碍[①]

公开发行不动产投资信托基金（REITs）是指，将不动产资产或权益（包括基础设施、租赁住房、商业物业等）转化为流动性较强的公开上市交易的标准化金融产品，具有永续、权益型和高分红特征，以不动产资产持续、稳定的运营收益（租金）为派息来源，并面向个人和机构投资者发行。自20世纪60年代最先在美国推出以来，至今REITs已在约40个国家和地区面世。全球公开REITs市场的总市值已超过2万亿美元（美国为1.15万亿美元市值），20世纪90年代以来保持了10%以上的年化收益率。各国推出REITs都与经济周期密不可分，绝大多数国家在经济衰退或经济转型、发展动力不足时出台REITs相关的法律法规，为摆脱经济衰退、降低银行坏账、引领经济发展提供新动能。

目前，中国推动公募REITs已具备较好的基础。2015年以

---

① 此文刊登于《清华金融评论》2019年第2期。

来，国家政策也多次明确支持。截至 2018 年 6 月底，中国香港、新加坡市场分别有 5 只、11 只 REITs，共持有 76 处中国境内物业，已发行的境外 REITs 资产收益表现良好。境内依托企业资产证券化业务开展了私募 REITs 试点，截至 2018 年 11 月底，共有 41 款私募 REITs 产品在交易所市场挂牌，累计融资规模 853 亿元。我国理论界和实务界从 2007 年开始对 REITs 进行了深入研究，与境外同行也有很多经验交流。既然现有条件路径基本具备，但为什么迟迟推不出来？我们带着这个问题，分别到北京、天津、石家庄、杭州、苏州等城市做了实地调研，发现主要障碍表现为以下五个方面。

一是对于 REITs 属性的认知困境。

研究制定金融产品规则的出发点，应首先明确金融产品的属性。就融资属性而言，需要从发行信息披露、定价公允、资金用途以及防范欺诈发行等方面加强制度建设。就投资品属性而言，在制定规则时应当注重投资者保护、规范投资行为、强化资产配置要求等方面。属性不同，则会导致立法方向差异。REITs 具有融资与投资双重属性，既是一种融资工具，又有重要的投资功能，呈现出与其他金融产品不同的特征。

根据有关统计，北美的 REITs 在过去的 30 年已累计从资本市场融资 1 万多亿美元，其中，55% 来自股票和优先股融资，45% 来自债券融资；而过去 10 年全球 REITs 资本市场累计融资总额也达到 6 000 多亿美元。毋庸置疑，REITs 具有较为典型的融资属性。而在对境外成熟市场进行观察分析时，又很容易发现

REITs作为投资者频繁出现于不动产交易市场，投资购买不动产项目。因此，REITs的投资属性较强。正是因为这种产品的特殊性与复杂性，多年来关于REITs融资属性与投资属性的争论，干扰了国内对REITs作用的研究，也影响了REITs规则制定的逻辑起点。

事实上，REITs经营活动的现金流绝大部分以分红的形式发放给投资者，这使其自身现金无法积累，难以利用自身的利润进行再投资，导致资产收购的资金基本来源于资本市场的股权融资或债权融资。因此，REITs在交易所公开上市后，其投资行为均需要通过扩募份额方式来募集资金方可实现。扩募过程中，对于拟购入资产，需要向投资者进行披露，获得新进投资者的认可。这一点与公募基金、股权投资等资产管理行业可以自主配置资产投向具有本质区别。REITs也不同于一般资产证券化，REITs的资产包是随时可以不断拓展变化的，既可以卖掉原有的资产，又能购入新的资产，通过内涵式和外延式发展提升资产价值，为持有人不断创造稳定回报。目前，我国金融缺乏这方面的制度规则，金融机构难以像对待上市公司一样对REITs给予资金支持。

二是对REITs与房地产市场价格关系的认知误区。

在房地产行业从严调控的背景下，房地产企业的融资渠道均受到严格管制。担忧REITs作为房地产新的融资工具会给房地产更多融资，进而引起房地产泡沫，这是REITs难产的重要因素。事实上，这是一个误区，需要予以澄清。

首先，REITs底层资产不涉及居民住宅。REITs对应的底层资产主要是商业地产与基础设施，包括商场、写字楼、长租公寓、养老公寓等。这些商业地产运营普遍以自持为主，与居民住宅市场在开发模式、运营方式等方面有很大差别。商业地产价格上涨依赖于运营品质提高，租金收入上涨推动估值提高。而住宅价格更多体现为需求与供给平衡。可见，发展公募REITs与住宅价格没有直接联系，也不存在正向因果关系。

其次，REITs有助于平滑房地产周期。REITs的强制分红特征使投资者更加注重股息率，从制度设计与市场约束两个方面双重制约REITs增发扩募，激励REITs管理人购买低估值、高收益率不动产，而抛售高估值、低收益率资产。如果REITs购买的房产价格偏高，将使其分红收益率下降，降低投资者对REITs的投资。2008年次贷危机之前，REITs出现了集中抛售资产的行为，主要就是受制于商业地产价格高企，导致资产收益率下行，进而影响了REITs的分红率。而在2009年后，不动产价格大幅下跌，REITs率先大举购入不动产，推动不动产市场复苏。

最后，推动传统房地产转型。我国房地产行业正逐步进入存量时代，REITs可以通过有效盘活存量资产，促进房地产业从"重资产"向"轻资产"运营转型，推动沉淀于房地产行业的权益资本与银行资金逐步退出，改变宏观经济与金融体系稳定过于依赖房地产的局面。REITs已经超越商业银行成为美国投资性物业最主要的资金来源，大大降低了房地产行业资金期限匹配风险，并抑制了房地产价格波动对银行体系的影响。推出REITs也有利于贯彻落实租购并举的住房制度要求。租赁住房投资规模大、回报周期长，发展REITs有助于引入权益资本，解决过度依靠银行信贷的期限错配问题；REITs可提供投资退出途径，引导社会资本参与租赁住房项目建设；此外，发展REITs有利于培育不动产专业管理机构，促进专业化、机构化住房租赁企业的发展，减轻政府管理负担。从成熟市场情况看，REITs是住房租赁市场的重要供应主体，据全美房地产投资信托协会统计，REITs持有美国长租公寓份额的13%。

三是法律法规没有对REITs做出规定。

现行《中华人民共和国公司法》《中华人民共和国证券法》主要规制股票和公司债券，没有认定REITs是证券品种，而REITs的交易结构具有特殊性，在发行主体、发行条件、信息披露和监督管理等方面与股票、债券存在显著差别。上位法的缺失导致证券监管部门很难推动公募REITs的实施，相应的税收等配套政策也难以制定。实践中往往陷入"鸡生蛋、蛋生鸡"的讨论，耗费很多时间，问题久拖不决。《中华人民共和国证券投资基金法》主要规范二级市场证券投资与资产配置，与REITs的"硬结合"导致诸多法律条款冲突，难以完全适应。

REITs的法律载体是REITs制度的核心。不同国家和地区的REITs主体采用不同的载体，如新加坡、中国香港、澳大利亚等市场的REITs采用单位信托或基金模式，美国、英国等国家采用公司制，荷兰、新西兰等国家允许公募基金作为REITs的载体。以美国为例，美国公司法体系包容性强，设置灵活。对于REITs的股权架构、内外部管理设置、治理结构以及利润分配等特殊要求均可满足，便于筹划税务、降低税负。

四是国内租金收益率不高限制 REITs 的发展。

当前国内房地产估值过高，租金收益率偏低。租金收益是公募 REITs 估值和分红的基础，租金收益率过低将难以满足 REITs 的发行要求。市场常用资本化率反映投资者对于物业租金回报的基本要求，据有关机构统计，国内商业物业的资本化率多数在 5% 以下。从近年的数据看，亚洲市场上的 REITs 平均分派收益率为 4%~8%，其中新加坡 REITs 的分派收益率最高，中国香港次之，日本最低。2017 年，三者 REITs 的分派收益率分别为 6.3%、5.8%、4.0%。

但需要注意的是，国内不动产的真实价格低于账面估值。由于缺乏 REITs 工具，不动产融资依赖间接融资，为了能够提高融资效率及银行放贷意愿，不动产估值往往有更多水分，倾向于提高估值，然而，基于真实买卖的不动产交易价格会大幅度低于不动产账面估值。这就导致国内不动产估值有两套体系：一是针对银行体系，以获取贷款为目的；二是基于不动产大宗交易，以真实交易出售为目的。两套估值体系产生的结果相差 40% 左右。因此，基于国内不动产真实权益价值的租金收益率将高于账面估值，更接近市场预期。

目前，仅有部分业态能够有效支撑 REITs 的分红。比如一些出租率高、运营好的商业物业具有较强实力。近年来，因采用降低准入门槛、集体土地供应、自主开发项目、会员制集资等方式，一部分养老公寓实现了较高的租金收益率，基本能够满足公募 REITs 的分红要求。此外，仓储、物流、交通设施等领域具有稳定现金流并且估值较低，也可以成为 REITs 的较好选择。

五是忽视 REITs 的资产配置功能。

人们往往关注 REITs 的融资功能，而忽视其资产配置功能。事实上，REITs 本身是一个很好的投资品种，其介于股债之间的特性对于丰富资本市场投资品种、提升资产配置意义重大。作为一种收益稳定、流动性强、风险适中的投资品种，REITs 能有效填补当前金融产品空白，扩展社会资本投资方式，拓宽居民财产性收入渠道。尤其对于险资、养老金等长期资金，REITs 由于具有抗通胀、期限匹配以及高分红三大特征，具有天然吸引力；REITs 的地域性分散化特性可以引导更多的海外资本投入国内的不动产行业，有助于稳定外汇市场，减少汇率波动。以美国为例，截至 2017 年 6 月底，养老金直接或间接持有 REITs 占比为 25%，是仅次于共同基金及交易所交易基金（ETF，占比 44%）的占比第二的投资者类型。

从国民经济核算的角度看，2017 年我国 82 万亿元的经济体量，扣除最终消费，国民储蓄为 36 万亿元左右，而居民部门储蓄占比近半，即接近 18 万亿元。从存量看，2017 年末仅银行存款余额就达 170 万亿元，其中居民存款余额近 70 万亿元。如此大体量的储蓄增量和存量，必然要有对应的资产可投资、可依存，以便未来能兑现为消费。目前我国金融市场总体发展还不够，优质金融资产不足，还不能满足和匹配庞大的国民储蓄，一些储蓄资金由于没有找到合适的、可投资的资产，聚集于囤房炒作、P2P（点对点网络借款）、高利贷、比特币等产品，引发各类资产泡沫。REITs 这种长期稳定增值的金融产品，恰恰可有效完善我国证券产品结构，吸引居民储蓄资金进入实体经济，增强宏观经济韧性。

加快制度改革可行路径建议

推动公募 REITs 必须破解以上五个方面的障碍，走出认识误区，加快制度改革。比较可行的路径有以下几点。

首先，应认定 REITs 为证券品种。由于 REITs 的交易结构具有特殊性，在发行主体、发行条件、信息披露和监督管理等方面与股票、债券存在差别，可比照优先股、中国存托凭证（CDR）等证券品种的规定出台方式，在适用《中华人民共和国证券法》的基础上，将 REITs 品种认定为单独的证券品种，认可其为公开上市的一种集体投资计划。今后在修订《中华人民共和国证券法》时再制定专门条款，予以规范。

其次，由证券监管部门制定 REITs 规则，依据《中华人民共和国证券法》和国务院确定的原则，制定有关监管办法，设立 REITs 发行及管理人资格等相关注册条件，明确 REITs 的参与主体、发行条件、信息披露及监督管理等具体事项，按照注册制要求，完善发行流程，制定处罚规则体系。

再次，明确 REITs 的税收中性政策。逐步建立和完善符合我国国情的 REITs 税收中性政策体系，在产品设立环节考虑免征或递延不动产转让相关的税费，在产品运营期间避免重复征税。REITs 份额的投资者交易与利得税率，在初期可参照公募基金的优惠税率执行，在运营一段时间后，可参照适用股票交易的税率。

此外，先行开展试点。优先从长租公寓、养老公寓、优质商业物业和基础设施中选择一批项目，试点公募 REITs，做到起步稳、起点高、示范性强，加强政策支持的精准度及有效性。

最后，要加强风险防范和投资者保护。加强公募 REITs 审核，对产品结构、运营管理、负债管理和信息披露等严格要求，对受托人、管理人、会计师、评估师等实行牌照管理，规范投资决策、红利分配、资产出售、物业估值的程序和条件，维护持有人的合法权益。

第五节

推动基础设施公募 REITs 健康发展[①]

我国"十四五"规划明确提出"推动基础设施领域不动产投资信托基金（REITs）健康发展，有效盘活存量资产，形成存量资产和新增投资的良性循环"，标志着公募 REITs 已上升到国家战略层面，这对于构建投资领域新发展格局，提升资本市场服务实体经济的能力和质效，拓宽投资产品与渠道，助力基础设施领域从重资产向重运营转变，完善基础设施资产市场化定价机制，有效盘活资产，增强运营活力与效益，都具有重要意义。自基础设施公募 REITs 正式上市交易以来，市场运行整体平稳，取得了显著成效，受到市场广泛认可，试点项目的示范效应良好。同时，应当看到，由于我国公募 REITs 处于扩大试点阶段，需要深入总结实践经验，进一步研究完善相关法规，优化运行机制，加强投资者教育，推动公募 REITs 行稳致远。为此，提出以下建议。

---

① 此文系作者 2022 年在清华五道口全球金融论坛上的发言。

研究修订相关法律或制定单独的法规

不同于企业传统融资，REITs融资将资产出表进行真实销售和破产隔离，是一种结构化融资模式和直接融资工具。REITs本质上是资产IPO，企业获得一个基础设施资产的资本运作平台，前端可以吸引多元投资用于建设，后端通过公募REITs退出，收回资金再进行投资，持续扩募，吐故纳新，形成管理资产的规模优势，提升基础设施的运营效率和技术水平。REITs性质上属于证券，但与股票、债券、资产证券化产品等有很大区别，因此，需要根据《中华人民共和国证券法》研究将REITs作为一种独立的证券产品种类，制定专门法规，确立REITs的性质定位，构建一整套适应REITs特点的发行、上市、交易、信息披露和投资者保护等制度规范。目前采用"公募基金+ABS（资产支持证券）"模式，是符合法律法规的可行方案，有利于及早启动试点，破冰前行，带动市场发展。但带来的问题是，产品结构层级过多，法律关系较为复杂，运行成本与监管成本增加，市场主体的职责界定和协调难度增大。要针对试点中的问题，完善相关法律，做出新的制度安排，优化产品设计，简化产品结构和交易结构，健全监管办法，进一步厘清市场参与各方的职责边界，降低产品创设与运行成本，推动REITs市场持续健康发展壮大。

优化运行机制

要鼓励地方和企业拿出更多优质资产参与试点，扩大 REITs 规模，进一步摸清项目底数，建立分类项目库，做到应入尽入。要进一步加强部门与地方协调，提升国有资产交易效率，落实项目申报条件，压缩项目申报周期，加快项目审核进度，开展分类辅导服务，做好示范引领，形成规模化的存量资产盘活与新增投资的良性循环。

要促进基础设施专业运营能力与资本运作能力的有机结合与共同提升。REITs 的价值创造主要来源于资产组合运营管理和资本结构管理，具有天然的产融结合属性。对我国来说，这还是一个新的领域，把两者结合好，既要夯实基金管理人的职责，又要充分发挥原始权益人的战略管理与专业运营能力，提升治理水平和项目收益，是今后 REITs 市场需要着力解决的问题。建立高效透明的扩募机制，有利于盘活存量资产再投资，做大做强产融结合平台，降低边际运营管理成本，提升产品投资价值。

要进一步推进形成市场化的评估定价体系。我国基础设施建设长期以来主要是依赖债务融资进行的，公募 REITs 推出后，客观上需要寻找权益定价的"锚"。一般来说，影响基础设施项目评估定价的主要因素包括资产性质、所在区位、土地性质和运营能力等，评估定价方法包括收益法、净资产价值法、运营现金流贴现法、相对估值法等多种衡量方法，需要由原始权益人和投资者经过长时间反复博弈来确定，逐步形成符合我国实际的市场化评估定价机制，让原始权益人愿意发行，投资者愿意投资。

加强投资者教育

公募REITs不同于股票和债券，也不同于购买普通的公募基金。基础设施公募REITs的底层资产是运营稳定的基础设施，价值波动一般相对较小，每年强制分红比例很高，因此相对股票投资比较稳定，不要寄希望于项目运营收入持续大幅度增长，可见，投资REITs的风险和收益属于中等水平。由于普通公募基金主要投向二级市场股票、债券等，以股息、利息和投资组合带来的资本利得为主要收益来源，而公募REITs的收益来源主要是底层资产经营收益和资产增值，且是封闭型基金，不能随时申购和赎回。因此，要进一步扩大宣传，切实加强投资者教育，落实投资者适当性管理，培育理性投资、长期投资、价值投资的理念，促进REITs市场平稳健康发展。

第六节

私募股权创投基金的独特作用[①]

习近平总书记在党的十九大报告中指出，"创新是引领发展的第一动力，是建设现代化经济体系的战略支撑"。私募股权创投基金在促进创新资本形成、提高直接融资比重、助力产业转型升级等方面发挥着独特作用。2021年末，我国私募股权创投基金规模达到13.14万亿元，同比增长13.7%，稳居世界第二；累计投资于境内未上市和未挂牌企业股权、新三板企业股权、再融资项目数量达16.9万个，形成股权资本金10.05万亿元。其中，投向高新技术企业占28%，投向种子期企业占31%。目前，超过八成的科创板上市公司、超过六成的创业板上市公司都获得过私募股权创投基金的支持，一大批创新创业企业快速成长壮大。

近年来，私募股权创投的环境发生很大变化，出现了一些新情况和新问题。一是募资增速明显放缓。中国证券投资基金业协会最新数据显示，2022年5月末，我国私募股权基金存续规

[①] 此文系作者在全国政协2022年第二季度宏观经济形势分析座谈会上的发言。

模为 13.4 万亿元，环比下降 0.02%；5 月新备案私募股权基金 556 只，环比下降 4.96%，新备案规模为 294.5 亿元，环比下降 24.91%，新备案规模连续两个月下降超过 15%。CB Insights（市场研究分析机构）的数据显示，截至 2022 年 6 月底，中国当年新增独角兽企业仅 5 家，美国为 112 家，新增数量排名下滑至全球第五，存量独角兽企业数量占全球比重下降至 15.8%。

二是投资能力与意愿下降。清科研究中心的统计数据显示，5 月 VC/PE（风险投资／私募股权投资）市场共发生 322 起投资案例，环比下降 10.3%，同比下降 67.3%，平均单笔投资金额 0.85 亿元，环比下降 31.8%。上半年内地企业境内外 IPO 共 192 家，融资额合计约 3 158 亿元，同比分别下降 39.6%、28.6%。

三是国进民退现象较为突出。清科研究中心的统计数据显示，2021 年国资背景的 LP（有限合伙人）出资认缴金额占比达到 68%，2022 年第一季度 10 亿元以上的人民币基金，半数以上由国资背景的基金管理人管理，超百亿元的则全部由国资背景管理人管理。

产生上述现象主要是国内外宏观形势变化和周期性、结构性因素叠加导致的。

第一，宏观形势变化影响。全球经济复苏放缓，滞胀风险加大。由于新冠疫情反复冲击，经济下行压力加大。监管政策趋严，投资的不确定性越发明显，创投机构观望情绪较浓，有些甚至按下了暂停键。

第二，科技发展和企业成长周期影响。科技创新进入瓶颈期，前些年投资的消费互联网及平台经济增长红利见顶，预期不稳，投资收益率下降。私募创投面临升级、分化和洗牌的挑战，寻找新的投资赛道和优质资产还需要一个过程。

第三，金融市场波动影响。近几年全球财政政策和货币政策宽松，加上投资者追捧，造成很多科技类股票估值过高，产生了泡沫，2022年上半年国际国内的二级市场回调，特别是前期估值很高的生物医药、半导体等行业科技公司股价下跌较多，独角兽企业缩水贬值，传导至一级市场，普遍放慢甚至搁置了投资。

为进一步统筹协同稳增长与促创新政策，充分发挥私募股权创投基金在培育经济增长新动能、促进战略性新兴产业发展方面的优势，提出以下建议。

第一，尽快出台规范和引导资本发展的指导意见。划清底线，设置好"红绿灯"，改善创业投资环境，消除市场壁垒，推进公平竞争，稳定预期，增强投资信心。加快平台经济专项整改工作，增强平台企业的国际竞争力。出台支持私募股权创投基金进入产业互联网的政策举措，提升产业数字化水平。

第二，破解长期资金瓶颈。成立跨部门协调机制，完善相关政策和机制，引导养老资金、保险资金、企业资金、捐赠资金、家族财富以及资管资金等长线资金投入私募股权创投基金。有效引导投资创新创业早期企业，改进政府引导基金管理，更多进入科创前沿与市场失灵领域，实施让利于民机制，充分发挥政府资金"四两拨千斤"的作用。

第三，完善税收优惠措施。合伙型投资基金可不作为应纳税核算主体，由投资者按收益所得缴税。为扩大天使投资人群体，结合我国个人所得税采取"综合+分类"的征税方式，对天使投资人增加天使投资为专项附加扣除项目，并设立投资损失抵扣制度，实现对天使投资的有效激励。

第四，抓紧出台私募股权创投基金监管条例。完善顶层设计，提升治理能力。依法加强对基金"募投管退"全流程监管，完善公司内部治理。同时，加快资本市场改革开放，扩大私募股权基金份额转让，探索估值与定价办法，提高基金退出效率。

第七节

深化新三板改革[①]

多层次资本市场对于发展实体经济，提高供给体系质量，特别是支持科技创新具有重要作用。上海证券交易所、深圳证券交易所经过28年的改革发展，取得了巨大成就，但总的来看，我国股票市场建立时间短，还很不成熟，仍处于"新兴加转轨"阶段，市场发育先天不足，上市公司结构不够合理，整体质量不高，市场覆盖面不广，包容性不强，服务实体经济，特别是科技创新型企业的能力有待进一步提高。

科技创新始于技术，成于资本。科技创新型企业往往具有实物资产少、资金风险高的特点，特别是一些核心技术研发投入较大，需要持续几年时间，甚至是"十年磨一剑"，不少企业在研发成功之前经营亏损，不仅难以得到银行信贷资金支持，也不符合目前沪深交易所的上市条件。由于现行主板（中小板）、创业板市场格局已经形成，流通市值47万亿元，个人投资者超过1

[①] 此文系作者2018年7月在全国政协"发展实体经济，提高供给体系质量"专题协商会上的发言。

亿，且 90% 是持股金额在 10 万元以下的散户，因此对存量市场改革困难较大，只能稳妥逐步进行。为了适应加快科技创新的需要，积极推进多层次资本市场的建设，建议在资本市场增量上做文章，深化新三板市场改革。

新三板市场是继沪深交易所之后第三家全国性证券交易场所，定位于创新型、创业型、成长型中小微企业发展服务，经过近几年的发展，具备进一步加快改革的基础和条件。目前挂牌公司数量达到 11 382 家，总市值 4 万亿元，其中新经济企业 4 782 家，占 44%。2013 年以来，挂牌公司实现股票融资 4 342 亿元，一批处于研发阶段、经营阶段的企业也顺利获得融资。同时，也面临不少问题和挑战，主要是新三板市场制度已经不能适应市场主体的内在需求，融资交易功能弱化，挂牌公司和总市值大规模下降，严重制约创新型企业发展，迫切需要加快改革。

改革的基本思路是，让新三板市场与现行沪深交易所错位发展，着力弥补现有交易所的不足，让新三板市场成为助推科技创新型企业的高地。具体建议如下。

第一，增加新三板市场发行交易功能。进一步优化现行基础层和创新层，规范企业股份制改造，强化信息披露，积累商业信用。增设公开发行层，允许在创新层挂牌满一年以上的企业公开发行股票，这些企业应当具备新经济特征，科技研发力度大，有自己的专利，达不到独角兽的标准，可以不盈利。公开发行品种灵活多样，允许发行普通股、优先股、权益性债券（明债实股），以更好地满足发行人和投资人的需求。

第二，实施股票发行注册制改革试点。股票发行审核以信息披露为中心，发行人是信息披露第一责任人，证券公司、会计师事务所、律师事务所等中介机构承担把关责任，投资者自主决策、自担风险。监管部门取消对发行价格、发行节奏的行政管制，强化事中事后监管，严惩违法违规行为，保护投资者合法权益。形成市场主导、责任到位、披露为本、预期明确、监管有力的股票发行上市制度。

第三，实行严格的退市制度。可分为自愿退市和强制退市。制定具体、多样的退市标准，增强透明度和约束力，提高退市比例。防范和纠正各方面利用各种资源的"保壳"行为，对严重违法违规的上市公司实行强制退市。

第四，改革市场交易机制。这是资本市场一项基础性制度建设，对于保持市场流动性、发挥价格发现功能、管理价格异常波动具有重要作用。新三板市场交易机制可不按沪深交易所目前实行的单一连续竞价方式，可以探索做市商交易与集合竞价交易相结合的方式，减少市场盲目炒作行为。进一步明确做市商标准，扩大做市商准入范围。

第五，坚持以机构投资者为主体。实行合格投资者准入制度，对居民个人投资者拟按500万元标准从严掌控，个人100万元以上的，可通过金融机构资管产品投资新三板市场。

此外，推进新三板市场改革，需要配套明确股票转让税收、国有股权交易、外资管理等方面的政策。

第八节

建设现代中央银行制度[①]

党的十九届四中全会首次提出建设现代中央银行制度，五中全会予以进一步明确，并将其置于"十四五"金融改革八项任务之首。为什么建设现代中央银行制度具有重要性和紧迫性？可以从三个方面来理解。

第一，适应新发展阶段的需要。

中国即将全面建成小康社会，未来 15 年，即到 2035 年，我国要基本实现现代化。在新发展阶段如何充分发挥金融的作用，与此前 40 年将有所不同。1983 年，中国人民银行成为专门的中央银行。此后随着改革开放的推进，央行已经将金融机构、金融监管职能等剥离，适应了改革开放和经济金融发展需要。现在中国进入新发展阶段，金融业已经具有庞大的体量，复杂程度今非昔比，市场化程度不断加深。因此，有必要对现代中央银行的职能进行集中整合，更加突出中央银行的地位和作用。

---

① 此文系作者 2020 年 11 月在中国金融四十人论坛闭门研讨会"《中国人民银行法》修订与现代中央银行制度建设"上所做的发言。

中央银行不仅面对防范通货膨胀、金融风险等传统威胁，还面对越来越多的新问题、新挑战。以数字货币为例，随着科技的发展，私人数字货币不断涌现，如果中央银行不能抢占先机发行央行数字货币，未来在支付领域就会比较被动。为什么各国中央银行都在积极研发数字货币？最重要的是维持中央银行的地位及其在货币发行中的职能，本质上是应对来自科技发展和市场创新的威胁。例如，随着金融控股公司的不断发展，再继续实施过去的分业监管，就适应不了新的形势了。引用一句西方谚语来概括就是，"要想让一切保持不变，那么一切都必须改变"，这就是说，如果不改变，就应对不了新的挑战。

从中国新发展阶段的要求看，保持稳增长和防风险两者之间的动态均衡，将是长期而艰巨的任务，加快建设中央银行制度才能履行这样的职能。

第二，进一步完善央行职能的需要。

央行的主要职能之一是维护货币稳定。近几年全球呈现低通胀、低增长趋势。稳定货币不仅要防通胀，也要防通缩。新中国成立 70 多年来，我们有丰富的防通胀经验，但是随着形势变化，也要重点关注通缩。不仅要关注消费者物价、零售物价、核心通胀、PPI 等指标，也要考虑资产价格。这个职能在《中华人民共和国中国人民银行法（修订草案征求意见稿）》当中已经有所体现。

维护金融稳定的职能也在修订中得到体现。过去在讨论央行职能的时候，有一种观点是反对加入维护金融稳定一项。2008

年全球金融危机爆发以来，各国对于央行维护金融稳定的职能已经基本达成共识。

服务职能也应该是央行职能的重要组成部分，比如境内外的支付系统、代理国库收支、银行卡、统计服务、征信服务、消费者服务、金融教育服务等，在社会服务中起着基础性的作用。传统定义中，中央银行是发行的银行——发钞的职能，是银行的银行——作为最后贷款人，还是政府的银行——负责代理国库收支等工作。除了这三个定义之外，央行还是社会的银行，具有非常重要的提供公共服务的职能，这与稳定职能、监管职能是相辅相成、相互促进的，也需要得到凸显。

总之，央行的职能还需要进一步完善，这是建立现代中央银行制度的需要。

第三，完善宏观经济治理的需要。

党的十九届五中全会首次提出完善宏观经济治理，同时明确了宏观经济政策分为三个层次：第一个层次是以国家规划为指导，如"十四五"规划；第二个层次是以财政政策和货币政策两大政策为支撑；第三个层次是就业政策、产业政策、区域发展政策、环保政策等相互配合、相互协调。过去讨论过就业政策要优先，财政、货币、就业三大政策平行，但从十九届四中全会到五中全会，就业政策都放在第三个层次中，没有跟财政、货币政策并列。

过去讲宏观经济调控、宏观经济管理比较多，宏观经济治理和宏观经济管理尽管只一字之差，但宏观经济治理的内涵却很丰富。治理和管理到底有什么区别？可以从四个方面理解。

其一，治理的目标更为丰富。中央提出了三角形分析框架，即市场机制有效、微观主体有活力、宏观调控有度，要三个目标兼顾。这比传统宏观经济管理或调控的涵盖面更宽。

其二，治理的方式更加多样化。过去比较依靠行政指令和手段，现在要更多运用市场化、法治化手段，辅之以行政手段。

其三，治理的主体要由少数主体向多元共治的生态转变。《中华人民共和国中国人民银行法》中特别提的几点，体现了多元共治和央行的独立性。比如，将央行的决策权和执行权分开，还特别强调了央行独立的执行权。再如，在多元共治体系下，要特别注重充分发挥金融委员会和货币政策委员会的作用。2008年全球金融危机发生以后，各国央行都在强调部门之间协调的重要性，但是这并不妨碍央行独立执行货币政策的职责。

其四，治理的内容发生变化，不仅是逆周期，还要搞好跨周期。过去的货币政策更多强调逆周期调控，在新的发展阶段，既要提高逆周期调控的能力，又要搞好跨周期的调节。央行的新任务是构建一个逆周期调节和跨周期调节的双重政策框架，以及货币政策和宏观审慎政策的双支柱政策框架。逆周期调节主要针对短期问题，针对金融业本身顺周期的内在特征来实施调节；跨周期调节则着眼于中长期问题，更多关注解决体制性、结构性问题。

总之，当前修订《中华人民共和国中国人民银行法》非常重要，恰逢其时。相信法律正式通过后，央行能够充分发挥好其职能，使金融业的发展更好地满足新发展阶段的需要。

第三章　金融改革下一程

第九节

国有银行股改的启示[①]

我拜读了姜建清董事长主编的《中国大型商业银行股改史》，倍感亲切，深受鼓舞，温故知新，催人奋进。

在庆祝中国改革开放40周年之际，出版此书具有重要的历史意义和现实意义。这本书以全面、翔实、权威的史料，全方位、多维度、深层次地向世人展现了我国国有银行波澜壮阔的改革历程，系统总结了历史经验，深刻回答了有关改革的重要理论和实践问题。这对于我们站在新的历史起点上，进一步推进中国银行业改革开放具有重要的启示和推动作用。

历史是一面镜子，既可以帮助人们理解过去，还能够增加把握今天的力量。我国国有银行经过40年改革开放，取得了巨大的成就，改变了百年来全球银行业的版图。简单回忆一下历史，大概在1913年，那时全球二十大银行中主流是欧洲的银行，其中英国占8家，德国、法国等有几家。1944年以后，全球二十

---

① 此文系作者2019年3月在中国金融四十人论坛读书会"中国大型商业银行股改历程"上的发言。

大银行中主流是美国的银行。到了20世纪80—90年代，在全球二十大银行中，日本的银行走到前面去了。100多年后的今天，全球二十大银行中，中国五大银行都在其中。

国有商业银行股份制改革的三个争议

回顾当时的股份制改革，有三个问题大家讨论得最多，争议也最大。

第一，要不要对银行注资？

对于要不要注资这个问题，当时争议很大，因为我们国家缺钱的地方很多，比如办教育、养老等。但这个注资不是财政支出，而是资本金投入。这一点当时很多人是不理解的。注资不是免费的午餐，是要拿资本金去创造价值，要有比较好的回报。从改革结果来看，已经完成了这个目标。

第二，要不要引进外国战略投资者？

当时为什么不让民营企业投资？虽然民营企业有钱，但不是干金融业的，对金融业没有深刻的理解。为什么引进国际一流银行作为战略投资者？因为国有银行搞股改是要引进战略投资者，而不是财务投资者，不是简单引进资金，更重要的是引进先进的银行经营理念、管理经验与业务技术。几家大型银行在引进外国战略投资者的过程中，确实学到了很多管理经验。

引进战略投资者以后是不是贱卖了？所谓贱卖就是IPO之前

的价格和 IPO 以后的价格是有价差的。当时有人认为国有资产被贱卖了，但其实这两个定价机制是不同的。IPO 之前的定价需要战略投资者承担很多的不确定性与应尽的义务与责任，投资锁定期较长，即使上市后还要锁定 3 年，需要战略投资者承担风险；IPO 定价是市场询价机制，价格高于上市前的入股价格是正常的，而且如果是在境外上市，外国战略投资者对于 IPO 溢价形成能够起到积极作用，因此，不能叫贱卖。

第三，要不要搞"三会"，即股东会、董事会、监事会，会不会削弱和妨碍党的领导？

当时国有银行党委书记、行长、董事长是一个人，引进"三会"后，还要引进独立董事及外国董事，那么如何保证党的领导？决策怎么来做？经过 10 多年的改革，这些问题都已经解决了。国有银行党委书记和董事长由一人兼任，是一个较好的制度安排，有利于加强党委会的领导，协调好党委会与董事会的关系。

对国有银行改革再出发的三点建议

国有商业银行改革永远在路上，国有银行改革还应该再出发。

在 2017 年 7 月的全国金融工作会议上，习近平总书记指出，金融是国家重要的核心竞争力，金融安全是国家安全的重要组成部分，金融制度是经济社会发展中重要的基础性制度。国有银行在增加国家金融竞争力的过程中，应当发挥主体和骨干作用。下一步国有银行改革和开放应该紧紧围绕增强核心竞争力这个主题来进行，不仅要做大，更重要的是做强，做金融高质量发展的代表和典范。只有竞争力增强了，服务实体经济和人民生活的能力才会强，抵御风险的能力才会强，国家的经济安全也才会有保障。

如何深化国有银行的改革

第一，深化金融供给侧结构性改革，最重要的是落实新发展理念。国有银行需要全面转变经营管理理念，从追求速度转向追求质量。在供给侧结构性改革方面，要认真落实"巩固、增强、提升、畅通"的八字方针：巩固 40 年改革开放的成就和最近几年金融治理的成效；增强服务实体经济和服务人民生活的能力；提升精准服务企业的能力、全面风险管理的能力和内控水平；畅通货币政策传导机制，把金融资源引到实体经济、小微企业和民营经济的发展中。

第二，进一步推进银行治理体系改革。2008 年全球金融危机发生以后，国外战略投资者基本上都撤出了。坦率地说，这不是我们的原因，主要是因为金融危机爆发后，它们遭受了严重的危机，急需现金救命，并且锁定期也到了，所以它们纷纷撤资。

现在我们应当加快开放，既要落实好已确定的开放举措，还应抓紧研究推出新的开放举措。在进一步完善国有银行的公司治理机制方面，仍然有很多工作要做。

一是国有大型商业银行可以进行混合所有制改革试点。试点既可以在集团层面进行，也可以选择一些子公司或者事业部制进行，以吸引民营资本包括国外资本共同规范公司治理机制。

二是改进业务治理体系。现在国有大型商业银行业务越来越复杂，既有事业部制，也有专营部门，还有子公司和分支机构，怎样协调推进这些业务线，促进它们转型升级，这方面可以做的工作也有很多。

三是强化风险管理和内控机制。怎样实现境内外、表内外和母子公司集团并表的全面风险管理，这方面需要进一步加强。

四是建立健全业务产品的创新机制。一部银行史就是一部创新史。当前银行创新活力不够，需要在规范的基础上，围绕服务实体经济与人民生活来加大金融产品和业务创新力度。

第三，加快"走出去"，增强国际竞争力。现在国有大型银行"走出去"面临新的机遇与挑战。一方面，全球金融危机以来，虽然全球大银行包括美国、英国、欧洲的大银行，已经从危机中复苏，但是有一批老牌银行现在仍然面临很大的困难。另一方面，共建"一带一路"倡议为国有大型商业银行"走出去"提供了很好的历史机遇。国有银行应该适应新的形势、新的任务，加快"走出去"的步伐，布局海外市场，提升全球服务能力，全面构建"走出去"的金融服务体系。通过国有商业银行"走出去"，也能深入推动跨境人民币业务发展，助推人民币国际化。同时，只有金融国际化，国际竞争力增强，我们才能积极参与国际金融治理和规则制定。

第十节

完善金融税制[①]

金融财税体制改革是围绕建立现代金融体系的要求和事关国家全局的重要任务，"金融财税问题的研究"课题所包含的三个报告紧扣主题，从金融税收角度回答了怎样建立高标准市场体系问题，这是党的十九届五中全会特别强调的，具有重要的理论意义和现实意义。三个报告针对当今存在的问题提出了具体的政策建议和改进措施，求真务实，专业性和可操作性都很强，有些专题填补了空白，对于我国进一步推进金融税制改革很有价值。以下是我的一些具体问题和建议。

第一，重视背景研究和量化分析。背景分析很重要，特别是在比较国际经验的时候，应当思考背后的逻辑。为什么鼓励？所为何事？量化分析也很重要，因为研究目的是为决策提供参考，只有通过计算，才能知道好处是直接的还是间接的，以及对税收收入有多大影响。如果对即期税收影响过大，虽然合理，但也不

[①] 此文系作者2021年10月与12月在中国金融四十人论坛"金融财税问题的研究"课题评审会上的发言。

能贸然采纳。另外，税收有即期的，也有未来的。有的税收看上去是所谓减收，实际上它可能还会增收，比如REITs，现在税收不利于REITs的设立与发展，那么REITs就做不成，做不成就没有税收。如果REITs发展起来了，未来可以带来多少税收？如果促进不动产管理增值、经营增值以后，REITs发展起来了，税收就多起来了。

第二，金融业营改增以后的税负变化趋势如何，是增加、持平，还是减少？目前有研究报告认为，税负是增加的。报告仅提到我国金融税收处于中等水平，并列举了五六个国家进行论证，样本数量不够，代表性不足；另外，也缺乏对金融业营改增前后税负变化的具体分析。

第三，关于金融从业人员个人所得税征税不足的问题。报告的统计口径是金融从业人员税收除以金融增加值。我国金融增加值非常大，占GDP的比重达8.2%，与美国的8.3%基本持平。我国金融增加值大，主要原因是贷款规模大、利息收入高，相对来说，我国金融从业人员的收入较低。现在国有银行的成本收入比不足30%。正因为员工薪酬成本不高，所以这部分缴税较少，从业人员征税比例就会较低。如果将其与发达国家对比，就会得出金融从业者征税不足的结论。这容易引起歧义，似乎是从业者在逃税。但实际上，该口径下的分子、分母和国外同业都不具有可比性。如果要讲这个问题，就需要展开讲清楚，实际上金融从业人员缴税是比较规范的。

第四，在税收中性方面，建议补充REITs的相关内容，明确

REITs 资产类别。目前基础设施 REITs 已经试点，未来还要继续扩大，国家发展改革委也已发布相关文件，但 REITs 的税收中性问题并未完全解决，需加强这方面的研究。关于 REITs，税务部门有一个观点我是赞成的：税收的设置是按照法律规定的，REITs 现在还缺乏上位法的规定。如果一个企业把资产转移到项目公司就免税了，这从税法来讲确实有问题。现在解决 REITs 税收问题还是要回到本源上——REITs 到底是什么？它应当是一个单独的资产类别，不是股票也不是债券。

不把这个问题解决，不明确 SPV（特殊目的载体）的法律地位，很多问题不好解决。比如，除了税收问题外，还会衍生出会计、评估、估值等问题。比如，REITs 分配的收入不是净利润，它固定返还的 90% 的收入包括折旧在内，因此不是净利润而是经营收入，当然扣除了一定的成本，所以不是净利润的概念。

我觉得要从根本上解决这个问题，应当认定它是一种证券，这个证券不是股票、不是债券、不是优先股，而是 REITs。有了这个定位，刚才说的 SPV 的税收就好解决了。比如，企业把资产转移到 SPV 上，当然不算一般意义上的销售，增值税都可以免了，更谈不上所得税。

这个问题我们一直在与税务部门讨论，我个人还是支持对于 REITs 要有一个明确的认定。到现在为止，基础设施领域的 REITs 试点已经推出了，得到了市场的充分好评，是一个里程碑。但从未来的发展看，还是应当将 REITs 明确为一类专门的证券资产。建议比照当年规定优先股的做法。

第五，报告中提出的金融供给侧结构性改革是从融资管理到风险管理，这点我赞同，但金融供给侧结构性改革的含义并非仅此一条。从中央文件来看，金融供给侧结构性改革的重点是调整优化体系结构，包括融资结构（直接融资和间接融资）、市场结构和机构结构等。因此，简单地把金融供给侧结构性改革的内容局限于"从融资管理到风险管理"，似乎不全面。另外，改革内容也包括效率和规模。目前我国金融规模较大，但实力不强，效益和质量不高。注重提高支持实体经济的精准性、有效性，也是金融供给侧结构性改革的重要内容。

第六，关于完善金融税制两大理念，这"两大理念"值得商榷。以降低不确定性为着眼点，提出新指导思想，这是好的；构建弹性金融税收体系，把更多选择权交给纳税人，这也是没问题的，现在也在这样做。但把它们放在一起作为两大理念是否合适？能否站得住？建议斟酌两大理念的提法。

第七，关于开征数字金融税，这个问题很复杂。现在国际上有两大税改，一是数字税，二是最低企业税率，目前已有130多个国家达成共识，下一步要共同朝着这个方向走。这两大税改会给中国企业带来哪些影响？国内开征数字金融税会产生什么样的影响？这些需要做进一步分析。

报告对数字金融税影响的论述不是很多，主要是提出概念：对金融科技企业的超额利润征税。我理解这里的纳税人应该是金融科技企业，而非科技金融企业。科技金融是以金融手段支持科技发展的行为，对其征税是不对的。报告对纳税人的论述不够清晰，征收标准也待进一步讨论。报告提出以行业 ROE（净资产收益率）为基准，认为超过 10% 就是超额利润，这点还需要深入研究和评估。

第八，关于金融开放中的税收优惠问题。报告提出，对境外投资者的利息收入应该免征所得税，对增值税要给予优惠，以吸引境外投资者来国内投资。这方面应该对长期、短期进行区分。当前我们给予优惠，确定了期限，2021 年 11 月即将到期。外国投资者更加看重税收的确定性。从长远来看，随着中国资本市场的开放，会从 QFII（合格境外机构投资者）、RQFII（人民币合格境外机构投资者）、沪港通、深港通、债券通、跨境理财通等管道式开放逐步走向全面开放。当前是可以给予外国投资者一些税收优惠的，但从税制角度讲，未来对境内外投资者是否应该一视同仁，这个问题要考虑清楚。

为什么国外投资者在本国购买债券的利息收入需要免税？这主要从避免双重征税的角度来考虑，因为本国投资者在外国投资债券的利息收入，需要在本国汇总缴纳所得税，在这种情况下，一些国家之间为避免重复征税，对外国投资者投资债券的利息收入免税。

第九，加强对小微企业融资难问题的关注。现在普惠金融的税收优惠落实得不错，从调研情况来看，现在基层银行对普惠型贷款是有积极性的，税收优惠、降低存款准备金率、总行有业绩考核、内部资金价格转移等，确实是起了很好的作用。在此基础上，要加强对小微企业融资难问题的关注。现在 1 000 万元以下的普惠金融贷款余额14万亿元，小微企业贷款余额总共有36万亿元，扣掉14万亿元还有20多万亿元。

我国当前普惠金融得到了很好的发展，但最困难的还是小企业。小企业的贷款需求一般在2 000万~2亿元之间，但这个区间的贷款尤其困难。原因有两点：其一，没什么优惠；其二，商业银行找不到好的风控模型。这些小企业对就业与居民收入的贡献较大。因此，建议有关方面更多关注小企业超过普惠型贷款规模的合理资金需求，看看有无可能对这部分贷款给予一定的税收激励，当然，还需要辅之以其他措施。

第十，加强对资本红利税和股权激励所得税的研究。关于资本市场的投资者的税收我补充两个方面。一方面，报告主要讲的是资本利得税，对资本红利税没有提及。资本红利税是指上市公司在税后将利润分红，但投资者拿到分红后还要缴纳所得税，存在双重征税问题，这个值得再研究。另一方面，股权激励所得税。我之前到基层调研的时候，这个问题反映得比较多。我国股权激励的到期日和实际的行权日有时间差，而且实际行权肯定不是让你一次行权，一般分3~5次，时间拉得比较长。报告提到以实际行权日来计税，但对于激励者来说也可能是好坏参半。其实，无论按到期日还是行权日计税，由于股价变化，被激励者都可能吃亏或占便宜，因此，建议参考国外做法，由被激励者自愿选择计税日，把市场价格变化的风险交给市场参与者。

第十一节

接上科技与资本的断点[1]

2021年2月，中共中央、国务院印发《建设高标准市场体系行动方案》，明确要求"设立知识产权和科技成果产权交易机构。支持中国技术交易所、上海技术交易所、深圳证券交易所等机构建设国家知识产权和科技成果产权交易机构，在全国范围内开展知识产权转让、许可等运营服务，加快推进技术交易服务发展"。这就为充分发挥市场机制作用，在全国范围内打通科技成果转化的堵点，接上科技与资本的断点，促进技术、人才、资本等要素顺畅循环流动，推动形成良好的科技成果转化市场生态，提供了切实可行的路线图、施工图。

技术转化仍存在三大堵点

加大科技投入、推动科技成果向现实生产力顺畅转化，是落

---

[1] 此文刊登于《瞭望》杂志2021年第10期。

实党中央关于科技自立自强重大战略部署的重要一环。近年来，我国科技投入的成果产出持续增加，2020年研发支出2.44万亿元，比上年增长10.3%，占GDP的2.4%，专利申请数量已位居全球第一，但仍然存在科技成果产出与市场需求不匹配、定价权威性和公信力不足、金融支持力度不够等问题。尤其是科研人员开展原创性科技创新的积极性没有被充分激发，主要表现在以下几点。

一是科技成果向现实生产力转化率不高，科技投入产出效益和科技创新体系的整体效能亟待提升。

二是科技成果转化不通畅。目前科技成果和知识产权供需方转化需求较为强烈，但存在信息对接、资金融通和估值定价等痛点问题，尚无法通过现有市场得到有效解决。以上市公司为例，根据近期深圳证券交易所对2 300多家上市公司的调研，82%的公司有明显的技术合作研发需求，但真正进行合作开发研究的公司不到两成；48%的公司有较大的技术并购需求，其中仅1/3的公司开展了相关业务；31%的公司对技术转让与许可有需求，但其中近一半公司开展过相关业务。又如，高校和科研单位的科技成果与市场需求相差较远，难以有效转化。根据国家知识产权局2019年的专利调查情况，我国国内有效专利的产业化率为32.9%，其中企业、高校和科研单位的产业化率分别为43.8%、3.7%和13.8%，国内有效专利许可率为5.5%，其中企业、高校和科研单位的这一比例分别为6%、4.5%和2.5%。

三是技术市场与资本市场不对接。全国现存400多家技术市场的业务大多局限在技术转移环节，不具备开展股权转让的资质和能力，技术买卖方进场意愿不高，对高价值科技成果吸引力有限，尚未与资本市场实现有效对接。在技术卖方、中介方、资金方之间缺乏风险共担、收益共享的良好机制，影响了科技成果有效转化。我国 VC/PE 持有大量科技企业股权，但投资到期退出难的问题突出，导致其支持早期科技项目的意愿不强。

迫切需要建设连接技术和资本的综合服务平台

为了有效解决上述问题，迫切需要建设一个连接技术市场和资本市场的全国科技成果转化综合服务平台，完善技术转化基础设施服务体系，形成涵盖企业、金融机构、高校院所、技术经理人、资本市场、私募股权投资基金、律师等在内的市场生态。

一是成为科技成果的重要交易场所。为科技成果提供权属存证、评估公示、进场交易等服务，推动深化科技成果使用权、处置权和收益权改革，探索形成赋权形式、成果评价、收益分配等制度。

二是成为知识产权和科技成果产权交易大数据与信息服务中心。对海量的科技成果和知识产权数据进行处理、分析和挖掘，结合现有市场的交易数据，为交易相关方及服务机构等提供专利数据库及搜索服务，借助大数据分析，提供技术交易匹配撮合、信息共享、定向推送等信息服务。

三是打造知识产权和科技成果产权交易的开放合作平台。支持现有场所解决买方资源、交易产品和金融支持能力不足的问题，形成协同服务体系。同时，汇聚金融机构、股权投资基金、技术经理人等主体，为科技创新企业提供项目研发、成果转化、融资和上市培育等全链条服务。

四是成为科技成果对接资本市场的枢纽。将技术交易业务与股权激励、创业投资、技术并购和质押融资等业务相结合，以及依托沪深交易所开展知识产权证券化等业务，搭建高价值成果资本化、产业化快车道。

五是推动科技成果转化配套政策有效落地。探索科技成果转化中的税收优惠、财政补贴等各项配套政策的落地运用，并对政策效果进行跟踪评估，提高科技投入的产出效益。

资本要素枢纽功能不可或缺

在上述五项功能中，技术市场对接资本市场的枢纽功能不可或缺，这也是科技成果转化综合服务平台与现有技术市场的最大区别。技术市场只有与资本、人才等要素市场深度融合、协同运行，才能形成共同推动科技成果转化的强大合力。

一是可以推动社会资本以股权形式参与科技成果转化的早期环节，有效解决长期资本缺乏的问题。一项技术从实验室成果到小试、中试，直至产业化，涉及的资金需求越来越多。上述每一个环节的市场化前景都是高度不确定的，最需要与其风险收益相匹配的长期耐心资本的支持，而具备风险共担、收益共享特征的股权资本正是最恰当的工具，但我国风险投资基金的存续期通常仅 7 年左右，如果没有一个更加丰富的股权退出机制，社会资本难以投向早期阶段的科研项目。

二是通过股权转让可以更好实现技术秘密的价值。实践中大量核心尖端的技术成果并非以专利形式体现，更多的是以技术秘密存在。根据科技部 2018 年印发的《国家科学技术秘密定密管理办法》，一旦涉及技术定密解密问题，就必须有专人负责，转化难度较大，但如果技术秘密转成股权后，持有人将不再仅仅关心技术的内核，而是更加关注企业的成长和利益分享机制，不能解密的问题将得到有效化解。

三是可以通过股权转让缓解科技成果定价难、交易难的问题。由于很多技术交易的定价机制不健全，导致技术交易难题。股权等金融产品可以将科技成果及其持有人或发明人的所有权利义务统一打包和标准化，有着较为成熟的定价模型，而且股权转让形成的价格信号传递效应以及交易数据的不断积累，均有助于提高科技成果的可交易性、定价公允性和公信力，从而最大限度地解决现有技术市场定价能力不足的问题。

四是有了股权转让机制，才能真正实现产权激励的效果。拥有产权是最大激励，产权激励可以让科研人员在科技成果转化中既赢得社会尊重，又获得应有报酬，从而有效激励科研人员的创新创造活力。

中共中央办公厅、国务院办公厅发布的《深圳建设中国特色社会主义先行示范区综合改革试点首批授权事项清单》，明确提出"探索完善知识产权和科技成果产权市场化定价和交易机制"，"建立连接技术市场与资本市场的全国性综合服务平台"的任务要求。在深圳证券交易所建设科技成果转化综合服务平台，环境良好、条件成熟，应尽快推动落地。

第十二节

推动养老金投资转型[①]

资本市场建设离不开发展养老金。我国养老金由全国社保基金、基本养老金、企业年金、职业年金、个税递延养老金构成,可投资的大类资产主要包括银行存款、债券、股票和资产管理产品,部分养老金还可以投资股权、信托贷款、衍生品等,对权益性资产投资上限,全国社保基金为40%,其他养老金为30%。

养老基金是重要的长期机构投资者,对于发展资本市场、服务实体经济具有十分重要的作用。一是促进直接融资特别是股权融资发展。养老金能够为资本市场提供长期资金,是资本市场稳定发展的中坚力量。实证研究表明,养老金占GDP比重较高的国家,投资股权的比例较高,上市公司市值占GDP的比重也较高,资本市场发展水平通常较好。二是促进创新经济发展。创新发展的基础支撑是创新资本的形成与流通的能力,科技创新往往始于技术、成于资本。养老金投资资本市场,不仅可以增强创新

---

① 本文系作者2020年撰写的文章。

资本形成能力，而且可以通过投资私募股权基金，支持各类创新型企业发展，还有利于增强资本市场的活力与韧性，提高抗风险能力。三是促进社会整体财富水平提升。养老金投资能够发挥长期保值增值的重要作用，经过较长的时间积累，让老百姓获得较好的回报，提升个人财富积累水平，拉动居民消费。特别是老龄社会需要安全生命周期的财富分配结构，年轻时收入不断积累，退休后消费不降低，扩大养老消费市场，催生"银发经济"。还可以适当降低养老金缴纳比例，降低企业经营成本，用增加的投资收益改善养老金发放水平。

当前，我国正处于养老金全面开展投资管理的新时期。2001年全国社保基金启动投资运营，拉开了我国养老金投资管理的序幕，取得了显著成效。企业年金、基本养老金、职业年金相继于2007年、2015年、2018年启动了投资管理，个税递延养老金也于2018年开始试点。总的来看，专业化、市场化的投资运营机制尚未完全建立，基本养老金由于现收现付制带来的资金支付压力，实际投资运作难以贯彻长期投资理念。企业年金、职业年金本应比公共养老金具有更高的风险承受能力，但个人没有自主选择权，实际投资计划统一制定，投资限制比公共养老金更加严格，导致权益资产配置过低，可配资产不丰富、不广泛，极大地影响了投资收益，养老金的投资作用得不到充分发挥。这些问题都需要在新时期深化改革中逐步加以解决。

党的十九大报告提出了全面建设多层次养老保障体系的要求，国家出台了一系列举措发展补充养老金，必将进一步扩大我国养老金投资规模，促进资本市场健康发展。为了推动未来养老金投资转型，需要采取以下措施。

第一，从投资不足转向全面投资。大力发展私人养老金，建立统一、开放的个人养老金账户体系，以个人账户为基础完善企业年金制度，逐步放开个人选择权，并打通第二、第三支柱，扩大私人养老金覆盖面。

第二，从注重组合投资转向注重资产配置。完善养老金投资管理框架，把资产配置作为提高收益和管理风险的主要手段，特别是持有低相关性或负相关性的资产可以降低投资组合的风险，增加单位风险所能获得的超额收益。要提高养老金投资的专业能力，核心是资产定价能力与资产配置能力。进一步放松对投资范围的限制，提高权益资产投资上限，支持投资私募股权基金，发展公募REITs，支持开展境外投资。年金受托人要切实履行整体资产配置的职责，资产管理机构要积极开发以资产配置为核心的多样化养老产品，投资顾问要提供专业的资产配置服务。

第三，从行政化转向市场化、专业化。厘清政府和市场的边界，减少投资环节的行政干预，减少事前审批，加强事中事后监管，构建开放竞争、有序合作的投资生态，让各类市场机构基于各自分工优势发挥作用，真正实现优胜劣汰。要转变投资理念，承担风险是获取收益的来源，养老金投资要通过管理风险而不是回避风险来获取收益，健全投资考核评价机制，严格投资制度与投资纪律，避免短期行为，取消短期保本要求，推进养老金投资的市场化进程，提升投资专业性以及投资者的信任度和市场认可度。

第四，从机构化转向机构与个人并重。随着第三支柱的建立和企业年金逐渐放开个人选择权，个人将会自行选择与风险收益特征匹配的产品，参与私人养老金投资程度不断加深，养老金投资服务也将更多面向个人。因此，必须建立以信义义务为基础的个人养老金账户体系，大力发展投资顾问服务，增加简明、灵活和个性化、定制化、差异化的养老金投资服务，加大对个人投资者的保护力度。

第十三节

健全长期投资者制度[①]

目前，我国人均 GDP 已跨越 1 万美元，中等收入群体规模持续扩大，居民财富管理需求旺盛，但居民财富结构不尽合理，房地产占比过高，金融资产占比偏低。在金融资产中，现金、存款等占比较高，而股票、债券、基金、保险等资产占比较低。从财富管理机构的资产配置看，固定收益类产品和非标投资占比较高，而权益类产品投资比例有限。近年来，随着资本市场的改革发展，上市公司质量提升，机构投资者比重不断提高，价值投资理念得到广泛认可，不仅为财富管理市场拓宽了领域、注入了活力，而且为提高直接融资比例，特别是权益类投资比重，以及更好服务实体经济和科技创新，提供了良好环境和有效渠道。

长期投资者是资本市场长期稳定发展的关键因素。培育壮大专业资产管理机构力量，大力发展权益类基金产品，持续推进各类中长期资金配置资本市场，是增强资本市场财富管理功能的重点任务，其重要意义主要体现在以下几个方面。

---

① 此文系作者在"2021 中国资产管理年会"上的发言。

为资本市场持续注入源头活水，促进市场稳定发展

一般来讲，资本市场投资者大致可以分为三类：第一类是短期投资者，主要获取市场短期波动的价差收益，同时为市场提供丰富的流动性；第二类是价值型投资者，以股息和长期增值为主，根据公司的基本价值，采取买卖、持有、动态调整的策略，成为市场中长期价格中枢，发挥市场稳定器的作用；第三类是套利型投资者，主要在现货与期货、利率与汇率等进行跨市场、跨产品交易，有利于价值发现、风险管理和定价效率。这三类投资者都是不可或缺的，但长期投资者的占比很重要，有研究认为，中长期价值型投资者的市值占比超过一半，交易量占比约为1/3，属于比较合理的情形。我国资本市场并不缺少资金，但缺少足够多的、真正做长期投资的"长钱"，或者叫"耐心资本"。由于长期资金来源稳定，遵循"生命周期理论"，有较长的投资时限，而且后续资金补充源源不断，这种投资属性就可以对资产价格起到稳定和平滑的作用。可以说，投资时限是长期资金抵御市场波动风险的重要砝码。

增强创新资本能力，引领经济转型升级

科技创新往往需要一个较长的周期，资金投入量大，失败率较高。对于科创企业而言，一般按上市前后可分为若干阶段，对

于早期科创企业，天使投资、私募股权和风险投资发挥了重要作用。成功的风险投资家往往既有投资眼光与情怀，又有较强的技术背景或专业经营能力，从投资到退出往往经历较长时间，为许多科创企业提供了持续性给养。根据有关资料，2020年即使在新冠疫情的严重影响下，美国的风险投资仍达到了3 000亿美元，同比增长4%。美国斯坦福大学曾对1924年以来上市的1 400多家公司进行研究统计，43%的公司起源于风险资本投资。我国科创企业的发展表明，始于技术，成于资本。截至2021年4月，在267家已经上市的科创企业中，有250家获得过私募股权投资，总金额达2 000多亿元，平均每家公司上市前获得8亿元左右的创业投资。因此，加快推动投资端建设改革，加大政策倾斜与引导力度，壮大长期耐心资本，是实现高质量科技自立自强的重要途径。我们不仅需要优秀的企业家，也需要有远见、有情怀、有担当的投资家，不断培育壮大中国特色社会主义的投资家队伍，弘扬长期投资家精神。

有利于维护中小投资者的合法权益

持续稳定发展的市场可以使所有投资者获益，而大起大落的市场势必伤害投资者，特别是中小投资者。实践证明，市场大幅下跌给投资者带来的损失远远大于市场上涨带来的收益。可见，推动长期资金入市，有利于降低市场波动性，在很大程度上起到保护中小投资者合法权益的作用。长期资金投资策略的最大特点是追求合理的投资回报，而不是短期"爆炒"、一夜致富。大量中外资本市场的历史数据表明，较长时限的投资可以实现较高的收益。根据中国证券投资基金业协会的统计，近20年偏股型基金的平均年化收益率超过15%，持股时间越长，收益率越高。近几年投资基金并获得盈利的投资者占比提高，但仍存在基金赚钱、基民不赚钱的现象，主要是不少基民追涨杀跌，频繁申赎带来高昂成本，造成了投资损失。中小投资者往往看不上长期投资的合理回报，宁愿冒险炒作，追求不切实际的目标，结果事与愿违。

有助于提高资本市场质量与效率

长期投资者着眼于获得上市公司成长壮大的长期、稳定收益，因此，他们在选择投资标的时，往往注重公司持续的经营能力与盈利水平，注重公司先进技术和创新模式，同时，通过多种方式积极参与公司治理，有利于长期投资机构具备较强的专业能力，对市场各种信息进行分析挖掘，便于做出科学、合理的投资决策，加上机构内部的合规风控机制，可以减少盲目性，从而进一步帮助提升市场信息有效性，改善定价机制与效率。

构建长期投资者制度，营造长期资金"愿意来，留得住"的市场环境，是一项长期重点任务，需要采取综合措施，久久为功。

坚持市场化、法治化、国际化的改革取向

加大市场各项基础制度建设与实施力度，全面推进资本市场改革开放。要贯彻落实"建制度、不干预、零容忍"的方针。制度建设要符合市场化运作的内在机理，反映市场发展的阶段特征和运行规律，有利于市场功能发挥。不干预就是要进一步明晰监管职责与市场边界的划分，真正的市场化不等于不要监管，更不是放纵，而监管行为必须依法依规进行，做到公开、公正、透明。零容忍就是要依法严格监管、严格执法，将日常监管从事前监管转向事中事后监管，强化稽查执法与保护投资者合法权益的能力建设。

实施政策倾斜与引导

为鼓励发展天使投资和风险投资，对于投资早期科创企业和小企业股权的，应进一步给予税收优惠。对于风投注资的科创企业和小企业，建议政府部门可提供一定额度的贷款担保或贴息，以增加扶持的力度。要进一步扩大天使投资和风险投资的资金供给，引导家族信托、财富管理机构、各类基金等增加对风险投资基金和私募股权创投基金的资金配置。同时，积极发展高校创业机构、创业教育中心，增加创业端的有效供给，为帮助风险投资找到理想的投资标的创造必要的条件。

对于在二级市场真正秉承价值投资理念、采取长期策略的机构投资者，应当实行一些差异化政策，建立公开备案名单，使其在发行询价、定价、配售过程中发挥更大的作用，获得更多的机会，并承担相应的责任。同时，要实施鼓励长期投资的会计、审计、财税以及业绩考核等制度，使长期投资者真正有用武之地。

加快资管行业转型发展

目前资管机构普遍面临资金来源短期化的压力，原因是多方面的，其中，对资产管理人的信任不够是一个重要原因。因此，资管机构最重要的是坚持"受人之托，代客理财"的信义义务，受托人必须忠于受托目的和受益人利益，具备相应的能力，忠实履职，勤勉尽责。要把客户的信任、机构的品牌信誉作为资管行业赖以生存的生命线，切实加强资产管理人教育，全面落实"卖者尽责、买者自负"的原则，严格执行投资者适当性制度，提高资产选择能力、产品创新能力、金融科技能力和风险控制能力，为客户创造价值。同时，要转变经营理念，改革考核机制，强化投资纪律，增强主动选择客户的能力，帮助客户改变短期行为，实现资管行业和财富管理市场的新跨越。

第四章

数字金融再出发

"加快发展数字经济，促进数字经济和实体经济深度融合，打造具有国际竞争力的数字产业集群。"

——摘自党的二十大报告

"数字经济发展速度之快、辐射范围之广、影响程度之深前所未有，正在成为重组全球要素资源、重塑全球经济结构、改变全球竞争格局的关键力量。"

——摘自习近平总书记 2021 年 10 月 18 日在中央政治局第三十四次集体学习时的讲话

大数据、云计算、区块链、人工智能等新一代数字技术是当代创新最活跃、应用最广泛、带动力最强的科技领域，给产业发展、日常生活、社会治理带来深刻变革与影响。数据已成为最活跃的新生产要素，驱动生产方式与工具产生颠覆性改变，也催生了许多新业态、新模式。

我国数字经济发展具有独特优势，14亿多人口有10.92亿网民，拥有世界上最完备的产业体系，人力资源丰富且人才红利巨大，建成了全球规模最大、性能先进的网络基础设施，信息通信产业发达，超大规模市场带来的海量用户和应用场景，给数字经济的发展提供了极为有利的条件。

数字金融是数字经济的重要组成部分，经过多年的努力，我国数字金融已走在世界前列。数字技术与金融业务深度融合，改变了传统金融的信息来源、营销方式、风控模型、投资策略，催生了服务实体经济和人民生活的新金融产品形态和服务模式，填补了传统金融的空白。在充分肯定我国数字金融发展"上半场"的历史性成就的同时，也必须清醒地看到存在的问题和困难，聚焦"下半场"的重点方向，做好顶层设计，完善政策标准，加强数字金融治理，提升数字金融国际竞争力。

第一节

数字经济发展面临三大问题[①]

2021年10月18日，习近平总书记在中央政治局第三十四次集体学习时强调，"数字经济发展速度之快、辐射范围之广、影响程度之深前所未有，正在成为重组全球要素资源、重塑全球经济结构、改变全球竞争格局的关键力量"，把数字经济的地位和作用提升到前所未有的高度。党的十八大以来，党中央高度重视发展数字经济，实施了网络强国战略和国家大数据战略，推动互联网、大数据、人工智能和实体经济深度融合，数字经济发展迅速，取得了显著成就。

2021年第四季度，我参加了全国政协经济委员会组织的专题调研，感到有几个问题需要进一步抓紧研究解决。

构建新型的数据产权

数据已成为当今最具时代特征的生产要素，但数据产权仍然

---

① 此文系作者2022年1月在全国政协经济形势分析座谈会上的发言。

是一个世界性难题，我国现行法律没有对数据产权进行定义，一些地方的数据管理条例也回避了这个问题。主要原因是数据不同于土地、资本等传统生产要素，具有非竞争性、非排他性、非消耗性等特征。而且数据生产要素的形成不能单靠个体数据，个人的数据如果放在个人手中并不能形成生产要素，不被收集处理，就不会进入生产过程，也就不能实现数据生产要素化。数据的使用价值和价值形成必须依托于劳动、技术、资本等其他要素才能实现，很难按照工业化时代的物权、债权、知识产权的逻辑对其进行权属界定。数据具有自然属性和社会属性，数据产权包含了人与人之间、人与机器之间的财产关系和行为关系，本质上属于生产关系范畴。因此，数据产权应当是一个集合性概念，涉及法律、经济、政治、伦理等跨学科问题，有必要将数据产权作为一种单独的新型民事权利进行立法，着力对数据产权进行解构与分割，探索多维度的数据划分，比如个人数据与非个人数据、公共数据与非公共数据、原始数据与衍生数据，进一步厘清并分离数据所有权、控制权、使用权、受益权等权利，创新重构产权概念，实现数据权利类型化、体系化，构建中国特色数据产权模式。

研究解决数据产权问题的核心是平衡好国家、企业和个人的权益，解决各主体的现实诉求。

为此，建议明确数据主权高于数据所有权，在保障数据安全和个人隐私的前提下，最大限度地推动数据利用、共享和流通，挖掘数据价值，释放数据生产力，提高数据要素对经济增长的贡献，实现发展与安全、效率与公平、公权与私权的有机统一。

坚持目标导向和问题导向，抢占全球数字经济竞争制高点

要全面贯彻落实我国"十四五"数字经济发展规划，处理好数据利用与保护的关系，利用、发展是目的，保护是前提，两者是统一的。

一是建议明确政务数据权属归国家所有。加快解决政务数据部门化、部门数据利益化的问题，促进政务数据的开放、共享和价值释放，同时打造政府与企业的数据接口，及时掌握企业数据收集使用情况。

二是把产业互联网发展作为数字经济发展主战场。由于工业数据主要在生产经营活动中产生和流通，以工业领域数据为突破口，围绕制造业场景重点解决数据利用与保护问题相对比较容易，应优先推进工业互联网数据资源管理体系构建，支持企业共建安全可信的工业数据空间，加强工业数据供给方、应用方和独立第三方之间的流通与共享。

三是鼓励支持各地创新，在确保遵守法律明确的底线要求的前提下，积极探索不同模式，因地制宜，推进数据利用与保护，丰富实践，并及时总结各地数字经济发展与司法判例的经验，发挥示范引领作用。

四是进一步厘清相关部门数据安全与保护的职责，加强统筹协调。调研中一些企业反映，目前有15个政府部门拥有数据管理权限，"九龙治水"的现象较为突出，管理手段不适应，如何

实施数据分级分类管理也存在不少问题，需要尽快解决。

制定数据开发、流通与共享的规则

我国发展数字经济有市场、用户、数据和新基建的优势，但缺乏规则软实力。目前数据产权虽然没有定论，但对数据安全和隐私保护已有明确的法律，在市场参与各方共同遵守底线要求的条件下，应进一步鼓励支持数据利用、交易、流通与共享，促进数据价值形成。为此，需要尽快形成数据开发、流通与共享的规则，合理分配数据增值权益，规范竞争行为，建立数据市场基本秩序，形成行业规范与标准。对企业投入技术、劳动、资金和设备收集、加工、挖掘数据的财产性权益应依法予以保护，充分调动它们的积极性和创造性。同时大力研发运用隐私计算、联邦学习等新技术，实现数据"可用不可见"。

目前，各地设立数据交易所或交易平台的积极性很高，应鼓励支持它们进行探索。同时，应及时跟进总结，加强指导，防止一哄而起。数据交易所的功能主要不是交易，重点应在数据流通的公共基础设施建设上，在政府掌控下市场化运作，强化数据流通的资质管理，推动数据共享技术研发应用，发展数据流通中介服务，形成数据有序高效流通的良好生态。

第二节

构建数据要素流通交易制度[①]

数据交易不同于实物商品交易，主要是通过网络传输和计算机系统存储进行的，交易方式包括 API（应用程序编程接口）、数据包、区块链和数据开放平台等，一般经过从数据提供（采集）到数据加工处理再到数据产品转让（使用）的过程。数据一旦被交易，原始所有者就失去了对数据的控制权，而且数据可以再复制、再融合、再转卖，具有广泛应用场景、零边际成本和累积溢出效应等特征。

我国具有超大规模数据要素市场优势。根据国际数据公司（IDC）的测算，到 2025 年，中国产生的数据总量将达到 48.6ZB（泽字节），占全球的 27.8%，对 GDP 增长的贡献率年均达 1.5~1.8 个百分点。近年来，我国数据要素流通迅速扩大，多形式、多层次的数据交易广泛开展，对于促进数据资源转化为数据资产、释放数据价值，起到了重要的支撑作用。数据的价值在于流通交易。我国数据要素流通交易的潜力巨大，每年全社会数据量增

[①] 此文系作者 2022 年在全国政协"推动数字经济持续健康发展"专题协商会上的发言。

长约40%，但真正被利用的数据增长率只有5.4%。主要原因是，数据要素流通不畅，交易体系不健全，全链条生态尚未建立，数据产权制度、交易定价制度、会计制度、收益分配制度、中介服务制度以及安全治理制度尚不适应。

为此，提出以下建议。

加快出台数据产权专门立法

数据要素不同于传统生产要素，具有非排他性、非消耗性等特征，很难按照物权、债权、知识产权的逻辑对其进行权属界定，因此，有必要将数据产权作为一种单独的新型民事权利进行立法，着力对数据产权进行解构与分割，划分原始数据提供者和数据要素生产者，分离数据所有权、控制权、使用权、收益权等权利，创造性地构建数据产权概念。

研究解决数据产权问题的核心是平衡好国家、企业和个人的权益，解决各方面的诉求。立法的目的应当是，在保护国家数据主权、数据安全和个人隐私的前提下，最大限度地推动数据流通交易和共享利用，充分释放数据要素生产力。明确市场主体在不违反法律法规的前提下，对于自身产生和依法收集的数据以及开发加工形成的数据产品和服务，有权进行管理、收益和转让。依法保护和充分激发市场主体挖掘数据价值，促进数据要素流通交易的积极性和创造性。

建设多层次数据交易市场

一是在总的思路上，坚持场外交易与场内交易并举，单点交易与平台交易共进，区别公共数据、个人数据、企业社会数据交易模式，划分国内交易与跨境流通渠道。在保护数据安全和个人隐私的前提下，注重数据交易的商业合作、使用场景以及知识产权保护，构建数据交易双方授权认可体系，落实"了解你的客户"原则，并要与最终客户签署协议。要探索免费、有偿、数据服务与合作等市场化定价机制，围绕数据生产、交易、评估、使用、服务、保护与监督等全生命周期构建新的流通生态，形成价格市场决定、流通自主有序、配置高效公平的数据要素流通交易体系。

二是积极发展数据开放平台，提高数据供给质量与服务水平。目前我国已有130多个省级、地市级政府上线了公共数据开放平台，仍应继续扩大与完善。一大批市场化数据平台和服务机构，汇集多元异构数据，采用多种数字计算技术，赋能实体经济和政府公共管理，有效促进了数据价值实现。建议制定相关行业规则和标准，设置底线，明确应用场景。对于法规尚未明确的应用场景，要进行评估，可以采取容错机制，在一定范围内先行先试。同时，对较大的数据平台和企业，打通政府部门与平台企业的数据接口，适时掌握和监督平台企业数据收集处理使用情况。由政府部门与科研机构建立第三方智能模型检测平台，加强对数据交易和服务的监管，并鼓励开展创新试点。

三是积极稳妥探索数据交易所。数据交易所（中心）应定位于数据要素交易的核心基础设施，是准公共性平台。其主要功能是，确保数据交易合规、公平、透明和可靠，降低数据交易成本，提高交易效率，引领数据交易全产业链中介服务体系建设，推动数据共享技术研发应用，拓展数字资产交易范畴，探索数据跨境流动服务。要进一步总结一些地方数据交易所经验，制定准入标准，对全国性数据交易所做出规划，并审慎推进数字资产金融创新。

四是研究改革数据资产确认和计量的会计制度，选择一些数字化程度高的企业试点，划分数据资产，计算其成本和（潜在）收益。

加强和改善对数据要素流通交易的监管

一是明确主管部门职责，按照培育全国统一的数据市场要求，制定统一的数据要素流通交易的基本制度，划清底线，明确参与数据流通交易各方的基本权利义务。进一步加强统筹协调，改进监管方式，完善以信用为核心的线上线下和事中事后监管，探索建立政府部门、平台企业、数据市场主体和个人多方参与、协同共治的新型监管机制。

二是探索数据跨境流通的市场机制，建设一批全球数据港，发展外向型数据业务服务，设立数据跨境流动的风险防控机制，加强监测预警和协同监管,积极参与数据跨境国际规则制定。

三是严厉打击数据黑市交易。目前黑市数据主要有"内鬼"泄露和外部攻击两大来源,数据非法交易已经发展成完整的产业链条,在数据获取、加工、贩卖等环节拥有细致分工和自动化工具。因此,要依照有关法律,提高非法数据交易的犯罪成本,加大打击力度。同时,强化企业自身数据安全管控制度和责任,增强其技防能力。普及消费者个人信息保护法律知识,提高自我保护意识。

第三节

上市公司在数字经济发展中的引领作用[①]

党的二十大报告指出,"推动战略性新兴产业融合集群发展,构建新一代信息技术、人工智能、生物技术、新能源、新材料、高端装备、绿色环保等一批新的增长引擎"。党的二十大报告还指出,"加快发展数字经济,促进数字经济和实体经济深度融合,打造具有国际竞争力的数字产业集群"。上市公司不仅是国民经济发展的中坚力量,同时也是数字经济发展的生力军。

总体上看,2022年以来我国A股上市公司整体稳中向好,截至10月底,整个A股上市公司一共4 974家,其中主板3 163家、科创板483家、创业板1 207家、北交所121家。

根据2022年三季报数据,我国A股上市公司总营收达到52.26万亿元,同比增长8.56%,营收增长速度超过GDP增速。前三个季度上市公司净利润达到4.75万亿元,同比增长2.38%。特别可喜的是,上市公司研发支出总额,前三个季度达到9 557

---

① 此文系作者2022年12月在中国财富管理50人论坛年会上所做的主旨演讲。

亿元，同比增长18.12%，增速相当快。2021年全社会研发支出占GDP的比重达2.44%，为2.8万亿元，可以看出这些上市公司的研发支出占比相当大了。其中，有234家上市公司的研发支出占营收的比重超过20%。从板块来看，科创板上市公司研发支出占比达到9.56%，创业板为4.61%，北交所为4.37%。

数字经济包括两个部分：一个是数字产业化，就是常说的数字经济的核心产业；另一个是产业数字化，就是传统企业数字化转型，利用数字技术来降本增效。

我们梳理了属于数字经济核心产业的A股上市公司，包括计算机、通信和其他电子设备制造业，信息传输、软件和信息技术服务业，这些都属于数字经济核心产业。2022年上半年，数字经济核心产业的A股上市公司研发强度为5.9%，比整个A股上市公司高出3.9个百分点，比全国公司平均水平就更高了。因此，数字经济核心产业上市公司研发投入势头还是很好的，大大快于其他行业。

数字经济核心产业的A股上市公司营业总收入的增长情况，也呈现快速发展态势。2020—2022年，数字经济核心产业的A股上市公司营收年均复合增速达到11.9%，其中，计算机、通信和其他电子设备制造业年均复合增速更是达到14.6%，均明显高于全部A股上市公司的营收增速。2022年上半年的财报数据同样体现了这个特点。

从市场估值的情况来看，数字经济核心产业的A股上市公司平均市盈率也显著高于其他类型的上市公司。2022年6月末，计算机、通信和其他电子设备制造业平均市盈率是37.1倍，信息传输、软件和信息技术服务业的市盈率达到50.1倍；我们做了一个平均，在整个A股上市公司中，数字经济核心产业的平均市盈率是40.8倍，大大高于沪深300指数成分股13.6倍的平均市盈率。数字经济核心产业的平均市盈率是同期沪深300指数成分股平均市盈率的3倍，说明投资者非常看好数字经济核心产业上市公司。

从A股募集资金的情况来看，2022年前三个季度，数字经济核心产业的A股新上市公司达到99家，占整个A股新上市公司数量的近1/3；通过IPO筹集的资金达到2 109.5亿元，占整个A股IPO筹资的43.4%。2022年以来，数字经济核心产业IPO募集的资金比上年同期增长97.3%，同期全部A股IPO募资增长幅度为29.6%。

以上是从上市公司的角度梳理数字产业化发展状况。从产业数字化角度，A股上市公司也在加速推进，主要表现在三个方面。

一是上市公司数字化转型的渗透率更高。在上市公司当中，除了它本身是数字经济核心产业以外，也有相当一部分上市公司属于传统型企业，但是据有关机构测算，它们数字化转型的比例达到了70%以上，也就是说在上市公司中的传统企业，数字化转型比例也是相当高的。大家知道，我国大企业数字化转型比例相对高一些，广大中小型企业数字化转型还面临很大困难。因此，在产业数字化中，上市公司起到了率先推进的作用。

二是上市公司数字化转型效果较好。一大批上市公司，通过推动数字化转型、智能化改造，大力降低了成本，提高了效益，特别是改善了营销和客户体验。很多传统企业，通过数字化转型和智能化改造，实现多品种、小批量的柔性生产，完全按照客户需求来定制，极大提高了生产效率和能力。

三是上市公司数字化转型投资较热。大量上市公司在数字化转型方面加大研发投入，加大投资力度，形成投资热潮。总结来讲，A股上市公司，不仅数字产业化发展得快，产业数字化也在加速推进，引领着整个数字经济发展。

为了充分发挥上市公司在数字经济发展中的引领作用，建议采取以下几个方面的措施。

一是加大基础研究投入，集中力量攻克"卡脖子"技术难题。有一批上市公司具备良好条件，它们的研发支出比例较高，技术力量和人才储备较强，有条件加大基础研究投入，但它们现在对基础研究的投入还是不足的，特别是在一些关键技术、关键零部件方面的技术攻关还显得比较薄弱，主要还是在应用方面投入比较多。上市公司应该集中更多资源，加大基础研究。

在加快基础研究方面，应进一步发挥新型举国体制优势，加强产学研深度融合，激发创新活力，特别是要发挥科技型上市公司的引领支撑作用。

二是进一步推进高水平对外开放，增强企业全球竞争力。要支持数字经济企业"走出去"，利用全球高端要素，深度参与全球产业分工与合作，积极拓展国际交流，积极参与全球数字经济治理规则和技术标准制定，稳步扩大制度型开放。我们有一批数字经济方面的领军企业，它们的主要业务还在国内，下一步要在"走出去"以及增强全球竞争力方面进一步加大力度。而且，一些产业链和供应链还存在短板，对于加快锻长板、补短板，确保产业链、供应链自主可控，上市公司也应该发挥引领作用。

三是注重数字化转型效益，提升全要素生产率。这就要求上市公司明确战略定位，重构业务流程。数字产业化要提高软件技术创新的比重，产业数字化要创新生产组织方式和商业模式，努力提高全要素生产率。

四是加快培养数字化人才队伍，保障数字经济企业安全、规范、健康发展。要深化人力资源体制机制改革，加大人力资本投入，搭建干事创业平台，特别是上市公司要培养造就一流的科学家和科技领军人才以及创新团队。

五是加强数据治理体系建设，依法规范竞争行为，提升内部控制和合规管理水平。

第四节

共享经济的诚信体系[①]

共享经济与诚信社会建设相辅相成、相互促进。首先，信任是共享经济的基础，资源拥有者、资源使用者和平台运营者互不相识即可完成交易、分享资源，其基本前提就是信任。过去很少有人愿意坐陌生人的汽车、住进陌生人的家里，也不愿意通过第三方找家政服务，现在基于信任，人们消除了怀疑和畏惧心理。可见，共享经济突破了"熟人社区"，构建了全新的人与人之间的关系，信用成为共享的保障。其次，随着共享经济信用数据不断积累和运用，人们对共享平台以及共享资源或服务的接受度与信任度持续提升，进一步催生共享经济与信用信息体系的快速发展。比如，共享单车行业推出的信用免押金服务，既解决了企业押金监管问题，又节省了用户资金、改善了用户体验，还可以积累个人信用。

近年来，我国诚信建设取得很大成效，全国信用信息共享平

---

① 此文系作者 2019 年在全国政协双周协商座谈会上的发言。

台已连通44个政府部门、各省区市和50多家社会机构,发挥了总枢纽作用。共享经济平台都在自建用户信用评价系统,不少平台还与征信机构、保险公司等机构合作,加强对用户的鉴别和管理。但是诚信体系建设仍然滞后,信用体系覆盖面较低,失信行为频繁发生,导致一些共享资源或服务的质量不高,甚至造成行业管理混乱和信任危机。主要问题表现在以下几点。

一是法规缺失。有关部门对共享经济平台征集数据的资格统一发放执照,但对征集数据的内容、行为以及运用没有规范,监管基本处于空白地带。

二是信用信息割裂。现在由民企运营的个人信用体系和网络支付系统,基本实现了与共享经济平台的无缝对接,但政府部门的公共数据开放不够,平台获取不到这些数据,既影响共享平台对用户进行身份审查认定与信用评价,又不利于共享平台将在经营过程中积累的数据与政府相关部门共享,影响了整个社会的诚信建设。

三是信用信息保护薄弱。在互联网和移动通信的模式下,共享经济平台存在过度采集用户信息的情况,特别是个人日常行为数据一旦发生泄露或被不正当利用,将损害用户权益。基于互联网平台的共享经济跨地域经营,而各地方各部门处于分散监管的状态,共享平台的信息缺乏统一集中归集和展示,对平台数据系统安全运营的监管责任难以落实。

为此提出以下建议。

第一,抓紧制定有关法规,明确共享平台在诚信体系建设中的权利、责任和义务，规范它们采集、运用各参与主体信用信息的行为，加大个人隐私信息保护，监督平台数据系统安全运营，明确共享平台信用信息报送或共享的原则、内容、方式和标准要求，将共享经济相关主体信用情况纳入政府征信系统，支持推动共享平台、第三方征信机构及政府部门信用平台对接。

第二，开放政府部门的公共数据，对经过认证的共享平台可授予一定权限查询有关部门、企业和个人征信系统以及犯罪记录信息系统，并由其承担相应的责任。

第三，建立共享经济的信用信息共享联盟，强化行业自律管理，实行诚信行为"红黑名单"制度，建立跨地域跨行业的守信联合激励和失信联合惩戒机制，形成"一处失信，处处受限"的氛围，提高失信成本。

第四，开展共享经济信用大数据应用示范，支持共享经济平台利用大数据监测、用户双向评价、第三方认证、第三方信用评级，强化用户身份认证、信用评级、风险预警和信用管理能力，依法加大对违法失信行为的在线披露。

第五，遵循属地化管理原则，对共享经济平台的监管应以注册地为主，并要建立注册地与非注册地相关管理部门之间依法履行监管职责的联动机制，共享各地企业不良行为和违法违规行为信息，探索政府部门、企业用户和公众共同参与、协同治理的新模式，规范企业经营管理。

第五节

大力发展数字普惠金融[①]

2022年2月，中央全面深化改革委员会会议审议通过了《推进普惠金融高质量发展的实施意见》，对这项工作进行了全面部署，提供了基本遵循。2019年以来，政府工作报告连续3年对国有大型商业银行普惠金融增速设定了具体目标，提出了工作要求。2022年的政府工作报告明确要求普惠小微贷款要提高首贷户和信用贷款的比重。

近年来我国普惠金融取得了长足进步，首个普惠金融发展规划已圆满收官。据统计，到2021年底，普惠小微贷款余额达19.1万亿元，实现了倍增。融资成本明显下降，有力支持了小微市场主体的恢复发展和就业稳定。其中，运用数字技术解决普惠金融领域的痛点和难点，取得了显著进展，探索了丰富经验，逐步形成了新业态、新模式，在促进普惠金融事业中发挥了重要作用。

---

① 此文系作者2022年9月在第五届中国数字普惠金融大会上的发言。

一是改变了传统信贷模式。通过运用先进的数字技术，精准洞察和识别客户及生产经营情况，把握小微市场主体的真实需求，减少金融机构与市场主体之间的信息不对称，摆脱了单纯依靠抵质押物和担保来发放贷款的模式，很好地适应了小微市场主体资金需求具有的"小、短、频、急"等特点。

二是创新了产品服务模式。运用数字技术打造多样化普惠金融产品体系，拓展了应用场景，在融资、保险、基金、票据、保函、供应链等方面，为小微经营主体提供全方位服务。运用数字技术还有利于丰富普惠金融的参与主体，让商业银行和政策性银行一起发力，让国有大型金融机构和民营中小金融机构共同展业，让持牌金融机构与科技公司合作共赢，同时较好地发挥了政府部门和社会组织的作用，打造服务普惠金融发展的信息平台，实现信用信息互联互通互认。

三是提升了金融服务效率。通过线上办理，突破了空间、时间限制，节省了办理时间与成本，优化了业务流程，实现了小微经营主体融资的标准化、精细化，更加有效地进行"精准滴灌"。

四是降低了金融风险。运用数字技术可以建立客户风险画像，提升金融机构收集、分析和处理数据的能力，有效计算违约概率，同时，及时预警、动态监控风险，较好地抑制了恶意逃废债情况，改善了整体信用环境，提高了防范化解金融风险的效率与质量。

目前，我国市场经营主体已超1.5亿户，其中个体工商户超过1亿户。为了进一步落实"六稳""六保"的任务，促进经济运行保持在合理区间，需要继续加大对小微市场主体的帮扶力度，充分运用金融科技力量，实现小微贷款增量、扩面、降本。

第一，强化科技赋能，促进普惠金融服务下沉。针对普惠金融的区域差距、城乡差距，要进一步发挥数字普惠金融促进低收入群体创业就业的积极作用，更好服务新市民、新青年。同时，推进普惠金融向乡村延伸，设立乡村振兴金融服务部门，支持农业产业融合和农民创业增收。随着金融机构客户进一步下沉，要构建竞争有序的普惠金融供给格局，充分发挥国有大型商业银行和政策性银行的带头作用，推动地方中小金融机构做好服务当地小微经营主体和城乡居民的工作。

第二，强化科技赋能，完善小微市场主体征信体系。运用大数据与人工智能技术对小微主体相关信息进行深度挖掘，可以量化真实的经营状况和还款能力，还可以根据小微主体的行为信息构建信用评分模型，建立更加全面可靠的评价系统，提升普惠金融的风险管理能力。将传统贷款审批流程中的人工决策转化为系统自动决策辅之以人工决策，有利于减少主观判断影响，助力产品服务创新，扩大服务覆盖面，降低获客成本。同时，完善征信体系，必须打破"数据孤岛"，整合小微主体散落在各方面的数据，拓展各种数据共享渠道，丰富小微主体的数据维度，实现数据在线化、资产化、信用化。

第三，强化科技赋能，拓展数字普惠金融服务领域。要以市场需求为导向，大力开发个性化、差异化、定制化普惠金融产品和服务，依托供应链创新融资模式，拓展多种应用场景。不仅要着力缓解小微主体融资难、融资贵问题，还要帮助它们规范财务管理，对接客户，培训人才，拓宽普惠金融业务范围。要加快推进中小金融机构数字化转型，使其明晰业务发展战略，依法合规加强同科技平台公司的合作，探索建立中小银行科技联盟和研发中心，为助推中小银行数字化转型提供公共性服务。同时，支持小微主体运用数字技术，提升经营管理能力，把数据变成资产，实现银企精准对接，增强普惠金融的适应性和有效性。

> **专栏** 互联网小贷公司的提案与答复

关于支持发展互联网小贷公司的提案

肖钢

中共中央、国务院发布的《关于完善促进消费体制机制进一步激发居民消费潜力的若干意见》明确提出，"进一步提升金融对促进消费的支持作用，鼓励消费金融创新，规范发展消费信贷，把握好保持居民合理杠杆水平与消费信贷合理增长的关系"。中国消费信贷发展空间巨大，特别是面向广大群众与日常消费息息相关的小额、普惠型消费信贷市场。

传统小贷公司风控模式大多依赖熟人关系、信用记录、抵押品或线下人工尽调，以服务省内客户和企业客户为主。银行对高收入人群和购房购车等大额信贷需求有较好的供给，而由于低收入人群信用体系不健全、客单消费金额低等，效率和成本不匹配，因此，这类小额、普惠消费信贷需求一直以来未能得到充分满足。

为解决上述痛点，近年来诞生了一批数字化经营的互联网小贷公司，它们运用移动App（应用程序）、大数据风控等方式，为中低收入人群提供普惠型消费信贷服务，有效提升了广大群众在日常消费中的获得感。在业务开展过程中，也存在诸多亟待解决的现实痛点。

一是传统小贷公司监管政策难以针对性地支持互联网小贷公司发展。传统小贷公司大多采用线下风控方式，服务区域内特定企业客户生产用途，单笔信贷规模较大；互联网小贷公司则采用大数据风控方式，运用互联网触达全国线上客户，服务于小额消费用户。目前对于互联网小贷公司的监管仍沿用传统小贷公司监管政策，行业发展难以得到针对性的支持。二是与业务本质类似的消费金融公司相比，互联网小贷公司触达客户多、资金渠道少、杠杆限制大，面临"小马拉大车"的局面。互联网小贷发展的外源性融资渠道较为有限，主要依靠金融机构借款或者资产证券化。在杠杆率方面，互联网小贷公司的杠杆率远低于消费金融公司10倍左右的杠杆率。此外，不少互联网小贷公司近年来受到"现金贷"整顿的波及，其消费信贷业务在资金侧受到进一步限制。

针对上述问题，提出以下几点建议。

一是结合互联网小贷公司特点，与传统小贷公司区分对待，提供针对性的政策支持。应从业务和风险本质出发，考量小贷公司是否通过互联网技术触达广大客户，并运用数字技术有效防控风险，从而对互联网小贷进行差异化、精准化的监管。例如，传统小贷公司一般由地方金融办进行日常监管，而互联网小贷公司天生具有跨区域经营特性，因此传统监管机制可能导致监管真空和监管重复同时存在。建议针对互联网小贷特性，与传统小贷公司采取差异化监管。

二是加强互联网小贷监管，提高准入门槛，并建立分级管理机制。应根据互联网小贷机构的经营模式、资金资产规模、合规经营情况、风险管理水平等各方面特点对互联网小贷公司进行分级管理，引导互联网小贷公司加强风控，提高经营能力。对评级较差的互联网小贷公司应限制其杠杆，限制其展业范围，甚至要求其退出市场；对评级较好的互联网小贷公司，应给予较高的杠杆控制水平，允许其跨区域经营。

三是拓宽互联网小贷公司的资金来源，鼓励其与传统金融机构合作。结合分级监管机制，针对业务发展成熟度较高的互联网小贷机构，鼓励其进入银行间市场，发行债券和 ABS 产品，扩大资金渠道。同时在政策上鼓励银行等传统金融机构与互联网小贷机构互相合作，发挥各自的资金能力和技术能力优势，更有效地满足长尾人群的小额消费信贷需求。

中国银行保险监督管理委员会

银保监函〔2019〕207号

中国银保监会
对政协十三届全国委员会第二次会议
第 2617 号（财税金融类 238 号）提案的答复

肖钢委员：

您提出的关于支持发展互联网小贷公司，满足普惠消费信贷需求的提案收悉。经商人民银行，现答复如下。

一、关于对网络小额贷款采取差异化监管的建议

正如您所言，网络小额贷款与传统小额贷款在展业方式、经营区域等方面存在一定差别。我们已经计划对网络小额贷款实施差异化监管，目前正在研究制定全国统一的网络小额贷款监管制度和经营规则，提高监管针对性、专业性和有效性。

二、关于对网络小额贷款建立分级管理机制的建议

我们非常赞同分级管理模式，分级管理模式有利于完善

小额贷款公司激励约束机制、优化监管资源配置、提高监管质效。银保监会在制定网络小额贷款监管制度和经营规则的过程中，已经提高了准入门槛，引入了分级管理模式，根据分级情况区分展业范围等，力求推动网络小额贷款从业机构扶优限劣、规范发展。

三、关于拓宽网络小额贷款从业机构资金来源的建议

网络小额贷款业务的经营主体是小额贷款公司。从小额贷款公司经营管理水平和风险防控能力现状来看，适当限制其外部融资渠道和比例，有利于督促其稳健经营，并且防范潜在风险扩散到整个金融体系。下一步，银保监会将在制定完善有关监管规制的过程中，结合您的建议，进一步研究适度拓宽融资渠道、提高融资比例、促进金融机构与网络小额贷款从业机构合作等问题，提高小额贷款公司服务长尾人群的能力。

感谢您对银行业和保险业监管工作的关心与支持！

2019 年 7 月 29 日

第六节

加强对大型金融科技公司的监管[①]

近年来一些大型科技公司进入金融服务领域，形成了大型金融科技公司（BigTech），也有人称为"数字帝国"。它们通常直接面向C端用户提供搜索引擎、社交网络、电子商务，或数据存储和处理等信息平台，同时也为其他公司提供基础设施服务。

比如，蚂蚁金服、腾讯等为近十亿用户提供移动支付服务，同时也为几千万小微企业和个体经营者提供广泛的金融服务。在美国，亚马逊、苹果、脸书和谷歌向金融领域渗透，极大地拓展了金融业务的广度和深度，新的金融机构、新的金融基础设施、新的金融产品和服务模式不断涌现。

这些"数字帝国"之所以能够迅速壮大，主要有三个原因。一是科技公司拥有大量数据，可以接触到传统金融机构接触不到的客户数据，如购物数据、搜索浏览记录等，在大数据、云计算、人工智能等技术上具有显著优势，加上技术研发持续投入和

---

① 此文系作者2019年12月在中国互联网金融协会第三届年会上的发言。

产品服务创新，大大提高了营销与风控能力及效率。二是它们拥有强大的客户群体与渠道能力，特别是针对传统金融服务不能触及的客户，结合日常生活相关场景推广金融产品，具有受众群体广泛、边际成本极低和用户转化率很高的特征，并使客户享有良好的体验。三是金融监管的包容与适度，使它们获得迅速发展。它们通过设立、控股或并购等方式，获得多种金融牌照或类金融牌照，有的没有获得金融牌照，但实际在经营金融业务，打"擦边球"，它们在涉足金融业务时，勇于创新，模糊了金融业与非金融业的边界，甚至将非金融领域通行的一些做法运用到金融领域，使不少创新处在灰色地带。创新往往处于监管的空白地带，受约束较少，而一旦发展起来就具有"赢者通吃"的效应，成为"大而不能倒"的机构。

当前金融科技迅速发展，资本与科技紧密结合，更多的资本趋向新技术集中，进入一个"金融资本+技术垄断"的新阶段。大型金融科技公司的产生，总体上来看，利大于弊。

一是优化了金融服务流程，提高了金融服务效率，降低了金融服务风险。大型金融科技公司利用生物识别技术研发的身份认证系统可以优化服务流程，例如，一些超市引入第三方支付平台的刷脸支付技术后，支付设备成本降低了80%，收银效率提高了60%以上，大大优化了金融服务流程。又如，科技公司在互联网渠道中累积的客户数据可对小微企业进行画像和风险评估，与商业银行的放贷能力相结合，可以更有效地服务于小微贷款，提高了金融服务效率。数字帝国企业基于场景和用户特征数据，在风控能力方面更强，不良率更低。

二是促进了普惠金融发展，拓宽了金融业务适应性。大量金融服务需求没有从传统金融渠道得到满足，世界银行的数据显示，2018年全球仍有17亿成年人没有银行账户，发展中国家仅有10%的人持有信用卡，仅20%的贷款需求能通过传统金融机构获得。2018年中国有7亿左右成年人的消费信贷需求没有得到满足。截至2018年末，某互联网银行已为全国1 500万家小微企业提供金额100万元以下贷款，累计超过1万亿元，大大推进了金融普惠发展。

三是促进传统金融机构技术和服务升级。技术方面，大型科技公司利用技术优势搭建大数据与云计算平台，传统金融机构基于技术平台为客户提供更优质的服务。服务方面，传统金融机构具有专业性和资金优势，结合大型金融科技公司在用户体验、用户数量等方面的优势，开展金融产品和服务创新，可迅速实现产品的规模化。

四是推动产业互联网落地。大型金融科技公司帮助企业实现前台业务、后台运营和商业模式的数字化、智能化变革，从过去为B端（企业端）客户仅提供数据服务，到提供高附加值的金融服务，改变企业经营模式，提高企业运行效率，优化金融资源配置，这已成为产业互联和产业转型升级的关键驱动力。例如，一些大型金融科技公司在为物流业提供服务时，利用车辆、司机、企业等数据为司机垫付燃油费、过路费，为小微物流企业垫付款项。在餐饮行业中，它们利用上下游采购、门店流量等数据为店主提供小微贷款。产业互联网基数庞大、金融需求迫切，传统金融机构基于原有风控逻辑无法实现业务覆盖，大型金融科技公司的介入有效弥补了金融供给空白。

同时，必须看到，大型金融科技公司也带来了一些问题和挑战。一是混业经营可能形成系统性金融风险，大型科技公司平台为用户提供了各类金融业务，大量用户广泛参与容易积累形成潜在系统性金融风险。二是金融消费者与投资者的保护仍不充分，金融消费者和投资者难以分辨营销手段背后的金融风险，可能导致自身利益受损，维权难度大。三是头部公司可能形成行业事实垄断，主导行业话语权，数据隐私保护存在漏洞。四是可能存在技术安全风险，缺乏应急管理机制，对行业发展提出了挑战。

因此，加强对大型金融科技公司的监管已迫在眉睫，可以从四个方面开展。

一是完善对大型金融科技公司的监管框架。一方面，因其业务范围广、涉众群体大、外溢性强，应把它们当作一类"大而不能倒"的系统重要性金融机构或金融控股集团采取宏观审慎管理，对其资本充足率、资产负债率、信息披露等有更高、更严的监管要求，同时创新监管指标体系，不能照搬传统金融机构的监管指标。例如，一些大型金融科技公司给小微企业贷款的平均不良率不到1%，远低于传统银行；一些互联网货币基金基于客户交易行为智能预测赎回情况，所需流动性资金较传统基金更少。另一方面，还应针对其创新业务出台新的监管规则，同时，建立健全大型金融科技公司业务的"防火墙"，防止风险交叉传递，防控系统性金融风险。

二是加强对金融消费者与投资者的保护，出台相关规则加强约束。从数据隐私保护的角度，应明确数据归属权与授权管理，防止科技公司恶意收集、存储、交易、滥用用户数据。从投资者利益保护的角度，应进一步落实投资者适当性管理，做好投资风险揭示，妥善处理投资者投诉，加强金融业务规范性与审慎性检查。

三是加强反垄断监管。鉴于大型科技公司的技术优势和数据获取能力，对于它们向金融服务转型的金融牌照严格管理，特别是要加强金融控股公司的监管。同时，要研究制定大型科技公司开放数据的规则，让中小科技公司分享数据，鼓励竞争，维护公平的市场环境。

四是建立健全应急管理机制。要提高金融监管的适应性，加强各监管机构间的协调配合，开展对大型金融科技公司技术风险的评估和监管。针对潜在的网络安全风险、数据安全风险、基础设施风险制定相应指标，建立日常跟踪监测体系，储备政策预案，以便在特殊情况下及时控制金融风险。

第七节

健全金融数据治理体系[①]

2022年6月22日，习近平总书记主持召开中央全面深化改革委员会第二十六次会议，审议通过了《关于构建数据基础制度更好发挥数据要素作用的意见》。习近平总书记强调指出，数据基础制度建设事关国家发展和安全大局，要维护国家数据安全，保护个人信息和商业秘密，促进数据高效流通使用、赋能实体经济，统筹推进数据产权、流通交易、收益分配、安全治理，加快构建数据基础制度体系。这就为健全数据治理体系指明了方向，提供了根本遵循。

金融业天然就是一个经营数据的行业，也是计算机信息技术应用最早、最广泛的行业。从20世纪80年代以来，我国金融业自动化、信息化、智能化水平迅速提升，将数据要素与金融行业知识技术深度融合，极大提高了金融服务实体经济和人民生活的效率与质量。金融数据治理取得长足进步，金融监管部门和金融

---

① 此文系作者2022年7月在全球数字经济大会上的发言。

机构高度重视，从组织机制、数据架构和业务流程等方面构建了金融数据治理框架体系与政策措施，实现了数据价值利用和数据安全保护的动态平衡。当前金融数据治理已进入数据资产运营管理阶段，已由过去局部数据管理，发展到统筹数据整合、智能应用、数据驱动决策和数据开放融合，对金融数据治理提出了更高的要求，也带来了新的挑战，一些金融机构仍存在一些短板，主要表现在以下四个方面。

一是数字化转型战略不清晰。对市场需求、客群定位与业务特色把握不准，对用数据驱动业务、促进创新转型尚未形成共识，缺乏变革的勇气与动力。有些机构仍然沿用过去的思维和逻辑，局限于改造某个局部业务流程和产品线，缺乏战略层面的设计与理念转变，在资源分配、考核机制、人才培养等方面还不适应数字化转型的需要。

二是数据质量有待进一步提高。一些机构内部仍存在"数据孤岛"，业务部门和条线的数据分割，难以充分挖掘数据价值。外部多源数据碎片化，缺乏"数据工厂"加工能力。导致数据量很大但应用不理想，出现内部数据不够用、外部数据不好用、海量数据不会用的困境。

三是基础技术支撑不够。一些基础软硬件还存在一定差距，数据模型、数据布局、数据服务以及数据资产运营的数据架构不完善。金融机构传统业务运营大多是基于集中式架构开发的，虽然有利于稳定、安全运行，但也存在扩展慢、弹性差等问题，难以适应日益复杂、频繁多变的业务场景和敏捷灵活、快速响应服务的需求。

四是数据管理能力有待增强。在数据采集、存储、加工、挖掘和使用各环节，仍存在数据泄露、数据垄断、隐私侵权和不当使用等隐患，数据安全防控和消费者合法权益保护不足，安全管理机制不健全。在大力发展普惠金融，提高信用贷款和首贷户比重的背景下，金融机构的智能风控技术难度增大。随着金融机构与科技公司的合作越来越普遍，科学界定金融与科技的边界，规范金融机构的技术外包，面临新的挑战。金融数据的产权归属、估值定价、交易流通和共享融合等规则和标准，还需要在不断实践探索中加以确立和完善。

健全金融数据治理体系，目的是在数据质量、数据共享和数据安全方面迈上新的台阶，关键是处理好数据治理中业务效率、业务安全和业务融合创新三者之间的关系，促进金融数据开放、共享、融合和安全的有机统一与协调发展。为此，需要进一步采取以下政策措施。

第一，坚持依法治理。我国已出台了一系列综合性与专门性法律，对数据的利用与保护做出了明确规范。金融数据治理要按照各项法律的要求进行，并注意做好特别法与一般法、后法与前法相关条款的衔接落实。根据《中华人民共和国数据安全法》的规定，金融数据属于敏感数据，具有公共产品属性，加上金融业务风险具有外溢性与涉众性，因此，要把维护金融数据安全作为数据治理的首要任务，确保维护好国家安全、个人信息和商业秘密。在明确底线的前提下，大力促进数据高效流通与开放融合利用。

第二，坚持协同共治。要进一步完善金融数据协同共治框架，加强数据生态建设。在数字经济时代，竞争已从过去的企业之间的竞争、产业集群之间的竞争进入数字生态建设的竞争。虽然各国金融发展阶段和监管制度有所不同，金融数据治理也有差异，但在促进金融数据治理生态建设上是趋同的。要进一步落实金融机构的职责，明晰数字化转型战略，加快数据中台建设，着力解决内部外部交互和响应接口增多与维护业务体系安全的矛盾，切实搞好数据架构的规划与实施。进一步规范金融机构与互联网平台以及科技公司的合作，对主要服务金融机构与金融业务的科技企业（平台）加强市场准入管理，落实金融数据共治的责任与机制。要进一步提高实体企业和个人参与金融数据治理的积极性，增强参与主体信用，提高自我防范意识，维护消费者合法权益。要进一步加强对金融数据利用与保护的监管，细化监管规则，发展监管科技，及时识别和防范新型数字金融风险。要充分发挥行业自律组织作用，加强数据伦理建设，促进数据治理与公平竞争。

第三，坚持科学治理。要进一步完善金融数据治理技术标准，优化数据分析处理系统、数据集市、数据仓库以及大数据存储与计算平台等数据基础设施与应用系统平台，借助隐私计算等技术，实现数据可用不可见，用途可控可计量，确保金融数据的授权使用、脱敏使用、机器使用。要针对金融行业数据管理标准化需求，研究制定金融数据管理能力成熟度评估模型，提升科学治理水平。要探索开展对金融机构智能风控体系和数字金融服务能力的评价体系建设，加强与国际同行的交流借鉴与合作，推动金融数据治理体系创新发展。

> **专栏　支持互联网银行的提案**
>
> ### 关于支持互联网银行更大力度服务小微企业和个体户的提案
>
> 肖钢
>
> 小微企业和个体工商户属于小型市场主体，对于经济增长和就业稳定有着重要意义。在全球新冠疫情蔓延中，它们受到的冲击最为严重，我国互联网银行在扶持小微企业和个体户中起到了重要作用。
>
> 在过去的5年里，我国的互联网银行利用科技手段服务小微企业和个体户，通过线上触达、大数据风控和人工智能，实现大规模、低成本、高效率的服务，开创了中国独有的创新模式，树立了普惠金融的世界范例。以网商银行、新网银行和微众银行为例，累计服务超过4600万小微企业和个体经营者，累计放贷4.6万亿元以上，不良率1.5%左右，超过80%的客户从未获得过贷款。特别是在应对新冠疫情时，互联网银行实施"无接触贷款计划"，"7×24"小时不间断服务，对小微企业和个体户从未停止过一天贷款，同时采取了一系列纾困措施，减免贷款利息，延长还款期限，替客户垫支资

金，救助他们复工复产，走出困境，充分展示了互联网银行不可替代的重要作用。

然而，当前我国互联网银行整体规模较小、数量较少，业务发展面临的主要困难有以下几点。

第一，外部征信制度尚不完善，小微企业风险定价中存在数据断裂。当前数据渠道主要是网络支付以及部分地方、机构等数据，分散于不同公共部门的数据价值没有被充分挖掘，政府部门的数据没有打通，导致互联网银行对小微企业可获得的授信额度较低，无法满足其融资需求；互联网银行生态场景未覆盖的小微企业，则更难以获得相应信贷服务。

第二，互联网银行在补充资本渠道上受限，制约了服务小微企业的能力。我国的互联网银行都由民营资本发起设立，属于民营银行，资本规模较小，缺乏通过发行二级资本债等资本工具补充资本的能力；理论上允许员工持股，因没有细则实际无法获得批准。民营银行盘活存量资产的能力受限，迫切需要通过银行间市场开展信贷资产证券化业务，但目前仍未获得批准。

第三，互联网银行不能在线开立小微企业和个人全功能账户，与不设物理网点的制度设计初衷相悖。这种"缺了一条腿"的银行模式，使互联网银行无法吸收存款，进一步限制了其服务潜力的发挥。完整的银行账户是商业银行为客户提供金融服务的基本条件，互联网银行既不能开设线下物理网点，又不能在线上为客户开立全功能账户，客观上导致互联网银行无法吸收结算存款，只有贷款业务，缺少持续稳定的低成本资金，不利于进一步降低小微企业的贷款成本，也限制了服务小微企业的范围。此外，Ⅱ类户的功能限制也导致互联网银行无法满足小微企业在经营中的收款、转账等结算类金融服务的需求。

第四，互联网银行股东持股比例和股东属性受限，不利于长期发展。互联网银行股东需承诺承担剩余风险，这一规定对主要股东赋予超越有限责任之上的加重义务，而股东最多只能持股30%；在承担了更大责任的情况下，无法充分分享银行发展的红利，造成权责不对等的现实。另外，有过海外融资、上市背景的股东，目前还受限于"境内、民营、内资"的股东"三纯"属性限制，导致增资互联网银行变得十分困难，不利于扩大互联网银行资本规模。

为此，有以下几点建议。

一是推动政企数据融合，提升互联网银行服务小微企业和个体户的广度和深度。建立地方数据平台，统一小微企业分散在各政府部门的税收、政务等数据，加强涉企数据共享，与互联网银行生态体系内的支付、交易数据融合，增强互联网银行对小微企业贷款的风险定价能力，扩大互联网银行的服务范围和服务质量，提高小微企业和个体户的融资满足度。

二是探索小微企业和个人在线远程开立Ⅰ类银行结算账户。目前远程开户相关技术已基本成熟，具备试点条件，应尽快启动，以便积累经验，逐步解决小微市场主体"开户难"问题。

三是给予互联网银行相应政策支持，特别是在多渠道补充资本、开展信贷资产转让业务上尽快松绑。扩大互联网银行的资本规模，发行二级资本债补充资本，允许民营银行进入银行间市场开展资产证券化业务。中央银行可创新政策工具，对专门服务小微企业和个体户的互联网银行，实施精准定向支持。

四是放宽单一股东股权比例限制和股东属性限制。对符合资质的互联网银行股东给予外资同等待遇。着重从发起机构法人治理、风险管理体系和互联网银行本身的经营机制、组织制度等方面进行规范管理，不再区别股东所有制性质。

（2020年9月28日，中国银保监会经商国家发展改革委、人民银行做了详细答复，不公开。）

第八节

资产数字化与数字市场化[①]

我国在应对突如其来的新冠疫情时，充分发挥大数据的优势，积极运用实时在线和移动系统，开展足迹追踪、预警排查和健康管理等，极大地提高了应对大规模突发公共卫生事件的能力和效率。在经济社会生活一度陷入"停摆"的状态下，线上购物、远程办公、在线教育、线上医疗、无接触贷款等多种形式的数字经济蓬勃发展，对冲了疫情造成的损失，对于稳定经济和保障居民生活起到了至关重要的作用。从全球疫情防控看，多个国家都在大数据应用领域发力，研发应用可以瞬间完成的操作系统，为防控疫情和重启经济服务。在政府对弱势人群的救助中，数字化支付系统也发挥了重要作用。根据世界银行的研究报告，新冠疫情发生后，有58个国家的政府直接面向居民和小企业进行资金转移支付，以闪电速度给付现金，以解他们的燃眉之急。可以说，新冠疫情给全球经济带来严重损失，但给数字经济发展

[①] 此文刊登于《甘肃政协》2020年6月总第1期创刊号。

带来了前所未有的契机。

加快推进资产数字化

数据是数字经济的"石油",数字资产是数字经济的基石。数字化已成为人与人、人与物、物与物交互的重要形态。所有资产都能够数字化,都能成为数字资产,用数字形式展现资产的原生信息和全量信息,运用复杂的数字技术和加密方案,对数据数量、数据维度和密度进行计算、存储、分析、利用,就可以形成数据价值流。数字资产既可以是固定资产,也可以是流动资产;既可以是有形资产,也可以是无形资产。每一件产品、每一台机器、每一道工序、每一个车间都可以实现数字化,每一个订货合同、物流单据、购销发票、知识产权、应收账款,乃至于品牌美誉度、企业影响力等都可以用数据与模型进行描绘、分析和诊断。

资产数字化以后主要的优势与特点体现在以下几个方面。一是实时高效。从消费者到制造商,从平台到用户,信息快速精准传递,极大地降低了成本、提高了效率。二是可信可靠。解决了经济活动中信息不对称的问题,建立了可靠的信任机制。正因为每个主体都可以掌握数据信息,数据信息都可以被追溯,又不易被篡改,所以每个市场主体都可以掌控资产,相当于用数字技术建立了市场参与各方公平、透明、可信的交易机制,降低了全社会的交易成本，减少了交易摩擦。三是创新生态。利用数据进行信息交换，将在物理世界之外产生新的产品、业态、模式，创造新的价值，提供新的工作岗位。一些新词也创造出来，比如"teleconference"（电话会议）、"teleportation"（传送）、"telemigration"（网络移民）。现在美国的 Zoom 公司（全球云视频通信行业龙头企业）的市值大于美国任何一家航空公司。特别是线上线下结合，供给侧与需求侧对接耦合，生产端、金融端、物流端、消费端的共生共赢，催生了新的价值与产业生态。从金融角度来看，资产数字化以后，就可以具有分割性、标准性、流动性，传统的股票、债券、资产证券化产品的定义边界可能变得模糊，资产更容易流动起来。更为重要的是，为投资融资以及资金价值流通与交换开辟了全新的领域，传统金融业务都是围绕着银行账户体系进行的，而数字形态的资产信息流在传统银行账户体系之外产生了新的账本。比如，数字证券与电子化证券有很大不同，电子化证券是依托现有账户体系进行交易过户，替代了纸质证券和人工操作，而数字证券使用数字技术的账本，在网络上由多台电脑储存，信息记录保持同步，相互发起业务，验证交易过户，共同记录账本，无须一个中心化机构来办理交易记录、过户，谁持有密钥，谁就拥有数字证券的权利。正因为这样的特征，资产数字化对传统金融、传统资本市场产生颠覆性的变革，金融资产的透明度、可控性提高，传统的标准资产和非标资产、场内交易和场外交易的界限可能会被打破，传统的金融中介机构也将面临新的挑战。

数据作为一种生产要素，与石油、矿产资源、土地等生产要素相比，有几个不同的特点：第一，数据属于可再生资源，而且随着数据的积累，呈现出长期无限性、边际成本递减与规模报酬递增趋势；第二，数据属于可复制资源，人人都可以产生数据，万物都可以产生数据，数据可以相互交换和共享使用；第三，数据属于可变化资源，主要是人们的行为是变化的，反映到数据上必然经常发生变化，正是经由这种变化可以洞察经济运行规律，引导生产经营活动，数据的可变性一方面属于它的核心价值，另一方面也表明数据价值并不是恒定的，而是时刻处于变化之中。以上三个方面的特征，使数据这种基础性、战略性资源，在企业与企业之间、国家与国家之间的竞争更加激烈。

综上，发展数字经济，必须实现资产数字化，这就需要加快推进实体企业和金融机构的数字化转型，从微观层面看，要解决企业"不敢转、不会转"的问题，加大数据治理与融合应用的力度，调整业务流程，变革组织架构。从宏观层面看，政府部门要加快数字基础设施建设，为发展数据要素市场创造良好的生态环境。

加快推进数字市场化

2020年3月，中共中央、国务院发布了《关于构建更加完善的要素市场化配置体制机制的意见》，把建立数据要素市场体系放在重要的位置。当前我国数据资源流通存在诸多瓶颈，数字商品化、资产化、市场化程度不高，制约了数据要素资源充分合理运用，阻碍了数字生产力发展。推进数字市场化，建立数据要素市场体系的核心是制定数据规则。如同交易规则、人员流动规则、资金流动规则，数据规则奠定了数字经济的制度基础。有人说，农业时代确定了产权规则，工业时代确立了知识产权规则，数字经济时代确立了数据规则。数据规则包括数据产权、数据开放、数据流通、数据保护等方面的内容。

比如，数据产权问题，随着数据争夺战频发，各方面的讨论很多，目前尚未有明确统一的定论。从一般的思路看，应将数据产权分为个人数据和非个人数据，个人享有初始的数据所有权，可以通过用户协议将所有权让渡给企业或政府。同时，赋予数据产生者对衍生数据相当程度排他性的数据财产权，以保障数据生产者投入大量资本和劳动进行数据开发的权益。对于非个人数据，赋予数据生产者占有、使用、收益和处分的权利，同时承担公共利益和公共安全责任，防止数据垄断和不正当竞争。

再如，数据开放，我国政府在数据开放方面取得了积极成效，但政府部门之间、地方政府之间数据开放共享一直比较薄弱，政府数据开放的规模和深度还有较大差距，"数据孤岛"现象仍比较普遍。有研究认为，政府数据开放度与创新创业度明显正相关，也就是说，政府数据越开放，创新创业就越活跃，越有成效。

又如，数据流通，涉及如何对数据价值进行评估，如何定价，建立什么样的交易体系，如何进行登记、交换，出现了争议去哪里仲裁，如何监管等问题。这些都需要不断探索，特别是涉及数据跨境流动的就更为复杂，因涉及数据主权问题，需要加强国际合作，我国应积极参与和引导双边或多边数据跨境流动规则制定。

总之，我国发展数字经济，必须大力培育和发展数据要素的商品化、市场化，抢占战略制高点。

第九节

发展智能金融[①]

习近平总书记在不同场合多次强调，人工智能是引领这一轮科技革命和产业变革的战略性技术，具有溢出带动性很强的"头雁"效应。加快发展新一代人工智能是我们赢得全球科技竞争主动权的重要战略抓手，是推动我国科技跨越发展、产业优化升级、生产力整体跃升的重要战略资源。党的十九大报告明确提出，"推动互联网、大数据、人工智能和实体经济深度融合"。2017 年 7 月国务院印发《新一代人工智能发展规划》，对智能金融发展提出了要求。

人工智能是研究、开发用于模拟、延伸和扩展人类智能的理论、方法、技术及应用系统的一门新的技术科学。研究范围包括机器人、语音识别、图像识别、自然语言处理等。从 1956 年人工智能诞生以来，60 多年经历了"三次浪潮"的波折发展过程。2010 年以来，移动互联网促使数据量急速增长，深度学习算法

[①] 此文系作者 2019 年 8 月在中国金融四十人论坛发表的演讲。

有了突破性进展，并行计算硬件的算力大幅提升，推动了新一代人工智能技术应用的爆发式增长，在语音识别、图像识别等领域达到或者超越了人类智能水平。资本的推动和政策支持也加速了人工智能大规模应用。新一代人工智能在技术基础、商业化、政策环境上都比以前有更好的发展条件。

近年来人工智能市场发展迅速。2018年全球人工智能商业价值达1.2万亿美元，同比增长70%，预计2025年将超过5万亿美元。中国人工智能创业企业大幅增加，目前已超过1000家。全球人工智能创业企业融资持续增长，截至2018年累计融资784.8亿美元，排在前两位的是美国和中国，分别为373.6亿美元和276.3亿美元。美国和中国在人工智能领域的论文发表方面走在世界前列。根据联合国的数据，全球已有超过30个国家制定了人工智能国家战略，国际竞争趋于白热化。

智能金融发展现状

智能金融目前没有统一的定义。我们研究认为，智能金融是指人工智能技术与金融的深度融合。智能金融将重塑金融生态，拓展金融服务的广度和深度，辅助、提升、替代和超越人类智能，推动金融模式变革。智能金融与数字化转型、金融科技既有密切联系，又有重要区别。智能金融的发展基础是金融机构数字化转型，它也是金融科技的一种高级形态。

近年来，在金融机构数字化转型和金融科技快速发展的背景下，金融机构和科技企业发展智能金融的积极性很高，相关应用发展较快。目前智能金融应用包括五个方面：智能客户服务、智能金融产品、智能风险控制、智能业务运营、智能金融监管。

第一，智能客户服务已广泛替代人工。智能客户服务主要包含智能身份识别和智能客服机器人。智能身份识别利用生物识别技术，在业务中智能核实客户身份真实性。在银行中代替密码，已全面取代传统验证方式；一些证券账户网上开户占比达99%，网上开户全部采用了智能身份识别；在保险公司的投保和理赔中，身份认证的审核时长由2天缩短到2分钟。智能客服机器人利用语音识别和自然语言处理技术，自动回答客户问题。在一些银行中代替人工呼叫业务，可全天候服务，已经取代了80%的人工；在证券公司的业务咨询中，代替人工回答大多数常规问题，效率比人工高10倍以上；在保险公司的续保通知和产品推荐等业务场景中，成功率已接近真人水平。总的来说，智能客服已充分运用最前沿的人工智能技术，应用范围较广，运用程度较好。

第二，智能金融产品运用程度差异较大。智能金融产品主要包括智能投资、精准营销和智能理赔等。智能投资运用智能算法为用户提供投资决策参考，部分基金公司与科技公司合作研发了相关基金产品，收益率好于同类产品。精准营销利用交易和行为数据刻画客户特征，推送相关金融产品及服务。部分证券公司获客成本减少90%，产品销售率提升3倍。智能理赔能基于图像识别技术智能评估损失、快速自动理赔。部分保险公司在车险理赔中，3 000元以下的案件自动理赔率超过98%，理赔时效从人工审核的3天缩短至3分钟。总的来说，智能金融产品的应用需要海量数据和强大技术能力支撑，只有少数头部金融机构开展了相关业务，而中小金融机构的应用则是空白。

第三，智能风险控制应用开始推广。智能风险控制主要包括智能信贷、反欺诈、异常交易监控等。智能信贷是金融机构利用资金、数据、物流、关系等信息，全面实时地掌握客户风险情况，自动完成信贷审批。一些互联网小贷银行已为千万级小微企业和个体工商户提供信贷，做到"3分钟申请、1秒钟放款、0人工介入"，不良贷款率低于传统商业银行；部分传统银行开展了相关试点，审核成本降低90%。反欺诈是基于客户多维度数据，提前预判欺诈交易，降低损失。一些保险公司的信用保险审核中，案件识别能力提高8倍。异常交易监控是基于客户历史交易行为，实时提示异常交易风险。一些银行智能监控客户资金转账情况，资损率低于百万分之一；一些证券公司智能监控客户股票交易异常行为，可全部通过智能算法自动提示和处理。总的来说，金融机构利用智能风控的效果较好，但只有少部分有能力的金融机构已广泛运用智能风控，一些金融机构正开展试点和推广。

第四，智能业务运营已部分使用。智能业务运营包括业务流程智能化、业务优化创新等。业务流程智能化是辅助和替代人类执行业务流程，完成数据录入、报告检查等重复性工作，降低差错率和操作风险。某商业银行的 15 个流程机器人在 18 个月内完成了传统方式需要 2 万人完成的工作量。业务优化创新通过分析运营数据，找出业务流程中的关键节点，优化提升业务效率，推动业务创新变革。根据调查数据，金融机构开展智能业务运营后效益提高 15% 以上。整体来看，智能业务运营正逐步推广，将提升金融行业的运行效率，推动业务创新。

第五，智能金融监管仍处于探索和起步阶段。智能监管主要包括智能业务审批、智能市场监控和金融风险监测预警等。智能业务审批利用自然语言处理与知识图谱等技术，对提交的文本材料自动审核。如交易所试点年报自动审查，平均发现每家公司约 7 条异常关注点，取得了一定成功。智能市场监控利用风险预警模型，实时掌握市场运行状态，识别异常交易行为。有的金融监管部门已探索利用资金流向等信息研判风险，为宏观审慎监管提供支撑。智能金融使金融与非金融场景互相渗透，模糊了传统金融的边界，改变了金融的形态，也使风险更容易传递，监管的难度加大。目前智能金融监管处于起步探索阶段，落后于行业发展水平。

综上所述，智能金融目前整体仍处于"浅应用"的初级发展阶段，人工智能技术应用正处在从金融业务外围向核心渗透的过渡阶段。

发展智能金融具有重要意义和积极作用。一是有利于推动金融机构提高效率、降低成本，显著提升业绩。智能身份识别提高了认证效率；智能信贷大幅缩短了审核时间；智能客服机器人降低了人力成本；精准营销降低了获客成本，提高了营销效率和业绩；智能理赔减少了查勘定损人员的工作量；智能运营降低了审核成本，大幅提高了业务流程的处理效率。二是有利于增强金融产品和服务的灵活性、适应性与普惠性。某保险公司在常规固定健康险的基础上，为儿童增加手足口病、白血病等疾病的健康险，为老人专门定制防癌险，该公司健康险近4年销售额增长超过200倍，覆盖人数超过500万。智能信贷适应了互联网的特点，如金融机构提供小额消费信贷，单客平均每月借款几百元，随借随还，服务客户人数超过1亿。智能投顾将投顾门槛由100万元降低至0，普通投资者也能享受到投资顾问服务。金融机构通过智能金融产品与服务的创新，让消费者获得了更好、更广泛的金融服务。三是有利于提高风险防范能力。金融机构利用智能风控技术做到事前风险预警、防止欺诈，保护用户资金安全，大幅降低机构与客户的风险损失；监管机构利用智能金融监管，可以大幅全面提高防范风险的能力。四是有利于促进人工智能技术的发展。在人工智能与金融深度融合的过程中，金融行业的特殊性，如数据保护、算法黑箱等对技术提出了新要求。近年来实践中已有相关技术上的尝试和提高，智能金融的深入应用还将不断推动人工智能技术的突破与升级。

总的来看，人工智能与金融业是天然耦合的，运用场景多、涉及人群广、发展潜力大，是我国抢占人工智能技术制高点的关键先导运用领域，发展智能金融势在必行。

发展智能金融的五大障碍及原因

一是人工智能技术仍有缺陷。人工智能技术是驱动智能金融发展的关键因素，近年来，新一代人工智能技术发展加快了智能金融应用，但人工智能技术的一些不足，成为发展智能金融的瓶颈。比如，算法存在"黑箱"现象。金融机构普遍认为，在使用人工智能算法时，其计算参数多、过程复杂，导致透明度不够、可解释性差，应用难以大规模推广。再如，算法一致性可能引起市场共振。在应用中由于依赖相似的输入数据，容易导致模型效果的趋同性，产生"一致行动"现象。在市场的极端情况下，一些智能投资系统的大量相似交易策略可能引发羊群效应，形成市场共振，加剧系统性风险。特别是未来随着智能投资的市场份额增加，发生这种风险的概率会加大。

二是基础设施建设薄弱。智能金融的基础设施是发展智能金融的基石和保障，近年来，各金融机构都在加大系统建设投入，但基础设施建设仍然不足。

在应用平台方面，金融领域缺乏国家级新一代人工智能开放创新平台，存在创新散乱杂现象，没有形成创新协同效应。调研中我们发现不少金融机构和科技公司都在应用人工智能技术，各家习惯于埋头自主开发，每个机构都强调"以我为主"，存在"大而全""小而全"现象。一些技术公司投入大量研发成本，在某些技术方面取得了突破，但同时一些金融机构也在做类似的研发工作，不仅没有形成优势互补，而且科技公司研发出的好的技术面临着无用武之地的窘境。我国建设了自动驾驶、城市大脑、医疗影像、智能语音、智能视觉五个国家级新一代人工智能开放创新平台，通过协同创新推动了相关领域的人工智能技术发展和应用推广，该模式值得金融行业借鉴。

在算法框架方面，我国智能金融缺乏行业认可的通用算法框架，智能金融应用开发、升级和创新受制于人。算法框架在智能金融应用产业上下游中起着承前启后的关键作用，类似于电脑中操作系统的作用。例如，谷歌的人工智能算法框架，向上与谷歌云紧密绑定，以云服务模式提供算法支持；向下与硬件紧密耦合，衍生出专用于该算法框架的芯片。同时，在应用中产生的数据回流算法框架，提升了算法的综合能力，从而巩固算法的生态圈。我国在智能金融应用方面仍依靠国外成熟开源的算法框架。国内一些技术公司虽然研发了原创算法框架，但由于推出时间较晚，公司品牌和声誉不如国外科技巨头，未做到完全开源免费，在金融行业的应用几乎是空白。

在基础硬件方面，我国智能金融缺乏核心硬件技术，人工智能计算依赖的CPU（中央处理器）、GPU（图形处理器）等芯片以及数据存储器件几乎完全依靠外国。当前我国金融机构开展智能金融应用，依然在走过去依赖IOE［IBM（国际商业机器公司）大型机、Oracle（甲骨文）数据库、EMC（外部存储器控制器）存储设备］的老路。我国也有部分公司研发了人工智能专用芯片，但其稳定性和效果不高，配套算法不完善，只要涉及底层基础硬件，金融机构基于保障业务稳定性的考虑，不得不依赖于国外器件，如主要计算芯片完全依赖美国英伟达公司的GPU。在基于国外底层硬件的基础上，搭建的云计算服务平台架构、收入规模与国外差距较大。国外云计算平台至少是万核级别，而我国目前最多实现千核级别，2018年亚马逊云计算服务营收257亿美元，而阿里云只有213.6亿元人民币，同时我国在产品丰富度和价格上也不占优势。

三是数据欠缺和"数据孤岛"现象并存。智能金融需要大规模高质量的数据作为支撑，但在数据方面存在数据欠缺、"数据孤岛"、历史数据质量差等制约智能金融发展的问题。

其一，金融数据欠缺。金融行业数据体量大，但对机器深度学习来说依然欠缺，存在维度低、样本少的情况，无法支撑人工智能技术对大样本、高维度数据的需求。银行拥有海量客户资金信息，但缺乏非交易信息、客户的行为信息和偏好信息，数据不完整，证券市场的上市公司年报维度仅几百个，股市近30年仅7 000个交易日的数据样本。与图像识别应用时的千万维特征指标、上亿数据样本相比，金融行业数据体量仍然不够。

其二，金融行业存在"数据孤岛"现象。由于对数据保护的要求，金融机构不能完全开放数据。金融监管机构之间的数据分割也很严重，不利于智能金融发展。

其三，数据整合和数据治理程度较低。根据抽样调查，91%的银行在数据治理上缺乏"功底"，其中27%的银行数据存在多头管理现象，部门数据互通靠人工传递，46%的银行初步实现了数据接口传输，18%的银行做到了数据整合到统一平台。仅

9%的银行实现了有效数据清洗，可以支撑智能金融应用的需要。一些证券公司积累了多年的投资者原始数据，在应用时需要花项目时间的七成清洗数据，需要几百人标注数据，存在有多少"人工"才有多少"智能"的困境。

四是智能金融缺乏长远规划。金融机构发展智能金融的目标不清晰，有些是为智能而智能，甚至存在"跟风"现象，搞形象工程。智能金融产品不是简单买来就用，需要重新建设软硬件平台，紧密结合金融机构自身的应用场景，进行针对性的优化和开发。而金融机构普遍准备不足，思想观念、业务流程、组织架构难以适应。根据抽样调查，目前90%的金融机构想发展智能金融，30%的机构已经准备着手实施，但只有15%的机构具备发展的能力。智能金融的本质是金融，创新主体是金融机构，也离不开科技公司的支持与赋能。一些金融机构缺乏系统建设规划，侧重短期业绩效益，创新协作性不强，影响了人工智能技术与金融的融合发展。

五是法律法规与监管体系滞后。智能金融应用往往具有机器全自动快速决策的特点，而法律法规没有考虑机器"自主决策"的法律责任划分问题，如智能投资业务还不允许代客下单。智能金融行业技术标准欠缺，也不利于推动智能金融应用。智能金融监管处于真空地带，对一些利用人工智能技术开发的新产品、新服务缺乏明确的指导意见和监管办法，不利于行业的规范发展。监管部门自身的科技水平也不适应智能金融发展的需要。

以上造成智能金融发展的障碍，主要有以下几个方面的原因。一是人工智能技术应用存在边界。人工智能技术不是万能的，目前虽有突破，但仍然处于弱人工智能的阶段。二是我国人工智能起步较晚，基础薄弱。目前基础前沿理论和关键共性技术落后，核心技术受制于人，生态和产业链不完整。表现为重运用，轻基础研究；重短期效益，轻长远规划；重自我开发，轻技术合作；缺乏原创性、长期性、集群性。三是人才严重不足。金融机构IT（信息技术）人员占比约为3%，且大多从事常规的业务系统运营维护，研发人员少，投入不够，尤其是既懂技术又懂金融的复合型人才更少。四是智能金融立法和监管难度大。智能金融应用是新事物，涉及隐私保护、信息安全、伦理、责任划分等复杂问题，给立法和监管带来很大挑战。

政策建议

第一，制订智能金融发展及行动计划。出台我国智能金融发展规划与指导意见，主要包括智能金融发展的总体规划、发展目标、重点任务、资源配置、安全保障、标准体系等。其中安全保障部分应充分考虑智能金融应用的测试评估、应急处置、压力测试、监管介入原则等多方面的要求。同时，制订并着手实施智能金融3年行动计划，细化阶段性重点和行动步骤，把长期规划与当前工作紧密结合起来，分阶段评估改进。发展智能金融，基础研究要热，应用要稳，业务创新要实，风险投资要审慎。

第二，建设金融领域的国家新一代人工智能开放创新平台。利用平台汇集多方参与的优势，积极推动智能金融产学研结合，加强协同创新，突破金融领域人工智能关键技术和共性技术，不断拓展人工智能的技术边界，并开展智能金融应用探索和科技成果转化。利用平台开放服务的特点，弥补中小金融机构在人才和技术积累上的不足，降低智能化的门槛，带动中小金融机构智能化。利用平台的孵化和众创环境，探索金融产品和服务模式创新。

第三，统筹建立金融行业专有云。考虑到金融行业对数据安全要求的特殊性，各金融机构用公有云不合适，但都建私有云又会加剧"数据孤岛"现象。建议由"一行两会"牵头，统筹建立金融行业专有云。按照"统一规则，分步实施，小步快跑"的原则，各金融机构从外围数据、非核心业务到核心业务与数据，逐步上金融专有云，各金融机构原有系统作为灾备。目前建设专有云技术上可行，既有利于促进智能金融发展，更有利于提升智能金融监管能力。

第四，加强智能金融配套基础设施建设。推动智能金融算法框架自主发展，鼓励金融机构在探索智能金融应用时，优先使用我国拥有自主知识产权的算法框架。支持智能金融硬件核心企业和相关产业快速发展，加快扶持培育一批自主创新能力强、发展潜力大的智能金融核心硬件企业。

第五，加强法律法规建设与金融监管。研究出台智能金融隐私保护、数据安全、责任主体认定、投资者保护以及道德伦理方面的规范性文件，条件成熟时逐步上升至法律法规。注意预防人工智能算法的偏见和歧视，加强算法公平性、公益性、公正性、公开性的研究与管控。大力发展监管科技，提高监管机构的整体科技水平。探索监管沙盒机制，在坚守底线和控制范围的前提下，鼓励金融机构的创新试点，并根据技术、市场变化等因素，及时进行评估、反馈和调整。

专栏 首个《智能金融发展报告》发布媒体问答

《经济观察报》：预计到什么时候智能金融的概念能够普及？

肖钢： 智能金融概念已经开始热起来了。2017年国务院文件正式提出智能金融这个概念，近几年国际上讨论增多，比如国际货币基金组织、世界银行、世界经济论坛等，以及德勤会计师事务所、普华永道，还有国际清算银行，都已经把智能金融这种金融新业态作为一个重要的问题进行研究。前不久美国国会专门组织了关于人工智能在资本市场服务情况的听证会。可见，各方面对智能金融高度重视，研究成果在不断涌现。

目前已经有30个国家将人工智能作为国家战略明确提出来。关于我国智能金融发展，这是第一次比较全面地发布这个报告。这个报告应该是从0到1，仅仅开了个头，有待研究的问题还非常多。

《第一财经日报》：目前中国证监会正在组建科技监管局，对此您如何评价，有哪些具体建议？

肖钢：这很有必要，是适应金融科技发展新形势的重要举措。巧合的是，我们的报告中也建议监管部门应该设立一个专门的部门，名字可以叫"金融科技监管局"，来加强金融科技监管。证监会率先成立这样一个部门是恰逢其时。我们还建议每个监管部门都应设一个首席金融科技监管官来牵头履行职责，这是符合未来潮流的。总之，一方面是加强对金融科技的监管，另一方面是加强监管科技的发展。

中国财富网：在智能金融发展的过程中可能会遭遇一些数据黑盒的现象，一些关键性的信息和数据无法获取，导致决策出现偏差。如何解决这方面的问题？此外，我们可能会进行一些干预或者纠偏，如何判断什么时候需要纠偏，纠偏的度在哪儿？

肖钢：无论什么技术都有可能出问题，人工智能也一样，在模型构建、算法上会存在这样或那样的问题。你提出的这个问题实际上在我们国家发生过，比如2013年的"8·16光大证券乌龙指"事件，就是模型算法缺陷导致的。机器一个劲儿地下单冲击市场，在短短一分钟之内造成股价剧烈波动，人工阻挡不住，最后只能靠拔掉机器电源硬停下来。类似事件在美国也发生过，比如"闪电崩盘"事件。因此，对程序化交易、算法交易，需要研究防范类似事件的措施。

首先，要加强技术的研发，提高技术安全系数。其次，在发生极端事件的时候进行人工干预。具体在什么样的极端情况下进行人工干预，需要在智能金融应用方面制定相关规则。

人工智能确实可以极大地减少人为造成的疏忽和差错，但它本身也会产生差错。不要把人工智能技术神化。

凤凰网：目前中国正在逐步进入老龄化社会，一些中老年消费者对刷脸支付等智能金融手段接受程度不高，也会抱怨很多银行客服都变成了人工智能，不能解决其个性化的具体问题，服务质量有所下降。如何在发展智能金融服务时，更多考虑中老年消费者的个性化需求？如何在推广智能金融的同时维持人工服务的质量？

肖钢：这个问题可以从两个方面理解和解决。

一方面，发展智能金融的一个很重要的目标是改善金融体系的普惠性和客户体验。如果科技手段包括人工智能无法改善客户体验，也不能更多地发展普惠性金融，就违背了原来的目标。如果客户感到很不高兴，作为金融机构就要运用各种手段加以改进。

另一方面，发展金融科技、人工智能，并不能完全取代网点和面对面的服务。有的老年人不习惯跟机器打交道，感到体验不好，这个时候就需要发展面对面的服务、人与人之间的交流。科技的发展永远不会取代人与人之间的交往。作为一个金融机构，需要更多发展的是个性化的、差异化的金融服务，包括网点的建设和客户经理的配备。从这个意义上讲，尽管技术发展，很多人还是有工作可干，就是要干更多和人打交道的工作，而不是干过去那些简单的重复劳动性的工作。

财联社：未来人工智能在金融领域更深层次的应用，会有什么不一样？在这个过程中会有什么困难？

肖钢：目前人工智能在金融领域的应用尚处于起步阶段，我们称之为浅应用，比如客户身份识别、营销，在服务中对客户一般性问题的回答等。在这些方面，机构已经大量使用人工智能技术。但这些还都在浅层次。比如有的问题无法回答清楚，但这可能不会对客户造成太多伤害，因为只是去营销推广，也就是说人工智能技术还没有渗透到金融机构的核心业务。

我们认为金融机构的核心业务是风险管理和控制。对客户的画像，对客户信用的风险评级，这些模型对于一个金融机构来讲更为核心，也是金融机构需要下大力气的方面。

未来随着人工智能技术的发展，相关应用会从前台营销等表层业务向金融业务核心方面渗透，这是一个不可逆转的趋势。到了那个程度，涉及的问题就会更多，对技术、金融机构、监管的要求也更高，很多问题需要更加深入的研究。

渤海：中国版的监管沙盒跟其他国家有什么不同，各有什么优点？

肖钢：监管沙盒是一项新的监管制度安排，也可以说是一个用科技手段去创新金融产品服务的测试系统。监管沙盒一定跟科技系统相联系，其目标或逻辑是平衡好金融创新和防范风险的关系。

监管部门都面临鼓励创新的同时如何防范风险的问题，因此产生了监管沙盒这样新的制度安排。无论是中国版还是世界其他国家版的监管沙盒，其逻辑和目标都是一致的。但各国的具体做法可能不同，没有统一的模式，也没有所谓的最优解。因为各个国家和地区的金融服务、科技发展、消费者以及法律要求等实际情况不同，监管当局需要根据本国或本地区的实际情况来设计监管沙盒。

具体有哪些方面做法不一样？

一是申请机构。有的国家对可以申请创新的机构宽松一点，除了持牌的金融机构可以申请外，非金融机构如科技公司即便没有持牌也可以申请。也有些国家比较严格，只允许持牌的金融机构申请。我们看到，北京率先推出的监管沙盒是只允许金融机构申请的，所以我们国家属于偏严格一点的。

二是申请项目。对于申请测试的项目，规定也不同。一般来讲，既然是鼓励创新，就是要有真正创新意义的项目，也就是要有真正的"硬科技"。如果只是有一个概念或想法就提出测试，监管部门不会随便批准。总之，要真创新，而不是伪创新。

三是测试要求。测试还需要有具体的安排和要求，时间上不能没完没了，比如规定两年或一年，然后收回。另外，不同监管机构对创新产品的测试也有不同的要求。

四是授权管理。有的比较宽松，测试好之后，监管者就授权给这个金融机构或者科技开发公司，允许其进行下一步的应用。有的还不放心，测试完以后监管者要来检查，确认是不是符合要求。

五是规则调整。有些国家不允许新产品或技术触犯现有的法律规定，监管机构作为一个行政部门不能违法。有些国家宽松一点，可以突破法律的某些限制，因为毕竟是个试验。不同的容忍度会有不同的做法，对规则的调整也不一样。一般来讲，所谓紧一点，就是对风险偏好严一点，因为它涉及投资者的保护。

尽管监管沙盒的实施细节不同，但都需要注重以下三个方面。

第一，强调真正的创新。测试的产品是要在真实场景里卖出去，让消费者真正使用。有的国家说可以搞"虚拟沙盒"，通过历史数据自己模拟、推演，计算产品风险，这是内部模拟，与监管沙盒不是一回事。

第二，突出保护消费者权益。在真实场景里，消费者会购买创新产品，因此，需要配套出台一些对于消费者购买创新产品的具体的保护措施，包括赔偿等。

第三，特别重视动态调整。在试验中，规则或测试结果行就继续，不行就要叫停，是一种重视反馈的动态调整机制。

澎湃： 智能金融对中国金融业的具体影响是怎样的？金融业从业人员的规模及网点数量是否会呈现下降的趋势？

肖钢： 从整个人工智能和金融业结合来看，中国还处于智能金融应用的初级阶段，还没有大规模下岗或者失业的情况，不存在这个问题。我们去实地调研的头部金融机构、运用人工智能比较好的金融机构，包括商业银行、保险公司、证券和基金公司等，往往还在招收人员。

随着科技的发展，包括人工智能的发展，一部分重复性、简单性劳动一定会被取代，这是一个趋势。但人工智能发展不会导致大规模失业，而可能导致大规模的就业转移。原来那些简单的重复性劳动被取代后，更多人要去从事客户经理这样的工作，要做人与人关系的工作。部分岗位会被替代，但同时会产生新的岗位。科技的进步、新技术的发明和发展，会不会造成大规模失业？这个担忧不是今天才出现的。20 世纪 50 年代，美国社会就出现了"自动化萧条"，当时随着自动化程度的提高，人们担心未来会出现大面积失业。时任美国总统肯尼迪说过，20 世纪 60 年代以后，美国面临的最严重的危机就是机器替代人。现在看，他的这个判断并不准确。事实上，随着新技术不断发展，就业也在不断增加。

世界银行对全球就业的研究报告显示，欧洲新增加的就业岗位一半以上是新技术带来的。也就是说，新的技术在替代人力劳动的同时，也创造了很多新的岗位。当然，劳动技能的培养、劳动者教育越来越重要，因为大量人员要转岗。这几年我国互联网经济发展很快，创造了 7 500 万的新增就业。我国城镇新增就业人数连续 7 年每年都超过 1 300 万，这与新型经济发展密切相关。

关于技术影响就业的担忧由来已久，但我们还是要拥抱新技术的发展。

《中国证券报》：通过大数据或者机器学习开展的一些金融投资业务存在趋同性，可能导致失控，如何避免这种情况？

肖钢：这涉及算法黑箱问题。人工智能的算法有一个技术难关，即算法的可解释性比较差，或者称为"算法黑箱"。要解决这个问题，可以从以下几个方面着手。

第一，要让人工智能的算法可解释。这是尚未攻克的问题，需要技术攻关与突破。

第二，人工智能的算法、模型需要分层管理，有些模型的算法可以不解释，比如营销，有些则需要解释，比如通过模型算法得出"不能给客户贷款"的结论，就要解释是客户的信用不足还是其他原因。这就需要运用分层管理的方法：明确哪些是需要了解背后逻辑的；哪些是不需要搞那么清楚，即便不知道也不会造成伤害的；哪些是解释不了，干脆就不允许做的。

第三，责任要分清。金融机构无论是使用人工智能，还是作为产品的提供方，义务是没有减少的。作为销售金融产品和服务的机构，负有"卖者尽责"的义务。金融机构要了解客户，必须把恰当的产品卖给恰当的人，这是金融机构的责任，不因是否使用人工智能而发生改变。

新华网：国内智能金融发展在全球范围内处于什么水平？在一些细分领域我们和国际巨头差距不是很大，甚至处于并跑阶段，智能金融是否也处于这个阶段？从并跑到领跑，还需要做哪些工作？

肖钢：总体来讲，我们在人工智能领域的基础研究比较薄弱，在核心算法、核心技术、关键芯片、核心零部件上也面临瓶颈，还谈不上并跑和领跑。而且我们在这个方面的投入相对比较少。但是，由于应用场景比较多，我们在一些应用方面做得还是不错的，比如智能营销。未来中国要在人工智能领域领跑还要花很大的力气，必须加大基础研究力度，充分发挥产学研紧密结合的优势，加大投入，攻克核心算法、关键技术与设备难关，摆脱受制于人的状况。

新华网：智能金融在投资者保护、提高上市公司质量方面会起到什么样的作用？

肖钢：应该会起到积极的作用。比如说可以改善信息不对称的情况、大幅降低信息收集的成本、提高效率，这肯定有利于监管，也有利于上市公司发展。

《金融时报》：我们都很关心金融领域的个人隐私和数据保护话题。对于中国而言，发展智能金融的同时应该如何做好数据保护，如何界定数据使用的边界？

肖钢： 我觉得有几个方面需要努力。

第一，立法很有必要。目前我国缺乏个人信息保护的法律规定，比如哪些信息可以收集、数据权属于谁、个人信息更改怎么办。要建立个人信息权这样一个体系，是一个新课题。在智能时代，数据是最重要的资产。原来的工业革命是建立在铁路、桥梁、钢筋、水泥等物理的资本上的，但人工智能是建立在信息资本和数据资本上的。谁控制了数据，谁就垄断了这个权利，因此需要从法律层面做出规定。

第二，防止数据垄断。数字帝国，赢者通吃，这是科技的特点之一。一些国家的监管部门正在研究如何让大公司开放数据。因为一旦大公司垄断数据，很多中小科技公司就无法与之竞争，就会妨碍公平竞争。这就需要反垄断。

第三，综合治理。数据隐私保护不仅是金融监管的问题，更需要全社会共同参与，涉及政府部门、IT公司、金融机构、其他企业，包括公民个人也要积极参与。一定要建立这样一个综合治理体系，协同治理。

第四，通过发展新的技术，用技术解决技术带来的问题。

我们的研究报告中提出"联邦学习",在满足用户隐私保护、数据安全的要求下,进行数据使用和建模。这样既能保护隐私,又能共享数据。

《上海证券报》:证监会日前公布了新一批基金投顾市场试点名单,从已披露的市场信息看,海内外巨头在这方面的布局非常多。作为智能金融的前台应用之一,您如何看待智能投顾未来的挑战和发展前景?

肖钢:智能投顾很有发展潜力。以中国为例,目前注册在案的投资顾问从业人员约有40 000人,平均3 000个股票投资者才有一个投资顾问,绝大多数投资者难以获得投资顾问服务。

正因如此,投资顾问门槛变得比较高,普通老百姓享受不到。因此,市场需求是比较大的。通过人工智能实现金融的普惠性是智能金融的重要目的之一。可以看到,更多运用人工智能进行风控、营销的产品和服务可以快速扩大到长尾客户,惠及低收入群体。投资顾问将来会降低门槛,有广阔的市场前景。

智能投顾也涉及分层管理。投顾涉及很多业务,将来不同的投资者也会分类,比如高净值客户会有定制化、个性化、差异化的智能投顾需求,智能投顾也会衍生出很多模型。更重要的是,未来发展业态还会不断地演变。不要理解为有了智能投顾就彻底抛弃人工,将来会出现线上和线下相结合，既有智能投顾的机器人当助手，也有投顾经理服务，即"AI+HI"（人工智能＋人类智能）的模式。

关于面临的挑战，第一个难点是智能投顾的模型算法要可解释，要和投资者讲清楚。

第二个难点是责任的划分。模型只能提供投资建议，不能替客户决定是否投资，责任的划分要非常明晰。正因为现在缺乏这方面的责任划分，所以智能投顾很难发挥作用。

第三个难点是透明度的问题。责任问题划分清楚，就涉及投资者保护。不仅要保护投资者权益，还要保证公正公平。模型是否透明、是否有偏见、是否有失公允、是否有歧视，这些都要经过检验，也要加强监管。

第十节

数字金融与工业互联网融合[①]

工业互联网是新一代信息通信技术与工业经济深度融合的全新产业生态，全面连接人、机、物等要素，把研发设计、生产制造、产品供应和客户营销等各环节、各流程紧密融合，高效共享资源要素，智能化运作，实现降本增效，推动产业链价值链的转型升级。正是基于工业互联网广泛互联和生产经营流程的全面呈现，数字金融可以依托这样的平台，将金融服务与产业运营深度融合，在银行信贷、支付结算、现金管理、客户管理等方面取得新的突破，全面升级银行对客户识别、风险评估、贷后管控等能力，为实体经济提供更高质量的金融服务。

数字金融与工业互联网融合发展的意义在于以下几点。

一是改变传统金融收集企业信息的模式。金融机构将深入企业生产、物流、信息流和资金流等各领域，大幅提升了信息广度和维度，加上大数据和云计算提供的分析处理能力，助推对金融

---

① 本文系作者2022年在课题研究报告的基础上接受《人民政协报》记者的访谈。

客户全方位画像，推动金融业务与风控模式变革。

二是提升数字金融服务能力。通过客户识别、现金流预测、动产监控、智能合约等，可以有效拓展金融业务范围，实时跟踪企业经营节点，有效对接企业实际需求，实行差异化、定制化服务方案，同时还可以提前识别客户的潜在金融需求，及时跟进，提升客户体验。

由于工业互联网连接着广大的中小微企业，金融机构依托工业互联网可以将普惠金融业务全流程实现前、中、后台集约化发展，有效开展对中小微企业的集成服务。

三是创新非信贷服务模式。数字金融与企业现金流、订单流、物流等融合后，大大提升了银行为企业提供的财务顾问、现金管理等服务的精准度。比如，在采购方面，银行可通过智能制造机器人等设备，结合人脸识别、指纹识别等技术，实现实时支付和关键部件自动下单，形成高效采购。在账户管理方面，可在工业互联网平台上结合电子钱包、区块链智能合约等技术，实现账户统一管理和基于场景的支付结算。通过了解掌握企业生产经营状况，识别企业各类金融需求，帮助企业进行并购咨询、市场分析、业务发展战略研究，为客户提供更多更好的服务。

四是催生新型数据资产管理业务。工业数据规模大、价值高，需要专业技术和设备进行采集、存储、分析，这就要求对这类数据资产管理的主体具有很高的信用等级、很强的数据处理能力和很好的技术系统安全性，而大型商业银行符合这些要求，通过融入工业互联网体系，商业银行可以对工业数据进行采集、脱敏、标注、追溯等形成数据资产,进而通过存储、分析、交易实现数据资产的保值增值,逐步促进数据资产管理与商业银行金融资产管理业务相互融合,形成集产品制作、管理核算、信息披露以及收益分配于一体的数据资产管理业务体系,既可以为商业银行带来全新业务和收益,又释放了数据价值,助力企业提高产品质量和效益。

工业互联网带来了生产方式和资源组合模式的变革,对金融服务提出了新的需求。近年来,一些金融机构开始探索对接工业互联网,多方合作创新开展了一系列产融合作模式,取得了积极成效,逐步形成"工业互联网+数字金融"的新生态。同时,也应当看到,数字金融服务工业互联网仍处于早期探索阶段,遇到不少困难和挑战,主要是工业互联网平台的支撑功能和服务能力有待提升,中小企业数字化转型面临困难,商业模式和盈利模式尚需市场检验。金融服务体系跟不上平台发展,由于工业产品种类繁多、门类复杂、链条较长,银行授信评审机制、业务考核机制有待完善,技术系统对接不顺畅,金融服务产业链和产业集群的能力仍需进一步增强。

为进一步推动数字金融与工业互联网融合发展,提出如下建议。

第一,制定完善促进数字金融与工业互联网融合发展的基础性制度。坚持市场导向、安全可控、标准规范、开放兼容的政策取向,支持不同的市场主体依托工业互联网平台加强深度合作,打造产融合作应用场景,创新科技、产业、金融一体化运营模式。加快试点先行，培育一批标杆性产业数字金融服务落地项目，及时总结经验，推广复制，并改善相关监管规则。

第二，打造数字信用体系。数字金融与工业互联网融合发展"底座"和"压舱石"本质上就是数字信用体系。要加快建设可靠、互信、共享的数据生态，明晰参与主体的责任与分工，加强数据治理，完善金融机构与工业互联网技术对接标准，保障数据共享安全。依托数字信用体系，变革银行授信模式和风险控制流程，提升数字供应链金融水平，推进函证业务数字化与集中化。探索发展新型中介机构和中介业务，帮助金融机构与工业互联网平台实现对接，降低交易成本，提升融合发展的运行效率。

第三，构建融合发展的生态体系。实现数字金融与工业互联网"双轮"驱动，需要众多工业企业、供应链企业、金融机构、科技公司等多方共同合作，提升数据汇集、处理能力，加快平台建设赋能各方，拓展数据应用范围，增强数字场景运营能力，形成"建生态、搭场景、扩用户"的良好氛围。要进一步健全交易主体的数据归属、数据质量和数据安全等标准规范，落实金融机构与工业互联网的接口标准，促进双方有效对接。要进一步扩大工业互联网平台的开放包容度，扩大生态体系规模，降低边际成本，提升共享收益与价值。

第十一节

监管科技的瓶颈与发展建议[①]

监管科技旨在利用现代科技手段优化金融监管模式，提升金融监管效率，降低金融机构合规成本。监管科技包括监管和合规两个部分，两者紧密联系、相互促进，既要降低合规成本与监管成本，更要提高风险监测识别效率，提高主动性、有效性，增强合规与监管能力。

监管科技应用改变了传统的监管手段，应用自动化、智能化程序使许多人力不可能完成的任务变为可能，已成为应对数字金融发展新形势的必然选择。科技带来的问题还需要运用科技来解决。

近年来，各国和地区金融监管部门为积极推动监管科技发展，进行了一系列探索，取得了较好的效果。同时，总的来看，监管科技发展落后于金融科技发展，也存在一些瓶颈和问题。

---

① 本文系作者 2020 年在中国互联网金融协会举办的论坛上的发言。

监管科技的瓶颈和问题

一是监管科技与监管制度的衔接问题。

监管科技作为金融监管的新范式,没有改变监管的本质,需要将监管规则、监管知识、监管经验与科技手段有机结合。对于哪些监管法规适合转换为代码、哪些不适合,数据标准化中出现错误的责任认定,自动生成的数字监管报告的合法性问题,监管科技可能存在的漏洞以及错误行为预测等,都需要有相应的制度规定。

二是监管科技生态构建与协同问题。

监管科技发展需要良好的生态,涉及监管机构、政府部门、金融机构、金融科技公司等主体之间的合作,需要厘清各自的职责与任务,提供清晰的目标与预期,发挥好协同效应,共同解决监管科技运用的障碍与难题。比如,如果监管机构与金融机构的需求和目标不一致,就需要统筹需求,处理好统一性与差异性的关系。比如,监管科技与政府部门数据资源的融合应用,就需要进一步提升政府数据开放。监管科技发展需要依靠市场化力量,可以发挥金融科技公司的研发优势,形成可持续的运营模式。监管科技涉及金融市场规范、交易分析与监测,也涉及消费者、投资者权益保护,加强与社会公众的沟通,增强透明度,也是十分重要的。监管科技应用不仅局限于一个国家或一个地区内,其知识扩散、经验交流与国际合作也十分重要。

三是监管科技的标准化体系与人才问题。

目前监管科技尚处于初步发展阶段，有些项目仍处在试点阶段，尚未形成全面、完整的标准化体系。数据范畴、对接方式、模型构建、应用程序都存在差异，数据收集、交互、存储、自动化处理也存在问题，对人工智能、区块链、云计算、大数据等信息技术的监管比较薄弱，相关法规不健全。部分监管规则难以量化或模型化，监管部门复合型人才缺乏，常常出现"懂监管的不懂技术，懂技术的不懂监管"的现象，影响了监管科技发展。

进一步发展监管科技的措施建议

第一，加强统筹规划，有重点、分阶段推进。

监管科技要紧跟金融科技发展步伐，加强顶层设计。制定监管科技发展长期规划，明确监管科技需求，突出重点，并且采取试点先行的路径。比如中国人民银行提出建设"数字央行"目标，首先从升级反洗钱系统着手，形成综合应用多种技术的基础性工程。银保监会上线运行检查分析系统，从根本上解决了不同银行间数据标准不一致带来的难监管、难监测问题。证监会及证交所建立中央监管信息平台，提供全面、精准的数据分析，为"企业画像"，智能提示监管高频关注信息。这些都体现了重点需求、试点先行的原则，效果较好。监管科技发展需要监管部门与被监管机构的良性互动，应当分阶段、分任务循序渐进，首先应当在提高监管效率与合规效率上加以推进，通过共享解决方案，准确理解监管规则，减少监管数据报告成本与负担。其次要在整合标准上下功夫，支持不同系统之间的集成和互操作性。再次要在机器学习和预测监控上引入先进技术方案，通过关联多个信息源并使用强大的计算引擎来识别实时的风险，通过建模技术使监管法规的影响在实施之前得到理解。最后要随着新技术的发展演变，开辟监管科技新思路，让监管要求被编码为自动规则，提高自动应用法规的完整性与合规性。

第二，不断丰富监管科技应用场景，提升监管智能化和穿透性。

监管流程分为事前、事中和事后三个阶段，监管科技应用场景在事前、事中和事后监管的全链路拓展已成为全球趋势。事前阶段，要将监管规则翻译成数字化监管协议，建立数字化监管规则库，通过自动化汇总、关联、对比和分析，构建智能化的监管规则体系。事中阶段，要对高频数据进行实时采集和风险预警分析。事后阶段，要做到可视化展现，实现风险信息共享、风险自动处置，不断优化监管模型。利用计算机程序设计语言将监管规则编译为"程序代码"，从关键操作流程、量化指标、禁止条款等方向进行编程开发，形成具有可扩展性的监管工具，实现机器可读、可执行、可对接，提升监管的一致性与权威性，增强金融监管自我更新、自我完善的能力。

要实现监管科技应用平台化部署，利用微服务架构、容器技术、虚拟化技术对监管服务进行敏捷部署，发挥云计算按需分配、弹性扩展的资源配置优势，根据监管负载需要实时动态调配信息技术资源，提高监管业务需求的响应速度。

要通过多种技术方式，模拟不同情境下的金融风险状况，开展跨行业、跨市场的关联分析，提升系统性、交叉性金融风险的甄别能力，并针对不同风险类型触发最优的风险处置和缓释措施。

第三，探索监管科技发展的商业模式，防范监管科技应用中可能带来的风险。

推进监管科技，需要增加大量投入。一方面，要加大政府部门投入，重点支持监管科技的核心技术攻关、重要成果转化，加快建设公共服务平台。另一方面，要充分调动金融机构、科技公司以及信息技术、科技应用服务商的主动性、积极性，采用市场化机制，通过科技输出赋能监管机构和金融机构，提高科技在监管中的渗透率与适用性，构造良好的监管科技产业生态与市场竞争环境。

监管科技不是万能的，也不可能消除金融风险，正如大数据风控并不能消除风险，解决不了偿付能力问题一样。也就是说，引发金融风险的因素是多方面的，光靠科技发展是不够的。同时，监管科技应用中本身存在不成熟、不稳定的状况，也存在未知的技术风险，实际应用中可能存在漏洞或错误预测，因此，监管科技应用中需要加强对实际效果的评估与检验，防范技术带来的问题。

第十二节

完善监管沙盒机制[①]

借鉴国外经验，完善监管沙盒机制

我国当前推行的监管沙盒由中国人民银行等六个部门提出，已经批准十个省市进行为期一年的金融科技应用试点。目前提出的项目主要涉及两个方面。一方面是防范风险的技术应用，例如反洗钱、反欺诈、控制非法集资、防止资金盗用、加强控制理财风险等的技术应用。另一方面是为了更好地服务小微企业、服务民生领域的科技手段应用，例如改进人脸识别技术和保护隐私等技术的应用。

该试点既不同于现在仍在进行中的金融改革创新试点，又不同于国外的监管沙盒，而是介于两者之间的金融科技应用试点。境外的监管沙盒有一套比较具体、清晰、规范的操作流程，是平衡金融创新与风险防范之间关系的特殊监管制度安排。我国的金

[①] 此文系作者 2020 年 3 月在上海新金融研究院闭门研讨会上的发言。

融科技应用试点流程虽然并不是十分清晰，但又比我国开展的金融改革创新试点（例如改革示范区和改革创新试验区等）更具体。

针对金融科技应用试点存在的缺陷，仍需要借鉴国外监管沙盒的经验，增加以下机制。

第一，监管豁免机制。监管沙盒的目标重在制度创新，而不是简单的技术创新。因此，境外监管沙盒项目的核心要求之一是，有一定的监管豁免机制，也就是允许这些科技创新项目的业务突破现行的法规制度，给予某个条款的监管豁免，在特定范围内尝试运行，以此推进金融创新。当前我国金融科技应用试点不涉及监管豁免的问题，这是未来需要完善的一个机制。建议未来考虑允许一些业务创新，可以给予其监管豁免。

第二，消费者补偿机制。监管沙盒是缩小版的真实环境，不仅需要测试技术，还要测试客户需求和市场环境。这就引申出一个问题：在设计监管沙盒的同时，也要注意建立健全消费者的补偿机制，保护消费者的权益。当前的金融科技应用试点并不是按照真正的监管沙盒路径进行的，所以暂时不需要消费者补偿机制，但真正在真实环境进行的测试，应当建立健全消费者补偿机制。

第三，退出机制。监管部门要自始至终参与试点全过程，应该和所有市场主体（包括金融机构、科技公司、客户以及整个市场和整个生态）进行全程互动，而不是在项目试验失败时才要求其退出，或者放任市场主体进行尝试，到期再评估结果。市场主体在上一步测试验收之后，监管者才允许其进行下一步测试。在下一步测试中，可能会面临产品发行、客户有何反应等问题，监管方仍需自始至终参与其中。因此，退出机制是监管方和市场主体全程互动的过程。

基于以上分析，目前我国的金融科技应用试点还远远没有建立起真正的监管沙盒所具有的核心机制。当然，各国监管沙盒的做法并不相同，也没有统一模式，需要从本国实际出发来设计。

我们要借鉴国外监管沙盒的一些做法，总结推广我国各类金融改革创新试点经验，在科技应用试点中更多地鼓励一些制度创新，在促进金融创新的同时注意防范风险。为此，需要补充完善一定范围内的豁免机制。同样，需要完善消费者的补偿机制。另外，监管方需要和市场主体进行全程互动，使其得以在测试过程中灵活退出，使监管深度介入整个金融创新过程，这样才能凸显监管沙盒的意义。

监管沙盒存在适用性与公平性两个问题

监管沙盒只是一种制度设计，并非有了监管沙盒便可以既实现金融创新，又防范金融风险。监管沙盒不是万能的，其也有局限性和不足，这些问题仍需深入研讨，并由监管部门在实践中加以解决。

第一，适用性问题。与大范围测试和实行不同，监管沙盒是在小范围内、真实场景下的测试和运营，消费者自愿参与并被提前告知，还享有消费者补偿机制。在这个小范围内，消费者能够适应创新，不会出现大的问题。但在小范围内试验成功之后，一旦在大范围内进行推广，市场可能不完全适用，这是监管沙盒机制本身的不足。

我国当前还处于建立健全监管沙盒的起步阶段，小范围内测试成功的项目在全国范围内推广时，该如何防范风险、防止集体谬误的发生，这是监管、金融创新、改革创新和风险防范当中需要注意的问题。

第二，公平性问题。监管沙盒机制有一套具体的流程，包括申请机构、适用条件、项目审批等。监管部门的自由裁量权比较大，这就有可能影响到公平性。

监管沙盒的目标重在制度与技术创新，如何确定创新项目是真正的、带有全局意义的项目，仍然面临挑战。如果被选中的项目不是真正的创新，又突破了一定的规则，而同类的业务没有进入监管沙盒，就会受到不公平的监管对待，引起市场公平竞争的问题。这也是监管沙盒机制本身的不足，需要后续监管部门和市场主体积极应对和解决问题。一方面，要找到真正的创新项目，使监管沙盒机制发挥其最大效应；另一方面，要防止不属于真正意义上创新的项目进入监管沙盒而获得一定的特权，防止产生和同类业务不公平竞争的情形。

> 专栏　构建金融科技伦理治理体系的提案与答复

关于构建金融科技伦理治理体系的提案

肖钢

党中央高度重视科技伦理治理。党的十九届四中全会《中共中央关于坚持和完善中国特色社会主义制度、推进国家治理体系和治理能力现代化若干重大问题的决定》提出"健全科技伦理治理体制"。习近平总书记多次强调伦理道德在科技活动中的重要地位，为加强科技伦理治理提供了根本遵循。

当前，金融科技不断创新发展，深刻改变了传统金融服务的方式和业态，极大地提高了服务效率、质量和能力，促进了经济社会发展，同时也衍生出复杂多样的伦理问题与潜在风险，给金融创新、金融监管、金融安全带来一系列新的挑战。近年来，大量从事科技的人员进入金融行业，传统金融机构从业人员也拥抱新技术，特别是数据作为生产要素使人与人之间、人与机器之间的关系发生新变化，也给传统金融伦理治理带来新情况和新问题。与传统金融伦理失范行为相比，金融科技伦理失范主要表现在以下两个方面。

一是数据伦理问题。一些机构和科技人员以牺牲数据隐私为代价，导致客户信息被盗用或出售，对客户绑定的银行卡及账户等敏感信息缺乏保护的信义义务，产生相关的不良交易、限定交易、捆绑销售等行为，导致不公平协议。在居民数字能力存在鸿沟的情况下，有的科技创新活动不尊重不同群体的需求和权利，导致信息红利分配不公问题。

二是算法伦理问题。算法将人们的各种足迹和活动，转变为对人们的各种打分和预测，并进行贷款评估、保险评估，规则代码化会带来不透明、不准确、不公平、难以审查等问题。通过算法可以强化对金融消费行为的控制，使消费者实质上处于弱势地位，被深度嵌入一种隐形不自由境地，产生算法控制问题。

金融科技伦理失范带来的危害是多方面的，不仅容易造成金融服务歧视，引发金融诚信失范，使消费者权益受到损害，还助长了市场垄断和不公平竞争，放大了金融风险，危及公共安全。

产生以上问题的根源在于科技伦理意识较为薄弱，普遍存在重科技、轻伦理，重发展、轻治理的现象。金融科技伦理约束机制尚不健全，伦理治理规则协调与监管合力有待增强，伦理评估评价和审查审计制度仍需完善。因此，加快构建金融科技伦理治理体系已势在必行。

近年来人民银行和金融监管部门高度重视金融科技伦理治理工作，采取了一系列措施，取得了积极成效。为进一步增强金融科技伦理治理的系统性、全面性、协同性和有效性，提出以下建议。

一是成立组织。由人民银行牵头，组建全国性金融科技伦理委员会，指导和协调推动金融科技伦理治理体系建设。

为体现金融科技生态及其多元治理特点，该委员会应由监管部门、自律组织、市场机构以及高校智库等代表组成，凝聚各方力量开展工作。

二是明确原则。金融科技伦理治理需要遵循五项基本原则，即以人为本、公平公正公开、伦理自觉先行、伦理风险可控、敏捷治理。

三是制定规则。制定伦理标准、指南和自律公约，同时，将一些行业普遍公认的底线型伦理要求上升为法制约束。

四是数据治理。深入对金融数据安全分级指南和人工智能算法金融应用评价规范的应用，建立健全金融机构、科技公司及第三方数据服务商的企业数据管理制度。在技术应用方面，进一步有效管理用于机器学习的数据来源和质量，设置偏见控制机制，防止针对特定消费者群体的歧视性服务。保存数据管理过程和建模方法记录，确保可追溯性和可审核性。

五是审查评估。设立评估标准，组织金融机构和科技公司开展自我评估，将伦理道德纳入企业全面风险管理和内部控制流程。同时，建立伦理审计制度与信息披露制度，开展行业互评和监管评估，防止和纠正新产品、新服务"带病上线"。

六是创新试点。鼓励有条件的机构进入金融科技创新监管试点项目库，探索建立"金融科技伦理问题技术纾困"示范工程。将科技伦理风险解决方案纳入创新试点项目和评奖评优环节。

七是人才培养。将金融科技伦理作为高等院校财经类专业的教学内容，研发金融科技伦理通识教材，并要在金融从业人员入职、人才认证等方面，明确嵌入科技伦理要求。鼓励规模较大、技术复杂的金融机构设立"首席伦理官"，引导和督促金融机构开展负责任的科技研究与创新活动。

中国人民银行

银函〔2022〕152号

中国人民银行
关于政协第十三届全国委员会第五次会议
第03114号（财税金融类207号）提案答复的函

肖钢委员：

您提出的关于构建金融科技伦理治理体系的提案收悉，经商教育部、银保监会、证监会，现答复如下。

一、关于成立组织问题

2021年12月，人民银行出台《金融科技发展规划（2022—2025年）》（银发〔2021〕335号文印发），将加强金融科技伦理治理作为金融数字化转型的重点工作之一。目前，正在研究构建金融机构、自律组织、社会公众、高等院校等多元主体共同参与的金融科技伦理治理框架，加强对金融科技活动全流程的科技伦理指导和监督，着力营造求真向善的行业氛围，为金融科技守正创新、良性发展保驾护航。

此外，证监会持续优化新一届全国金融标准化技术委员会证券分委会的专业工作组设置，组建金融科技专业工作组，加强金融科技伦理研究，推动云计算、大数据、人工智能、区块链技术在证券领域应用的标准研究制定，发挥标准的规范和引领作用。

二、关于规则规范问题

人民银行借鉴国际国内经验、立足金融行业实际，加快健全金融科技伦理规则体系，明确开展金融科技创新应遵循的伦理原则及具体要求。一是发布《金融领域科技伦理指引》（JR/T 0258-2022），综合考虑金融伦理、数据伦理、技术伦理、环境伦理等因素，从守正创新、数据安全、包容普惠、公开透明、公平竞争、风险防控、绿色低碳七个方面系统提出行为规范，引导从业机构切实履行科技伦理治理主体责任，落实金融持牌经营要求，秉持科技赋能金融定位，坚守诚信履约行为准则，充分保障各方合法权益，尊重并维护公平市场竞争秩序，切实增强金融科技守正创新能力。二是根据《个人信息保护法》《征信业管理条例》，于2021年9月30日出台《征信业务管理办法》（中国人民银行令〔2021〕第4号），从依法采集、为金融等活动提供服务、用于识别判断企业和个人的信用状况三个方面界定信用信息，将互联网平台开展的新兴个人征信业务纳入征信监管，依法通过持牌征信机构为金融机构提供服务；建立金融机构、数据服务商与征信机构的数据管理制度，采取有效措施，保障信息质量；征信机构对外提供信用评价类产品和服务，应当做到评价规则可解释，信息来源可追溯，切实保障信息主体的合法权益和信息安全。下一步，人民银行将坚持问题导向、目标导向，加快完善金融科技伦理规则规范体系，进一步细化金融科技伦理治理的具体要求和操作规程，以标准为支撑进一步强化治理力度、引导伦理要求落地见效。

三、关于数据治理与算法管理问题

人民银行从数据分级分类、个人信息保护、算法评价等方面明确金融数据、算法的管理要求，引导金融业规范应用数字技术赋能金融提质增效。一是印发《金融业数据能力建设指引》《金融数据安全 数据安全分级指南》《金融数据安全 数据生命周期安全规范》等标准，引导金融机构不断加强数据治理能力建设，科学开展数据分级分类管理，切实做好数据全生命周期安全管理，在严格遵守国家及金融行业相关要求、充分保障数据主体合法权益的前提下开展数据采集与处理，提升数据安全管理和规范应用水平。二是印发《个人金融信息保护技术规范》标准，明确个人金融信息在收集、传输、存储、使用、删除、销毁等生命周期各环节的安全防护要求，切实保障个人金融信息主体合法权益。三是印发《人工智能算法金融应用评价规范》，引导金融机构全面评估算法安全性、可解释性、精准性和性能，加强算法内控管理，通过设置应急机制、明示使用风险、建立风险赔偿机制等方式切实防范算法道德风险。下一步，人民银行将加快研究制定金融通用元数据、算法信息披露、机器学习等技术规范，持续完善金融数据、算法治理体系，引导和督促金融机构建立健全数据全生命周期安全管理长效机制和防护措施，完整准确披露算法信息、提升算法透明度和可解释性，不断增强数据保护水平与算法规范应用能力。

银保监会制定印发《商业银行互联网贷款管理暂行办法》（中国银行保险监督管理委员会令〔2020〕第9号）、《关于银行业保险业数字化转型的指导意见》（银保监办发〔2022〕2号）等文件，明确风险数据和风险模型管理、客户信息和隐私保护相关规定，要求银行保险机构防范模型和算法风险，加强消费者权益保护。在《商业银行理财业务监督管理办法》（中国银行保险监督管理委员会令〔2018〕第6号）、《健康保险管理办法》（中国银行保险监督管理委员会令〔2019〕第3号）、《互联网保险业务监管办法》（中国银行保险监督管理委员会令〔2020〕第13号）、《理财公司理财产品销售管理暂行办法》（中国银行保险监督管理委员会令〔2021〕第4号）、《保险代理人监管规定》（中国银行保险监督管理委员会令〔2020〕第11号）、《保险中介机构信息化工作监管办法》（银保监办发〔2021〕3号）、《关于进一步促进信用卡业务规范健康发展的通知》（银保监规〔2022〕13号）等相关监管制度中，对银行保险机构个人金融信息、数据隐私安全保护等工作提出明确要求。发布《财产保险公司产品费率厘定指引》(保监发〔2017〕2号),明确"保险公司进行费率厘定时应遵循公平性原则。费率水平应与被保险人和保险标的的风险特征相匹配,且不得根据风险特征以外的因素做出歧视性的费率安排"。下一步,银保监会将尽快出台《银行保险机构消费者权益保护管理办法》,强化消费者个人信息保护责任义务,明确防控信息泄露风险有关要求和信息处理使用规则,禁止算法歧视。

证监会积极推进《证券期货业网络安全管理办法》制定,强化数据安全和个人信息保护,从制度机制、行业数据标准、权限管理、质量评估、防范泄露损毁、个人信息保护等方面明确了具体要求,规范核心机构和经营机构数据安全管理,增强金融科技伦理意识。研究编制《证券期货业"十四五"数据治理规划》,加强数据的统一规划管理,统筹数据开发利用与隐私保护,建立数据基础制度和标准规范,提高数据质量和数据安全共享水平。

四、关于审查评估问题

人民银行在《金融科技发展规划(2022—2025年)》中明确,金融机构应履行金融科技伦理管理主体责任,探索设立企业级金融科技伦理委员会,建立金融科技伦理审查、信息披露等常态化工作机制,提前预防、有效化解金融科技活动伦理风险,严防技术滥用。在金融领域科技伦理指引中提出伦理审查相关要求,引导金融机构建立健全科技伦理管理组织架构与制度规范,压实各方职责,在开展金融科技创新过程中切实做好伦理审查与监督,坚决抵制科研不端行为,更好促进经济繁荣、社会进步与可持续发展。开展大型互联网平台消费者金融信息保护问题研究,联合有关部委进一步规范金融营销宣传行为,依法严格规范金融科技创新行为,不断引导金融科技向有利于金融消费者权益保护的方向发展。下一步,人民银行将加快完善金融科技伦理监管流程与监管规则,引导金融机构将伦理道德纳入企业全面风险管理和内部控制流程,探索通过内外部评估等方式提前发现潜在科技伦理隐患并及时采取整改措施,防止和纠正新产品、新服务"带病上线"。

银保监会印发《关于深入开展人身保险市场乱象治理专项工作的通知》(银保监办便函〔2021〕477号),组织全系统全行业严肃整治侵害消费者个人隐私等违法违规行为,切实保护消费者金融信息隐私安全。同时在《关于规范保险公司参与长期护理保险制度试点服务的通知》(银保监办发〔2021〕65号)中,明确将"泄露参保群众个人信息"作为监管部门查处的重点。就部分银行侵害消费者个人信息安全事件进行现场调查,并根据调查结果实施行政处罚,严厉打击侵害消费者金融信息隐私的违法违规行为。

五、关于创新试点问题

人民银行坚持安全与创新并重,打造符合我国国情、与国际接轨的金融科技创新监管工具并在全国范围内推广实施，研究设计包容审慎、富有弹性的创新试错容错机制，划定刚性底线、设置柔性边界、预留充足发展空间，引导测试机构在风险可控的真实市场环境中打磨既符合监管要求又满足市场需求的高质量金融科技产品和服务。2021年6月，在创新应用声明书中增加了以人为本、公开透明、权益保护、公平普惠、社会责任等伦理承诺，进一步加强金融科技创新的伦理引导。下一步，人民银行将充分发挥金融科技创新监管工具作用，探索开展对测试项目的伦理评估审查，将是否践行"守正向善"伦理理念作为创新测试评价的关键指标，进一步明确金融科技"有所为，有所不为"的伦理边界，引导测试机构强化社会责任与担当，用"负责任"的科技创新打造"有温度"的金融服务，切实维护好消费者合法权益、服务好实体经济。

六、关于人才培养问题

教育部积极推动将金融科技伦理纳入高等教育。一是全面推进课程思政建设。于2020年5月印发《高等学校课程思政建设指导纲要》（教高〔2020〕3号），推动课程思政建设在全国所有高校、所有学科专业全面推进，要求金融学等经济学类相关专业结合不同课程特点、思维方法和价值理念，深入挖掘课程思政元素，帮助学生了解相关专业和行业领域的国家战略、法律法规和相关政策，引导学生深入社会实践、关注现实问题，培育学生经世济民、诚信服务、德法兼修的职业素养。二是提升专业建设质量。发布金融学本科专业类教学质量国家标准，明确人才培养目标、课程体系、教师队伍、教学条件等方面的要求，并引导高校将"金融伦理学""金融风险管理""金融机构信用管理"等课程列入相关专业必修课。启动高校科技伦理教育专项，推进科技伦理专题研究、课程建设、教材建设、教师培训等重点工作，构建高质量高校科技伦理教育体系。三是加强产学合作协同育人。支持西北工业大学、辽宁工程技术大学、上海杉达学院等高校的"基于科技伦理的新工科新文科交互发展研究""基于金融大数据分析的金融风险管理实践基地""金融科技教学内容与课程体系建设"列入教育部产学合作协同育人项目，推动相关教学内容和课程体系改革。

人民银行推动金融科技师成为新职业并纳入国家职业分类大典，将伦理作为衡量金融科技人才的"定盘星"，强调人才培养要德才兼备、以德为先，着力塑造守正向善的价值风尚。下一步，人民银行将持续健全金融科技人才培养体系，督促从业机构加强入职伦理培训和职业操守教育，将伦理道德作为金融科技人才评价认定与激励中的关键要素。

感谢您对金融工作的关心和支持。欢迎访问人民银行门户网站（www.pbc.gov.cn），了解人民银行最新工作动态及金融领域的相关信息。

2022年10月27日

第五章

打造全球人民币
金融资产配置中心

"要完善金融市场体系、产品体系、机构体系、基础设施体系，支持浦东发展人民币离岸交易、跨境贸易结算和海外融资服务，建设国际金融资产交易平台，提升重要大宗商品的价格影响力，更好服务和引领实体经济发展。"

——摘自习近平总书记2020年11月12日在浦东开发开放30周年庆祝大会上的讲话

在新发展格局下，打造全球人民币金融资产配置中心，具有重要的战略意义和现实意义。我国在经济基本面、资产吸引力、金融市场规模等方面具有独特优势，我国人民币金融资产已成为全球资产配置不可或缺的重要部分。

打造全球人民币资产配置中心是一项长期、复杂的系统工程，需要统筹发展和安全，系统规划，积极稳妥推进，关键是要提升我国金融市场配置资源的能力，有序开放资本项目可兑换，完善金融基础设施，增强金融业国际竞争力，健全资金跨境流动宏观审慎管理和风险预警应对机制，加强国际金融协调与合作。

第一节

打造全球人民币金融资产配置中心恰逢其时 [①]

2020年2月下旬以来,新冠疫情在全球加速扩散,迅速波及全球金融市场,股票、债券、汇率、期货、黄金和原油等多项大类资产价格大幅调整。多项指标在第一季度刷新了历史纪录:美股十天之内四次熔断,道琼斯指数第一季度下跌22%,英国富时100指数下跌26%,德国法兰克福DAX指数下跌26%,韩国股市下跌20%,都创下1987年以来最大季度跌幅。30年期美债收益率创下2012年以来最大季度跌幅,原油期货创下史上最大季度跌幅。进入4月以来,全球金融市场震荡在罕见的救市措施下有所缓和,但仍然维持反复波动较大的趋势。与2008年全球金融危机不同,这一次由新冠疫情引发的全球金融市场震荡,伴随着实体经济的衰退,波及范围更广、持续时间更长、应对难度更大。我国金融市场也受到疫情影响,出现了一些波动,但相

---

① 此文系作者在全国政协2020年第一季度宏观经济形势分析座谈会上的发言。

比全球金融市场，表现出较稳的态势和较强的韧性。

从股市看，2月上旬经历了一轮下行调整，随着我国疫情防控形势向好，宏观对冲政策发力，复工复产有序推进，第一季度沪深指数分别下跌了9.83%、4.49%，相对于全球主要股指20%~30%的跌幅，展现出较好的抗跌性和"免疫力"。4月1—16日，上证综指上涨2.53%，创业板上涨7.29%。第一季度沪深两市IPO数量和金额超过了纽约证交所和纳斯达克。当然，随着我国实体企业受外需拖累、产业链和资金链受到冲击，股市仍然存在下行风险，股票质押风险也未消除。

从公司信用债市场看，为加大对企业的纾困力度，债券发行规模和融资量均达到历史同期高位。第一季度公司信用类债券共发行3万亿元，同比增长35%；净融资规模超1.7万亿元，同比多增8000多亿元。其中，民营企业发债约2100亿元，同比增长50%；净融资规模约930亿元，创近3年来新高。债券市场改革持续推进。同时也应看到，受疫情冲击叠加债券到期高峰到来，可能增大债券违约风险。第一季度已有40只债券违约，违约金额达到547亿元，较上年同期的310亿元大幅上升了76.5%。

从人民币汇率看，外汇市场虽然有波动，但总体平稳，第一季度人民币兑美元汇率贬值3.3%，主要是疫情在全球暴发后，恐慌情绪引发非美元货币资产遭抛售，美元因避险属性导致流动性紧缺，美元指数短期大幅升值，欧元、英镑、澳大利亚元、新西兰元等贬值幅度更大，墨西哥比索、俄罗斯卢布、巴西雷亚尔、南非兰特等贬值幅度都超过10%。人民币表现出较好的稳定性。

新冠疫情虽然给中国金融市场带来了风险和挑战，但也应看到风险之中蕴含着机遇，我国金融市场有可能成为全球金融资产配置中心。事实上，已经具备了基础条件。

第一，我国是全世界基本面最稳健的经济体之一。连续25年保持经常账户顺差，外汇储备稳居全球第一，国民储蓄率领先全球主要经济体，2018年国民储蓄率为47%，高出全球平均水平20个百分点。

第二，我国宏观政策空间较大，有能力应对经济金融风险。过去几年深入推进供给侧结构性改革，有效控制了宏观杠杆率上升势头；中央政府债务尤其是外债占比较低，财政政策空间相对较大；货币政策一直保持相对合理的利率水平，国债收益率和波动性明显好于欧美市场，人民币金融资产收益率对国际投资者具有吸引力。

第三，我国金融市场双向开放力度加大，境外投资者参与中国金融市场资产配置的便利度大大提高。

新冠疫情发生以来，我国采取严格措施积极防控，成为最早走出疫情影响的经济体，金融市场表现出较好韧性。而欧美疫情走势短期内仍看不到拐点，无限量、无底线的宽松政策不仅透支了政策效力，普遍的零利率甚至负利率更使金融资产收益率大大下降。相比之下，人民币资产的安全性、稳健性、收益性优势凸显出来。2020年3月，摩根士丹利发布的报告将中国列为资产避难国，并将中国股票评级提高至增持。境外长期投资者对我国利率债购买需求日益增强。国际资本投资对收益率和安全性要求高，中国金融市场可以顺势而为，抢抓机遇，努力打造成全球金融资产配置中心之一。

成为全球金融资产配置中心，对中国经济和金融运行有着重要意义。一是有利于为中国企业发展提供多元化的资金来源，促进科技创新，推进混合所有制改革，改善公司治理，增强国际竞争力。二是有利于深化中国金融市场化估值和定价，倒逼国内金融机构提高产品质量和服务水准，为国内外投资者营造更加公开、透明的市场环境，提供更加多元化、多层次的金融产品和服务，进一步规范和发展中国的资产管理行业。三是有利于我国国际收支平衡，随着未来贸易顺差减少，需要逐步扩大资本项下的外汇流入。四是有助于提升中国在全球治理中的话语权和规则制定权，加快发展现代金融服务业，提高金融机构的国际竞争力，助力上海国际金融中心建设，提高人民币国际化水平。

打造全球金融资产配置中心是一项长期系统工程，不可能一蹴而就，既具有巨大利益，又有风险和成本。为此，提出以下建议。

第一，加快金融市场要素市场化改革。坚持市场化、法治化、国际化取向，取消不必要的行政管制，让市场发挥配置资源的决定性作用，加快推进证券发行、交易、退出等基础性制度改革，提高直接融资比重，更好服务实体经济和人民生活。进一步统筹开放股票、债券、期货、外汇等金融市场，增加市场产品，丰富投资工具，扩大市场广度与深度。

第二，积极推进人民币国际化。扩大人民币在境外项目融资、跨境贷款、贸易支付中的使用，推动大宗商品人民币计价，加大人民币与外国当地货币互换使用数量。要探索本外币跨境资金池，加快外汇管理转型升级，鼓励跨国公司在中国设立全球或区域资金管理中心。

第三，有序推进人民币汇率改革和资本项目可兑换。适当扩大汇率浮动范围，完善汇率形成机制。"十三五"规划曾明确要求基本实现资本项下可兑换，现在看还有差距，需要在"十四五"时期加快进展。

第四，加强监管能力建设，建立外资进入金融市场的监测预警系统，防范输入型风险。妥善应对来自西方大国的各种阻力。中国要建设全球金融资产配置中心，必然会引起一些国家的猜疑、误解甚至打压，要统筹研究采取有效措施，做好沟通协调工作，在斗争中寻求合作。同时坚持底线思维，做好应对金融战的准备。

第二节

稳步推进资本项目可兑换[①]

资本项目可兑换是打造全球人民币金融资产配置中心的基础性工程。近年来中国金融四十人论坛组织有关方面做过多次课题研究，比如2020年12月有关人员进行了《关于稳步实现资本项目可兑换的构想》的研究，同年还进行了《人民币国际化与上海国际金融中心建设》的研究，2022年又发表了《资本项目开放和货币国际化的国际经验教训研究》，这些研究报告都是求真务实的高质量报告，从不同的角度，提出了总体思路和具体措施，具有很好的参考价值。我多次参与中国金融四十人论坛组织的闭门研讨会，并对这些研究报告做了点评发言，提出了自己的意见和建议，现综合整理如下。

第一，深入研究资本项目开放与货币国际化的关系，进一步统一对实现资本项目可兑换意义的认识。要进一步论述新发展格局下资本项目可兑换的重要性和紧迫性，从理论和实践上阐述资

[①] 本文源自作者2020—2022年参与中国金融四十人论坛研讨会的点评发言。

本项目可兑换与经济增长的关系、与人民币国际化的关系、与防范金融风险的关系等，全面系统总结各国在这方面的经验教训，澄清一些模糊认识。2016年人民币被成功纳入SDR（特别提款权）货币储备体系，当时主要依据国际货币基金组织的标准，人民币在贸易、投资领域可自由使用的程度较高，主要针对一些国家认为我国资本项目可兑换程度不高。可以看出，人民币可自由使用不等于资本项目可兑换，但人民币国际化就必须推进资本项目开放，两者是紧密联系、相辅相成的，也是双轮驱动的。

第二，处理好管道式开放和全面系统性开放的关系。总的来看，管道式开放风险可控，比较稳妥，过去几年的实践效果很好，是完全正确的。现在的问题是不断新增管道，容易导致一些碎片化分割的现象，不利于增强外资投资的自由化和便利度，因此，迫切需要对现有和新增的管道进行必要的整合，坚持制度型开放。

在资本市场和货币市场工具开放方面，建议未来除允许境外投资者投资基金、ETF产品外，也将REITs纳入。家族信托市场也可以研究开放，有利于吸引资金回来，发展国内财富管理市场。

在债券市场开放方面，建议把交易所债券市场和银行间债券市场开放同步起来，因为交易所固收平台也是机构间市场、场外市场，与散户买卖股票是分开的。

在基金互认产品方面，6年来实践效果不及预期，有必要再予以深入分析，提出针对性措施。建议在粤港澳大湾区进行理财通试点，分量比基金互认要重得多，如果成功了，可以全国推广。

第三，研究对外直接投资和个人资本交易扩大开放。据有关研究资料，我国非金融类实体企业对外投资存量已达8万亿美元，已进入对外投资大国行列，随着人民币国际化进程，未来我国对外投资还会扩大。为此，迫切需要研究如何调整优化对外投资结构，包括国家配比和产业配比，如何提高对外投资效益，提升资本市场运作能力等。

在个人资本交易开放方面，兑换额度和便利度是衡量老百姓获得感的重要指标，这方面扩大兑换有风险，未来开放到什么程度，需要谨慎评估和权衡。

要抓紧研究相关配套制度与措施。资本项目可兑换与高标准市场体系建设是密切相关的，不仅是可兑换，还有税收、投资限制等，涉及高水平开放型体制机制。同时，健全市场化、法治化风险处置机制，为外资进入奠定良好的法治基础。

第四，提高金融交易可兑换程度，助力上海国际金融中心建设。党的十八届三中全会通过的《中共中央关于全面深化改革若干重大问题的决定》首次提出，"推动资本市场双向开放，有序提高跨境资本和金融交易可兑换程度"。金融交易可兑换是资本项目可兑换的重要组成部分，在资本项目尚未完全开放的前提下，可以通过加快金融交易可兑换，推进人民币国际化和上海国际金融中心建设。

要适当增加国债发行，丰富国债品种，扩大国债交易，提高全球安全资产的供给能力。要进一步拓展国债市场的深度和广度，不仅关注国债的发行额、托管额，还要看每日交易的活跃程度。同时，考虑到国债的现货大部分被各家商业银行持有，成为它们重要的资产配置，有必要研究允许商业银行进行国债期货交易的可行性。

要进一步扩大衍生品市场开放。目前，原油、铜、橡胶等大宗商品期货已国际化，其他重要品种还可以加快国际化。外汇期货的推出有利于对冲避险，扩大外汇交易。我国金融衍生品发展总体比较落后，需要进一步丰富金融期货产品市场。

总之，提高金融交易可兑换程度，可以对资本项目可兑换改革发挥很大的促进作用，有利于推进人民币国际化，又可以促进上海国际金融中心建设。建议发挥中国人民银行上海总部的牵头作用，整合协同驻沪金融监管资源，形成功能监管、行为监管、综合监管新体制，同时赋予上海一部分金融产品创新审核权，鼓励支持创新，进行风险管控。要总结自由贸易账户实行情况，把上海自贸区临港新片区的政策同上海国际金融中心的政策结合起来，探索进一步扩大开放的举措和方法，发挥上海的示范作用。

专栏　外资为何青睐人民币资产[①]

一、我国打造全球人民币金融资产配置中心的宏观经济背景

2020年上半年全球疫情蔓延，引起了全球金融市场的大

---

① 此文系作者2020年7月25日在"2020国际货币论坛"上发言的一部分，论坛由中国人民大学财政金融学院、中国国际文化交流中心、中国财政金融政策研究中心联合举办。

幅波动。股票、债券、黄金、汇率、期货、原油等各大类资产价格震荡,特别是美国的股市在3月一度四次熔断,引发了其他多个国家股市熔断。

从2020年上半年全球股市和债券市场的情况来看,我们可以把全球的资产分为两类。一类是避险类资产,比如国债、黄金等;另一类是风险类资产,比如股票。从上半年的情况来看,总体上避险类资产的表现还是比较好的,上半年涨得最多的是黄金,涨幅达40%,其次是债券。

分季度来看,第一季度和第二季度呈现出相反的趋势。第一季度是在新冠疫情最为严重的时期,所以避险类资产上涨得比较好,也就是我们讲的黄金、国债这一类资产上涨比较多,第一季度股票、原油下跌很多。从第二季度来看,疫情在不同的国家发展蔓延情况不同,有的有所缓解,但有的还在加剧。总体而言第二季度避险类资产的价格在下跌,风险类资产的价格在上升,比如说股票在第二季度就开始反弹了,原油在第二季度也有大幅度反弹,第二季度到现在,黄金、债券是震荡调整阶段。

尽管国际金融市场出现动荡,但中国的金融市场和国际市场相比表现出比较稳定的运行态势和较强的韧性。中国的股票市场总体上实现了一个比较快的增长。特别是沪深两市IPO的数量应该超过了纳斯达克和纽约证券交易所。从债券市场来看,我们的国债市场发展较快,公司信用债也发展较快,所以应该说上半年我们的公司信用类债券发行也是比较多的。

从人民币汇率来看，外汇市场的供求保持了基本的均衡。外汇储备有所上升、人民币汇率弹性增强，汇率一直保持一个双向波动的态势，整体上是稳定的。

二、外资青睐人民币资产的原因

中国的金融市场表现出比较稳定的态势和较强的韧性，同时还具有很强的活力。外资比较看好人民币金融资产，也就是说我们的金融资产在全球的吸引力显著提升。为什么外资会青睐人民币的金融资产呢？我想在这里给大家分享一些情况和原因。

据有关资料统计，2019 年底，外资机构配置人民币的金融资产已达 6.4 万亿元人民币，且年均保持 20% 的增长速度。从股票市场来讲，截至 2020 年 7 月 10 日，仅仅通过沪港通、深港通这两个渠道进入 A 股的外资净买入就已经超过 1 700 亿元人民币。

到 2020 年 6 月末，外资持有中国 A 股股票余额已达到 3 684 亿美元，比上一年增长 13%，实现了两位数的增速。外资持有的中国债券余额也达到 3 691 亿美元，比上一年增长 10%，债券持有额是 2016 年外资持有额的 3 倍。截至 2020 年 6 月底，境外机构债券托管量达到 2.19 万亿元，比 5 月末多增加 829 亿元，同比大幅提高 33%，这是 5 月、6 月的环比数据。

除人民币金融资产吸引外资以外，外国直接投资也取得了很好的成效。2020 年上半年，我国利用外资就达到 4 722

亿元人民币，特别是第二季度我国利用外资增长了8.4%。从全球来讲直接投资也是萎缩的，我国第二季度利用外资能够实现增长8.4%很不容易。

以上情况都说明了外资对中国市场是很有兴趣的，中国的吸引力越来越大。为什么外资会对人民币资产有这么大的兴趣？我分析主要有以下几个方面的原因。

一是中国是稳定全球经济的中流砥柱。刚刚发布了上半年中国经济数据，中国经济第二季度已经实现了3.2%的增长。规模以上的工业增加值、工业企业的利润都由负转正。制造业的PMI连续4个月稳定在荣枯线以上，服务业的指数也是由降转升。

整体的投资增长还是下降的，但是降幅持续收窄，消费增速也在恢复。因此，这充分体现了中国经济的内在韧性与活力，应该说为全球经济复苏注入了强大的信心和动力。这样一个经济恢复增长的情况有利于增强境外投资者对人民币资产的信心，特别是吸引长线资本流入。

二是A股在全球主要股市中估值偏低。截至2020年6月30日，沪深300指数的市盈率为12.69倍，低于标普500指数的26.7倍，低于德国法兰克福DAX指数的23.33倍，低于日经225指数的26.19倍，A股应该说是一个比较好的资产配置。由于人民币和美元的利差在扩大，美国10年期国债现在实际收益率已跌到0以下，而中国10年期国债收益率还在3%左右。因此，对于持有美元流动性的投资者而言，人民币资产当然具有比较高的吸引力。

从固定收益产品的投资来看，虽然我们为应对新冠疫情的冲击不断调低利率，但是中国的利率水平仍然是比较合适的。一方面我们要调低利率水平来应对疫情对企业的冲击、减轻企业的负担，另一方面也要看到中国利率市场化在加快，所以通过利率市场化以后，又放松了对利率的遏止，这两个方面的因素使中国的利率保持在一个比较合理的水平。从中国的长期供给和需求平衡来看，既没有通货膨胀的压力，又没有通货紧缩的担忧，所以在这种情况下保持这样的利率水平还是有利于做固定收益产品投资的。

从权益类投资来看，中国的资产具有长期投资价值，特别是结构性价值比较凸显。欧美很多上市公司因为受疫情冲击，利润也在减少，所以很多企业纷纷暂停股票回购，过去10年欧美的很多上市公司用大量的现金来回购股票，这对于股价上涨以及提高投资回报是有好处的，但疫情发生以后，欧美很多上市公司就停止了股票回购。一部分上市公司还停止了分红，这给境外基金回报造成很大压力。加上疫情以后欧美的央行实施无底线的量化宽松政策，普遍实行零利率、负利率，使金融资产的收益率大大下降。

在这种背景下，人民币资产的安全性、收益性和稳健性优势就得以突显。摩根士丹利2020年上半年发布报告，把中国列为资产避难国。从MSCI World（明晟世界）这样一个全球新兴市场股票指数来分析，纳入MSCI World股票指数里的公司大概有三个特点。第一个特点是，它的市值在50亿~100亿美元的区间。第二个特点是，它是属于新兴成长的，但又比较稳定的行业。比如消费、科技医药类行业。第三个特点是，它的营业收入复合增长率比较快。把这三个因素考虑进MSCI World股票指数，这个指数是全球很多机构投资者所追随的。中国符合这三个条件的公司占到58%，而美国只占18%，可见中国的资产是有吸引力的。

三是中国资本市场已成为全球规模最大的市场之一。我国股票市场加上债券市场一共达到160万亿元，位居全球第二。我国公募基金市场也跻身全球第五。如果加上公募基金、信托类基金，再加上资产管理产品，这三大块加起来，我国在全球基金市场位居第三。这么大的市场，较高的活跃度和较大的韧性，加上股票和债券已被纳入多个主流国际指数，境外长期资金就会跟踪，吸引了更多长期资金来配置人民币资产。

四是近年来扩大金融开放的各项举措效果显现。2020年以来宣布实施了一系列金融对外开放举措，取消了QFII的投资额度限制，取消了金融机构外资持股比例限制等，使境外投资者参与中国金融市场资产配置的便利度大大提高。

第三节

可持续投资的信息披露[①]

在发展ESG、应对气候变化的背景下,如何加强信息披露的基础设施建设是一个重要又现实的课题。

《可持续信息披露标准研究》这份高水平的研究报告,全面论述了国内外建设可持续信息披露的标准和规则体系,内容丰富,资料翔实,是这个领域不可多得的力作。报告深刻分析了全球可持续信息披露的发展趋势,反映了众多利益相关者对信息披露的客观需求,也探索了内在的机理和动力。报告系统地构建了中国可持续信息披露的框架,明确提出中国的可持续信息披露标准要与国际接轨,但不能简单照搬国外的经验,而是要根据我国的发展阶段和特点,制定适合我国国情的信息披露标准和规则。我完全赞同这一论断。报告以中国的实际情况为立足点,在此基础上,提出了一系列有参考价值的政策建议。

受到这篇报告的启发,我也有了一些新的思考供课题组研究参考。

---

① 此文系作者2021年8月在上海新金融研究院内部课题评审会上就《可持续信息披露标准研究》(课题报告)所做的评审发言。

统一、高质量的信息披露标准的内涵

首先，高质量信息披露的内涵是什么？高质量、可持续的信息披露贯穿研究报告始末，但是，到底什么是高质量的信息披露？高质量又体现在什么方面？

不同的组织、国际机构有不同的表述，目前国际上形成共识的包括一致性、完整性、可靠性，报告当中也予以采用了，但是报告在少数地方还提到了规范性，当说到中国建立ESG可持续性的信息披露标准时，报告又提出了普适性。当然，如果不细究用词，我想这些内容的大体原则和精神其实是一致的。

我国2020年施行的修订后的《中华人民共和国证券法》的亮点之一就是专门设置了一章关于信息披露的内容，这在原来的版本中是没有的。《中华人民共和国证券法》准确道出了高质量的信息披露的基本含义，集中表现为10个字：真实、准确、完整、及时、公平。我想，这10个字的概括与之前提到的国际上常用的表述，在总的原则和精神上也是一致的。

但是，当我们研究高质量信息披露标准的内涵时，我们到底该使用哪一种表述？因为标准之所以为标准，就应具有统一性。然而，有时使用一致性、可比性、完整性来形容信息披露，有时又用一致性、可靠性，还有的机构可能扩展得更多。因此，建议进一步深入研究和协调高质量信息披露的内涵。

国际上经常讨论的信息披露标准是一致性、可比性、完整性和可靠性，这和《中华人民共和国证券法》提出的准确、完整、真实意思相近。但国内对信息披露标准的概括和国际上常用的表述终究还是有区别，例如，《中华人民共和国证券法》提出了公平，这一点在国际上却不常见。如何理解将公平作为信息披露的一个标准？上市公司应按照《中华人民共和国证券法》的要求披露信息，包括ESG信息，并要与国际标准提出的一致性、完整性、可靠性等内容对标，两者并不矛盾，但仍需要研究统一的、准确的表述。

明确信息披露应以投资者的需求为导向

这是高质量信息披露标准的导向问题。制定信息披露的标准需要进一步明晰这些标准究竟是以投资者的需求为导向，还是以监管者的需求为导向，抑或是以混合需求为导向。这是我们要回答的问题。

尽管以投资者需求为导向和以监管者需求为导向在根本上是一致的，但两者之间仍然有很多差别，而从这篇研究报告里，还没有看出信息披露标准应更倾向于哪一个导向。我个人认为，应体现信息披露以投资者需求为导向的原则。

前面提到，这两个导向不是相互矛盾的，充分的信息披露对监管者和其他利益相关者都有好处，但由于监管者是制定标准的，就容易导致标准的制定往往以监管的需求为导向。

如何使监管者站在投资者的角度制定标准呢？这个问题很重要。

国内信息披露的管理办法对上市公司的要求，就是要以投资者的需求为导向。对于监管者而言，可能信息越详细越好，也不用在乎企业为此付出的成本，但是投资者对信息的要求往往是简明清晰、通俗易懂。因此，我国的上市公司在信息披露方面做得比较好的，都是信息可视化水平比较高的。特别是在中国这样一个散户众多的市场里，繁文缛节的大量信息并不见得就是高质量信息，要让投资者理解信息，就要采用图文并茂的方式，要把复杂的信息翻译成"普通话"，这才是以投资者的需求为导向。

因此，只有监管者真正转变观念，在制定标准时为投资者、上市公司考虑，才能提高信息披露的质量和有效性。我认为要让信息服务好投资者，应处理好以下关系。

第一，要处理好信息披露的统一性和投资者需求多样性的关系。标准肯定是统一的，但投资者的需求是多样的，这是对我们制定信息披露标准的挑战。在处理这对关系时，要特别注意投资者的多样性需求，即不同的投资者有不同的需求。

第二，要处理好信息披露的数量和质量的关系。信息披露的数量不是越多越好，还要平衡好信息披露数量与信息披露质量、企业成本负担的关系。

第三，要处理好 ESG 信息披露与气候信息披露的关系。

除此之外，我们还要探索非财务信息的标准化。可持续信息大多属于非财务信息，也应标准化，应增强非财务信息的通用性和可比性，加快数字化信息披露，提高机器的可读性。

从我国的实践情况来看，由于我国的投资者结构不平衡、散户过多，所以我们的市场对高质量的信息披露并不敏感。例如，上海证券交易所和深圳证券交易所最近分别发布了它们对上市公司信息披露的评价结果，很有意思的是，2021年1月1日到8月15日，股票涨得最好的前十家公司，只有一家公司被沪深交易所认为信息披露优良，剩下的九家公司里，六家信息披露合格，三家不合格。

这确实是一个值得我们深思并研究的现象，这既是一个理论问题，也是一个实践问题，其背后的原因有很多，其中之一可能就是上市公司的信息披露不符合投资者的需求，投资者可能不愿意看或者看不懂那么厚的资料。

因此，信息披露标准好不好要投资者说了才算，好的信息披露是受到投资者认可的披露，而不仅仅是监管者认可。让投资者感到满意的信息披露标准才是好的标准。

综上，好的信息披露公司现在不一定受到市场的欢迎，但不好的公司，其信息披露肯定是不好的。

协调好 ESG 信息披露和气候信息披露

ESG 信息披露涉及面较广泛，其中包括气候信息披露。同时，各有关国际组织制定了复杂的气候信息披露标准。这就可能产生既要有 ESG 信息披露——其中"E"包括环境气候信息，又要专门披露气候信息的情况。公司作为信息披露的主体，要同时执行这两套标准，成本负担会很重。

因为国际上现行的ESG标准也很复杂，另外，还要采用一套相当复杂的气候信息披露标准。那么，未来公司是应同时执行这两套标准，还是将气候信息披露的标准纳入ESG的体系中，以ESG标准为主，两者合为一套标准来使用？

根据报告提供的资料，从趋势上看，各国际组织都分成了两套来执行。它们保留了ESG标准，因为ESG的覆盖面更广，但气候作为一个专题又特别重要，并且难以纳入ESG的体系，因为它自身很复杂，要求得很详细，例如碳足迹，企业不仅要披露自身的碳排放量，还要披露间接的碳排放量以及全产业链的排放量，它既要求实体企业，也要求金融机构披露相关的信息。因此，从全球、从中国来看，都需要同时应用这两套标准，当然，这对企业来说，负担也比较重。

那么，我们应该如何协调这两套标准呢？现在设计的可持续信息披露框架里也采用了三四个气候指标，很简单明了，详细的信息就要看单独的气候信息披露标准了。

总之，同时使用两套标准，一套是ESG信息披露标准，另一套就是专门披露气候信息标准。如何协调好这两套标准，值得深入研究。

第四节

沪港通对金融开放的启示[①]

2014年11月17日,沪港通正式开通股票交易。时至今日,恰好将近5周年的时间。当前,中国金融对外开放已经进入一个"快车道"。有关部门先后宣布了一系列对外开放措施。金融开放已经进入高水平发展的全新阶段,必将给我国经济、金融的发展和变革带来深刻的影响。我认为,沪港通的发展历程对于金融开放具有重要的启示意义。

我国金融业对外开放步伐逐渐加快

金融开放的战略意义主要体现在,有助于我国建设高水平、开放型经济体。金融开放还将为金融业发展注入全新的动能。通过金融开放,促进我国金融业的全面改革,更好地应对金融风

[①] 本文系作者2019年出席中国金融四十人论坛主办的首届外滩金融峰会进行的主题演讲。

险，加强金融监管能力建设。沪港通作为5年前的一项重要制度性改革，在全面推进金融业对外开放的进程中起到了重要的带头作用。

2013年11月12日，党的十八届三中全会通过了《中共中央关于全面深化改革若干重大问题的决定》。该决定首次提出，要"推动资本市场双向开放"，既要"走出去"，又要"引进来"，要"有序提高跨境资本和金融交易可兑换程度"，这是沪港通开通的重要制度背景。

梳理近年来中国资本市场对外开放的重要事件，可以发现它是以沪港通的开通为起始的，也就是从2014年正式开始的。此后，我国在2016年正式放开了对外资机构投资银行间债券市场的限制，同年12月深港通正式开通股票交易。2017年，推出内地和香港之间的债券通。可以说，正是由于2014—2016年我国股票市场、债券市场的对外开放，才在2017年6月积极促成MSCI（明晟）将A股纳入新兴市场指数。

随着2018年债券市场的进一步对外开放，中国国债和政策性金融债也被成功纳入彭博巴克莱全球综合债券指数。同年，债券通的结算制度和税收制度得到进一步完善。2018年9月，A股正式纳入富时指数。2019年6月，富时罗素正式将A股纳入其全球股票指数体系。同年9月，国家外汇管理局决定取消合格境外机构投资者和人民币合格境外机构投资者的投资额度限制。

从上述资本市场对外开放的事件来看，自2014年沪港通打头阵起，我国资本市场的对外开放稳步推进，取得了重要成果。

目前，沪港通运行平稳。数据显示，在开通股票交易1周年之际，沪港通的交易额就突破了1万亿元；2周年时，达到了3.5万亿元；到了3周年的时候，又翻了近一番，交易额达到了6万亿元；4周年之际，进一步突破了10万亿元；截至2019年8月，沪港通交易额已经超过了15万亿元。沪港通的成功实践对我国全面推进金融对外开放具有重要启示。当前，我国金融对外开放的制度框架已经搭建起来，相应的措施也已经逐渐成型，关键在于怎样将制度落实到位。每一项对外开放的制度、规则乃至办法，都要考虑不同的应用环境。因此，推进金融开放，并不是确定制度、建立框架就万事大吉了，还有很多细致的工作需要落实。从沪港通的成功实践对落实金融开放的启示来看，我认为有几点是非常有意义的。

金融开放要顺应时代潮流，执行部门要勇于担当、注重细节

金融开放首先要顺应时代的潮流和市场的需求。沪港通的开通可以称得上"天时、地利、人和"。"天时"表现在，沪港通符合国家政策的需要，符合国家开放战略的需求；"地利"表现在，市场具有强烈的需求，无论是境内还是境外投资者，都希望积极参与市场交易。总体而言，沪港通符合我国经济深化改革的发展需求，符合投资者需求，也符合人民币国际化建设需求，更符合

上海建设国际金融中心、香港巩固国际金融中心地位的战略需求。

一旦一个对外开放项目确定了，执行部门的工作人员从上到下都要有一种"干事创业"的担当精神。沪港通从最初的一个思想火花，到前期一个框架式的想法，再到制定一张蓝图、呈现具体的规划方案，最后到正式上线运行非常不易。这样一个浩大的工程项目，涉及面很广，并且时间紧、任务重。面对这样一个艰巨的工程，如果没有一个强有力的执行部门，无论是监管机构、市场机构还是交易所，如果没有强烈的事业心和责任感，不具有内在的动力，是不可能做成这件事的。回想当年，沪港通的顺利开通凝聚了很多人夜以继日、顽强拼搏的辛苦，是一大批人热火朝天才干起来的，担当精神至关重要。

在项目执行的过程中，还要有攻坚克难、注重细节的精神。上海的交易市场和香港的交易市场虽然属于同一个时区，但两地市场的制度存在很大差异。上海和香港怎样"通"起来，需要注重细节。例如，两地的交易时间可能存在不一致，香港的假期安排与内地不同，两地市场股票交易制度也存在差异。从涨跌幅限制上看，上交所对个股设定了10%的涨跌幅限制，而港交所对个股涨跌却没有限制；从日内回转交易制度上看，上交所是"T+1"交易，而港交所是"T+0"交易；从股票交收制度上看，上交所是"T+1"交收，而港交所是"T+2"交收。此外，还包括每手交易单位、报价价位限制等，涉及诸多技术性细节，在沪港通酝酿推出阶段，工作人员进行了复杂而广泛的讨论，力求做出科学、周到的安排。

金融开放要有勇于开拓创新的精神

沪港通是在我国资本项目没有完全实现自由兑换的背景下推出的，开创了操作便利、风险可控的跨境证券投资新模式。特别值得一提的是，沪港通坚持了"主场原则"，即不改变两地市场的规则与投资者交易习惯，最主要的一个创新就是采用双 SPV 架构（订单路由模式）。上交所与港交所是直连的，分别在对方设立的服务公司中提供订单路由服务，接受本地投资者买卖对方股票的订单。与此同时，沪港通的跨境结算是轧差结算，也是净额结算。在十几万亿元的交易额当中，真正的资金跨境是非常少的，设计出这样的制度，一定要有创新精神。

当然，沪港通与 QFII 还是有很多区别的。人们往往会提出这样的疑问：既然已经有了 QFII 让境外投资者投资 A 股市场，为什么还要开通沪港通呢？我认为，两者之间最主要的差别在于业务载体不同、投资方向不同、交易货币不同。QFII 采用的是美元交易，而沪港通采用的是人民币交易。这使跨境资金的管理不同，投资者的便利性也大不一样。可以举一个形象的例子，QFII 相当于一艘"游轮"，而沪港通则是一座"桥梁"，这是两种不一样的渠道。此外，沪港通和 QFII 的投资组合策略也不完全相同。沪港通的投资策略更具有广泛性，是多元化的策略，而 QFII 相对偏重于长期投资和价值投资。

金融开放要"渐进式"地推进，并注重投资者保护和审慎监管

众所周知，在沪港通推出的初期，比较注重额度管理，最初规定了 3 000 亿元的总额度，每天既有总额度限制，也有每日额度限制。而到了 2016 年，总额度限制正式取消。2018 年 5 月，每日额度扩大了 4 倍之多。交易标的也类似，最初的交易标的范围比较小，多集中在大盘股上，随后才逐渐扩大交易标的范围。这充分说明在设计一个开放制度的时候，一定要循序渐进，要渐进式地推进，这样更容易成功。

与此同时，在沪港通推出的初期，有关部门开展了广泛的投资者教育活动，可以说达到了全市场培训的规模。当时，两地证监会也签署了"跨境执法合作备忘录"，进一步明确了两地内幕交易、市场操纵等认定标准差异的处理方法，还对监管信息共享、违法线索提供、协助调查取证等做出了具体约定，填补了跨境监管的空白。

总而言之，高水平的金融开放意义重大。以近 5 年以来沪港通的发展经历为借鉴，全面落实金融开放并不是一件很容易的事情。尽管当前金融开放涉及的制度环境、具体项目和方式方法大有不同，将来还会遇到新情况、新问题，但沪港通项目落地实施的精神并不过时，对落实金融开放具有重要的借鉴意义。

第五节

有序推进我国资管行业转型[①]

资管新规颁布两年来,防范化解了金融风险,重塑了资管行业的生态。资管产品刚性兑付逐步打破,期限错配、多层嵌套得到了逐步的纠正,法律监管制度更加完善,为推进我国资管行业转型发展创造了良好的条件。当前,资管行业转型发展已经形成共识,也迈出了重要的步伐。但是转型之路依然任重道远,面临不少困难和挑战,需要进一步在金融改革发展稳定与开放之间取得较好的平衡,以更好地适应实体经济和居民财富管理的需求。我想讲三个问题。

第一,推进资管行业的平稳过渡。

当前资管新规正处在过渡期内,新老产品并存。一方面存量资产的规模很大,处置困难,非标转标障碍比较多,回表承接也不现实。通过资产证券化和企业发债,可以消化少量的非标产品,但是不能根本解决问题。另一方面净值型的新产品筹集的资

[①] 此文系作者在"2020中国资产管理年会"上的发言。

金远远对接不了老产品的需要，客户接受程度还有待提高。募集中长期限的理财产品难度比较大，现在资产端收益率也越来越低，金融机构获得收益较好的资产的难度在加大。对投资者的教育仍然是一项长期的系统工程，因此要把握好过渡期处置风险的节奏和力度。

最近中国人民银行发布了公告，将资管产品整改过渡期延长到 2021 年底。这是贯彻落实中央关于处理好稳增长和防风险关系的一个具体体现，也是尊重市场规律，一切从实际出发，促进实体经济发展的必要举措。

近年来金融机构许多业务变化和资管新规达标的要求密切相关。比如银行理财产品的转型，主要依赖现金管理类产品，是因为现金管理类产品可以比照货币基金采用摊余成本法来进行会计核算，投资的范围比货币基金还要广，收益率当然也要更高一些。因此，作为资管转型过渡的一个重要产品，起到了对居民活期存款的替代效应，而且与银行的客户群体也高度重合，现金管理类产品的收益率和便利性比活期存款有更大的优势，但是这类产品是存在较高的信用风险和流动性风险的。

目前对于这一产品的性质和定位，以及如何监管也有很多讨论，应该说是有分歧的。也就是说，对于是把现金类资管产品作为一种严格的流动性管理工具，还是作为一种融资工具，存在分歧。作为融资工具，它的投资范围很广，当然就可以发挥支持实体经济的功能，但是如果投资范围很广，信用风险和流动性风险就随之而来了。银行资管产品转型大部分是靠现金管理类产品，而它又和我们现在的货币市场基金产品有很大的区别，不管怎样转型，我认为都需要审慎地、深入地、全面地进行评估。监管规则的调整，都需要从实际出发，平衡好风险防范和市场稳定的关系。

再如为了加快理财产品转型，银行发展结构性存款产品，把它作为保本理财产品最好的替代产品。结构性存款产品其实是挂钩衍生品，具有较高投资风险。为了向净值化资管产品转型，前一段结构性存款产品一度出现井喷发行的态势，但实际上其中相当多的是假结构性存款，不是真正的结构性存款，实际上就变成了一种高息揽储。

中资银行结构性存款余额到 2020 年 5 月末已经达到了 11.84 万亿元。最近两年经过几次起伏，2020 年以来又快速增长，特别是 5 月形成高峰。后来监管部门出手，整治假结构性存款，所以 6 月以后结构性存款量价齐跌，仅 6 月一个月就比 5 月减少了 1 万多亿元。这也说明了在资管新规的过渡期和整改期，把握节奏与力度是十分必要且重要的。

与此同时要看到，最近商业银行的同业存单发行也呈现出量价齐升的态势，因为结构性存款被抑制住了，假结构性存款不让搞了，所以 7 月以来，银行同业存单发行大量增加，目的还是弥补银行负债的缺口。

由现金管理类产品替代原来的保本理财产品，为了加快转型，又快速发展结构性存款产品。监管发现其中有很多不合规的地方，加以整顿和监管，现在商业银行又大量发行同业存单，这也从侧面反映了银行存款增量减少的情况。一部分存款流入股市，整个金融脱媒加快，但是银行承担的信贷任务仍然在加重。

银行上半年表内信贷增加了13万亿元，信贷任务不断加重，原有的一些产品的资金需要新的资金来接续。因此，银行不得不采取很多方法，来弥补这种负债的缺口。当然，也有一些银行为了夸大净值型理财产品的占比来体现转型成绩，采取了一些不合规的做法，一些新发产品的净值曲线异常平滑，没有市场波动，有的甚至将高收益资产腾挪到已经出现亏损的资产当中，以抹平两者之间的收益差距，实际上是变相实现了刚性兑付。这与近期各地银保监局处罚了一批虚报小微企业贷款数据的问题是一样的。个别银行在这方面搞浮夸风。

从以上分析可以看出，金融脱媒是一个必然趋势，也就是说居民在银行的储蓄存款将逐渐减少，但是由于银行主导社会融资体系，信贷的增量任务又很重，现在要纠正过去影子银行存在的问题，必然需要相当长的时间。也就是说，在银行新增信贷要大量增加的背景下，还要弥补老产品到期的资金缺口，这个任务是十分艰巨。可见理财产品的转型一定要坚持实事求是，充分尊重现实，不可操之过急，并且要真正实施一行一策，防止一刀切、齐步走。

第二，发展直接融资，特别是股权融资，是资管转型的本质要求。

推进资管行业转型是深化金融供给侧结构性改革的重要内容，也是调整金融体系结构失衡的重点任务，要有效提升直接融资的比重，发展资本市场，服务创新型经济、高质量发展的需要，解决过度依靠银行的间接融资模式。长期以来，我国商业银行是依靠国家信用和银行信用，具有高效动员储蓄和配置资金的能力，发挥了银行主导的作用，这极大地促进了经济社会的发展，应该说功不可没。同时也应该看到，随着我国进入工业化后期，资本市场配置资源的优势更为显著，市场机制可以对未知的风险进行定价，提高资源配置效率，对科技创新共担风险和利益共享，促进资本的形成与流转，促进生产要素向创新经济集聚，还可以促进公司治理和社会监督，提高经济运行的效率。

新颁布的《中华人民共和国证券法》，明确了资管产品的证券性质，从根本属性上来说，要适用信托关系，都要遵循《中华人民共和国证券投资基金法》和《中华人民共和国证券法》的要求。因此，推进资管行业的转型，就是要调整社会融资结构，大力发展直接融资，特别是股权融资。而要做大直接融资发展资本市场，就必须大力发展专业机构投资者。

现在资管行业的发展就是要进一步培育和壮大专业的长期机构投资者，要纠正以理财为名但实际上还是银行主导的间接融资的做法，或者是以所谓资管的名义为融资方提供服务，从融资方那里获取收入，也就是我们常讲的投资业务融资化。所谓产品转型，不管条件也好，形式也好，可能会有所不同，但其本质是要由投资者承担风险，无论是公募产品还是私募产品，无论是场内交易还是场外交易，都应当符合直接融资的本质特征。

为进一步推进资管行业健康发展，最高人民法院在民商事审判当中，按照资管产品的法律关系性质，对可能出现的法律盲区和争议点做出了法官裁量的指引。

这里我举几个例子，比如明确不符合资管新规的增信文件，可被认定为刚性兑付。出具增信文件，如果不符合资管新规，被认定为保底或者是刚性兑付的条款，法律上是无效的。

怎么来判断刚性兑付呢？判断是否符合保底和刚性兑付，不是看条款的形式，而是要穿透实质来审查。比如禁止通道业务，当然对于这个通道业务，最高人民法院明确在过渡期内还是有效的，一旦过渡期结束，所有的通道业务都是无效的，没有法律效力。

比如，资产收益权不是《中华人民共和国物权法》中规定的权利行使，而是在金融创新当中由金融机构创设出来的，过去缺乏法律的支持，但是在实践中，资产收益权转让又非常普遍，资管新规也将收益权作为资产的一种。因此，最高人民法院确认了资产收益权作为资管业务标的资产的法律效力。

再如，对资管机构固有财产的诉讼保全。信托财产是独立于委托人、受托人、受益人各自的固有资产的。资管机构作为被告的时候，对其固有财产采取方便执行且对正常经营影响最小的执行措施。也就是我们常说的要尽量采取活封活扣，必要时还要为资管机构预留流动资金和往来账户，这是对资管机构的一种额外保护。

又如，对资管机构销售产品适当性的原则也做了规定，明确了卖方机构推荐销售的适当性义务，要承担举证责任。这个特别重要，就是金融机构是否实施了销售义务，不是由客户来举证，而必须由机构来举证，金融机构不仅要承担举证责任，而且如果没有按规定履行义务，还要承担连带的赔偿责任。最高人民法院明确金融监管部门的规范性文件，如果与法律规定不相抵触的，可以在审判中参照适用，即可以在审判当中作为依据。这意味着如果金融机构败诉，是要承担法律责任的。

我再举一个例子，最近某一个国有大行的支行代销了理财产品，产生了纠纷。经过三审，最后终审了，已经判决了。在这个案子中，银行是代销，理财产品是其他金融机构的产品，但是客户亏损了18万元，所以这个客户要求银行赔钱。

法院一审认为银行是代销产品，没有责任，所以驳回了全部的诉讼请求。这个客户继续上诉，二审改判银行承担主要的赔偿责任，因为银行在推荐理财产品之前，没有对客户进行评估，没有履行适当推荐的义务。银行又上诉，最后三审法院是终审，按照买者自负的原则和卖者尽责的原则来做出判决，那就是客户承担本金损失的主要责任，银行在销售过程当中存在过错，对客户本金的损失承担相应的赔偿责任。

这是我国关于银行代销理财产品的第一个案例。资管机构转型发展，一定要按照受人之托、代人理财的信托关系和信义义务来执行。如果再像原来那样搞所谓通道业务，搞刚性兑付或保底，就不仅仅是违规了，如果败诉，还得承担法律责任。

第三，增强资管机构的竞争力。

到2020年第一季度末，我国开放式公募基金的规模在全球的排名已经上升到第五位，2019年底我国是第八位。如果将公募基金、信托产品和其他资管产品合起来计算，我国是世界第三大资产管理市场，仅次于美国和英国，预计2021年就可以超过英国。基于瑞士信贷发布的全球财富报告，中国家庭财富总规模位居全球第二，在全球财富中的占比将从2018年的16%上升到2023年的19%。可见我国资管市场的发展潜力巨大。

打造优秀的、专业的资产管理机构，最重要的是确定机构的战略定位、投资理念和企业文化，把客户利益放在首位。这句话是大家都在说的一个口号，但是知易行难，关键是要从投资逻辑、投资研究、投资制度、投资纪律、投资流程、投资团队以及投资考核等各方面，真正做到以客户为中心，为客户创造价值。坚决摒弃类信贷业务的模式，持续培育主动管理能力，特别是资产定价能力、产品创设能力、金融科技能力、专业销售能力和合规风控能力，避免走产品趋同化、服务同质化的老路，不仅要给客户持续提供不以销售为导向的知识与价值理念，而且要严格甄别和筛选客户，不一味迎合客户的需求，进而引导资管业务朝着多元化、规范化的方向发展。

随着金融对外开放的扩大，境外专业资管机构纷纷进入中国市场。目前全球知名的资产管理公司和大型对冲基金，已经在中国布局，对于促进改革，提高服务品质，发展多元化、差异化的资管业务，促进资管业务市场化、法治化和国际化，提高中资机构竞争力，都将起到积极作用和正面影响。同时，这也会给中资机构在产品服务竞争中带来新的机遇和挑战。如何取长补短、施展更大的空间、扩大"走出去"经营，也需要资管机构认真研究应对。

数字化时代的到来，对我国资管行业的发展也提出了新的挑战。资产数字化以后，选择资产标的的能力面临新的问题和情况。证券是底层资产流动而人为创造的一个符号表征，股票是股东权益的证券化，债券是债权的证券化，抵押贷款证券是银行信贷的证券化。未来资产数字化以后，天然具有了流动性，可能产生数字资产证券。对于如何认识资产的价值、怎样纳入资产的组合管理，就需要重新研究了。此外，资管机构的运作，包括前中后台都会由数据来驱动，智能投顾、智能投资、智能客服、智能风控也会快速发展。这既能够提高效率、促进普惠，又给客户的权益保护、防范安全风险带来新的课题。

总之，推进我国资管行业的转型，重塑资管市场的生态，是一项长期系统工程，还有很长的路要走，培育成熟健康的投资文化，造就历经牛熊轮换、经验丰富的投资经理，不可能一蹴而就。就像我们的商业银行过去长期搞信贷业务一样，要培养一名合格的信贷经理，一般要8年以上。要培养一名合格的投资经理，同样需要经过长时间的市场考验。我们相信，只要坚持正确的方向，久久为功，就一定会迎来我国资管行业的美好未来。

第六节

净值化管理的优势与挑战[①]

资管市场正在回归理性

2022年以来,我国资管行业出现了一定程度的波动。衡量资管行业发展状况的指标比较多,从产品、规模、效益和人才资源这四个指标综合来看,2022年第一季度资管行业的整体发展态势较好,保持了两位数的增长。但在2022年第四季度,增长由正转负,发展情况较差。分行业来看,公募基金、私募基金和保险资管的抗风险能力更强,银行理财和证券资管受影响的程度更大。

不过,值得高兴的是,尽管2022年第四季度尤其是最后两个月发生了较大波动,但新发产品并未受到太大影响。从数据上看,2022年11月市场迎来"破净"高潮,数千个理财产品跌破净值并引发了"赎回潮",但新的产品依旧发行,并未受到太大

[①] 此文系作者2023年3月在中国金融四十人论坛青年论坛双周内部研讨会"资管新规中净值化管理的影响"上的点评发言。

影响。2022年11月，市场上新发行了2 267款理财产品，环比10月增长了552款，保持了增长态势。

2022年的债券和股票市场同时发生了较大波动，净值化带来的影响整体上符合市场发展规律。从2023年2月和3月的一些市场指标可以看出，市场总体在回归理性。今后，产品净值波动将会成为常态化的现象。对此，我们一方面要坚定不移地坚持净值化；另一方面也要总结经验，完善对于市场波动的应对措施。

资产净值化管理利好投资者

长期以来，我们对资管产品净值化意义的强调，往往侧重于打破刚性兑付、防止风险积聚以及推动"买者自负"等。其实，我们还需要长期宣传这样的认识，净值化的本质是客户投资收益的市场化，这也是需要对投资者加强教育的一个观点。可以说，净值化是对投资者最大的利好，原因有以下四个方面。

一是投资者得以了解资金去向。净值化之前，投资者的资金混合在资金池中，无法得知资金去向。现在，投资者对于资金去向十分明确，这是对投资者的保护。

二是实现了收益最大化。收益的最大化并不意味着不亏损。净值化时代，资产管理人只帮忙理财，只收管理费，而不再跟投资者分享收益和亏损。对于投资者而言，资产净值化管理之后，尽管产品净值一时可能会跌，但后续可能会涨，累积来看其存在潜在的收益空间，能够保证投资者的收益最大化。

三是能够识别资产管理人。净值化要求之下，投资人能够在不同银行、不同资产管理人之间进行选择，择优委托，实现自己选择资产管理人的权利。

四是能够帮助投资人了解自己。无论是从历史经验还是从当前情况来看，真正了解自己的投资者并不多，且绝大部分投资者无法战胜自己。在净值化条件下，投资者可以在长期的投资过程中加深对自己的了解。净值化本质上是客户投资的市场化，它使投资更加透明，交易更加公平，更加符合市场规则。同时，净值化还可以规范各方面的行为，有助于防范风险。

机构还需加强风控管理，助推市场回归理性

在产品净值波动成为常态的情况下，要让市场逐步回归理性，需要采取改进措施。以下为几点建议。

一是各类资管机构需要进一步加强风控管理。此次市场波动中，现金类、货币类和权益类产品都没有出现大问题，出现问题的反而是R2（稳健型）和R3（平衡型）这两个风险等级的产品。其中，R2一般是债券型基金，债券型基金跌破净值是市场投资者完全没有预料到的。

我国资管机构的风控模型面临的挑战与问题较多。一方面，

客户群体还不成熟，客户行为与情绪变化较快，有些客户在填写风险评估表的时候被评估为 R3 等级，但其实际的风险承受能力可能只有 R1 或 R2。因此，与成熟市场的风控模型相比，我国金融机构的风控模型迭代速度更快。这就更加需要注意风控模型的细化和优化，以体现不同机构差异化获客与风险管理的能力，开发出能够体现自身核心竞争力的风险模型。

另一方面，对投资者风险等级需要进行量化分析。目前，对投资者风险等级的划分大体遵循 R1 至 R5 五大等级，虽然有不少测试题目，但较为粗糙，难以真实、全面反映投资者的风险偏好，比如，有些投资者在进行风险等级评估时得到的结果可能是 R3，而一旦市场发生波动，其风险承受能力可能就会变成 R1。因此，建议进一步完善五级风险等级分类，增加具体量化指标，比如不同风险等级下的回撤率等，同时开发客户动态风险评估模型，跟踪客户心理与行为变化，及时回应客户关切，并用具体量化指标约束投资者。

财富管理的本质是取得客户的信任，这种"信任"不同于"信用"。当前，我国金融机构信用是好的，是由国家金融监管部门批准的持牌机构，但要真正建立同客户之间的信任仍需努力，要长期地、全生命周期地陪伴客户。

从宏观方面看，如何培育差异化竞争格局，如何加强流动性管理，如何优化产品设计等，都值得进一步研究。央行对市场流动性的调控、对系统性风险的防范十分重要。

第七节

基金业对外开放[1]

20多年来，我国基金业一直是金融对外开放的排头兵，也是对外开放的受益者，从公募基金的视角看，我国基金业发展于1998年。当时，"老十家"基金管理公司主要依靠国有金融机构出资成立，开启了我国公募基金的发展历程，对我国基金业发展起到了重要作用，同时也产生了一系列问题。1999年，"基金黑幕"事件爆发，基金行业出现全行业信任危机。证监会在2000年提出，基金业要走市场化、法治化、规范化、国际化道路。2001年12月，中国加入WTO，2002年6月，《外资参股基金管理公司设立规则》颁布，允许合资基金公司外资持股比例不超过33%，外资开始入股我国基金公司；2002年12月，首批中外合资基金管理公司成立。2005年，基金管理公司外资持股比例上限提高至49%，合资基金管理公司迎来发展高峰。2018年4月，基金管理公司外资持股比例上限放宽至51%。2020年基金管理

---

[1] 此文系作者2020年在基金业开放与发展高峰论坛上的发言。

公司取消外资持股比例限制。截至2020年5月底，有44家中外合资基金管理公司，其中17家外资持股比例达到49%，1家达到70%。

近年来，境内公募基金市场发展取得了可喜的进步，公募基金行业的规范性、专业性和受托理财文化整体领先于大资产行业，在百姓理财、养老金管理等方面树立了标杆。应当说，这种进步得益于公募基金市场的对外开放。

对外开放为我国基金行业引入了先进机制和管理思想，极大地推动了我国基金行业规范发展进程。自2002年合资公司兴起，外资成熟的内控制度经验开始在我国基金行业落地，市场竞争推动全行业更加重视内部制度建设，对改善全行业公司治理水平起到了重要作用，逐渐形成了有利于投资者的内控制度。在2018年6月基金业20周年评选活动中，成立年限在15年以上的基金公司有29家，其中合资公司14家，占比48%；成立年限在7~15年的基金公司有40家，其中合资公司24家，占比60%。成立年限在15年以上、主动权益类基金业绩排名前10的基金公司中，合资公司占4席；7~15年组别排名前10的基金公司中，合资公司占8席。截至2020年5月末，非货币理财基金管理规模排名前20的基金管理公司中，合资公司占12席。

2003年10月，《中华人民共和国证券投资基金法》颁布。该法充分吸收国际成熟市场经验，系统规范了基金行业的信托关系和信义义务，构建了我国基金业可持续发展的基石。我国公募基金监管实践始终努力与国际市场接轨并持续改进，比较好地兼容了我国资本市场实际和国际市场经验，形成了信息披露制度、公平交易制度、公司内控制度、公允估值制度等一整套体系，"卖者尽责、买者自负"的信托文化深入人心，为公募基金行业健康发展奠定了坚实基础。

当然，由于过去对外资持股比例限制在 49% 以下，外资通常缺少决策主导权，加上受我国基金业发展生态环境的影响，外资公司自身存在决策链条长、效率不高等问题，合资基金公司在风险管理、投资研究、产品设计等方面的优势还没有充分转化为本土化的实践，公募基金行业的竞争更多地体现出本地市场的同质化竞争。

从外资角度看，外资股东在财务投资方面基本获得了符合预期的回报，在理解中国市场、培育本土化能力、建立品牌影响力方面也有积极收获，为其全球化策略积累了必要的中国经验。

在股权限制完全取消后，外资将有更大的热情在中国市场开展基金业务，从合资公司取得的知识和经验也将帮助其拓展中国市场。外资的优势在于国际市场成熟经验，在服务全球客户尤其是机构客户方面有显著优势，在全球主要市场上拥有更成熟的资产配置和投资管理能力，进入中国市场后，外资基金公司将在境内外业务联动和跨境资产配置方面体现出它们的优势。

由于中国基金业市场生态与国际市场相比有自己的特点，仍将会给中外资基金公司发展带来机遇和挑战。

第一，从投资者生态看，以散户为主的投资者结构仍将长期存在。从基金有效客户数量看，2019 年已经突破 6 亿，其中超过 99% 是自然人投资者，自然人投资者持有全部公募基金资产占比约为 50%，机构账户持有公募基金资产的 50%，但养老金持有公募基金资产的占比不足 1%，养老金大部分通过基金专户管理，并没有大规模进入公募资金的资产中，这与美国公募基金中养老金资产占比超过 40% 形成鲜明对比。缺少稳定的长期资金是权益类公募基金发展缓慢、投资行为短期化的重要原因之一。

第二，从运营生态看，以银行和第三方销售主导的客户服务体系不利于基金管理公司的公平竞争和良性发展。一方面，我国基金市场的销售渠道高度依赖于银行，银行业合资公司和非银行系合资公司在渠道资源上有很大差异。另一方面，销售费用体系不尽合理，普通投资者缺少专业判断能力，销售佣金制度下难以建立符合投资者利益的投资顾问服务，频繁申赎同时伤害基金管理人和基金投资者的长期利益。

第三，从监管生态看，大资管仍未实现有效的功能监管，公募基金受到最严格监管，一定程度上不利于中外资基金管理公司的公平竞争。尽管"大资管办法"和《中华人民共和国证券投资基金法》在监管理论、原则、方向上趋同，但监管主体、监管对象和具体监管规则不尽一致，仍处于机构监管、分业监管框架体系下，资产管理业功能监管仍有很长的路要走。功能监管不完整必然导致市场在一定程度上处于割裂状态，不利于各类市场机构公平竞争。

此外，对外开放对基金业营商环境和监管协调也提出更高要求。开放不仅是引进外资，更是引进人才、管理和专业制度的过程。基金业营商环境友好性主要体现在各类资本和专业人才在管理好利益冲突的前提下公平展业、公平竞争。外资、民营资本和专业人士在进入公募基金方面均有很强的需求，有必要进一步打开公募基金展业制度空间。在监管协调方面，各国基于自身市场环境，均对他国资本、人员在本国设立基金管理公司或发行基金产品有一定的要求。例如，有的国家要求在其本土设立基金管理公司的外资机构要聘用一定比例的本土高管或从业人员。我们有必要在对等原则的基础上，推动境内外市场双向开放。积极推进基金行业生态建设，立足统一市场要求，对内资、外资提供更加公平的竞争环境。

一是推动鼓励长期资金和长期投资制度建设，优化资本市场投资生态。养老金、保险资金应当成为公募基金的基石投资者，大量理财型资金应当制度化地通过大类资产配置活动持有合适的资产。大类资产配置产品专注于匹配不同人群的生命周期和风险偏好需求，提供资产配置和风险管理解决方案。大类资产配置产品以各类公募和私募基金为主要投资标的，而公募和私募基金以挑选优质公司股份或债券并构建特定投资组合为目的，将资金配置到各类基础资产上，由此形成从大类资产产品到基金投资工具，再到基础资产的有机生态。促进基金业特别是权益型基金稳健发展，公募基金公司自身健全长期资金的制度约束十分重要，要改革基金公司的经营理念和考核机制，一方面要寻找、选择合格的客户，另一方面要通过产品设计与服务，改变基金持有者的短期行为，增加长期资金来源。如果制度好，短期资金就可以变成长期资金；而如果制度不好，长期资金也会变成短期资金。

二是积极推动基金费率体系改革，确保基金销售运营过程与投资者利益一致。向管理人收取基金产品销售佣金，很大程度上扭曲了销售机构的行为，削弱了基金销售过程中投资者利益的保护，尤其是投资者适当性原则无法得到有效保障，应当借鉴境外经验改革费率体系，从产品返佣模式转向管理费模式，即不再从产品发行人那里获得佣金，而是依规模向投资者收取固定费用。有利于改善基金产品销售行为，降低投资者成本负担，也能够很好地引导投资者理性投资、长期投资，壮大权益型基金的投资者基础。

三是推进功能监管和境内外监管协调。应当将公私募基金和公私募资产管理业务统一到《中华人民共和国证券投资基金法》下，进一步提升功能管理有效性，减少监管套利，促进市场公平。

第八节

信托业的新使命[1]

新的规范信托业务分类管理办法实施后，标志着信托业供给侧结构性改革进入新的阶段，以回归信托业本源为特征的业务将成为信托业转型发展的新引擎，为信托在支持共同富裕中担当新角色、发挥新作用提供了重要基础。

按照新的分类办法，信托业务分为资产服务信托、资产管理信托、公益慈善信托三大类25个业务品种，其中有不少业务可以在助力共同富裕中大显身手。

比如，养老服务就是新的展业模式，信托公司围绕老年人的托养照护等生活需求，与保险公司旗下的健康医养板块合作，共同设计提供权益登记、财产保护、执行监督、支付结算、财富传承等信托服务，为客户提供"保险+信托+医养服务"一站式养老生活解决方案。

---

[1] 本文系作者2021年撰写的调研报告，后作为全国政协委员提案。

再如，公益慈善信托是发挥第三次分配作用、助力共同富裕的重要物质基础。近年来我国慈善事业稳定发展，慈善资源总量持续增加，锚定共同富裕目标的慈善政策成效初步显现。根据《中国慈善发展报告（2022）》的数据，2021年全国社会公益慈善资源总量4 466亿元，其中，社会捐赠总量为1 450亿元，彩票公益金总量为1 062亿元，志愿者服务贡献价值折现为1 954亿元。全国累计慈善信托备案773单，财产规模39.35亿元。随着分配制度的逐步配套和完善，未来公益慈善资产将逐步增多，资产的内涵和外延也会逐步扩大，慈善信托的作用日益重要。

家庭服务信托正在兴起，代表着信托普惠化发展趋势，可以让更多普通家庭享受信托服务，为他们提供财富积累和传承的新途径、新工具，对于扩大中等收入群体，帮助普通家庭实现财产规划、风险隔离、子女教育等多方面目标，都具有重要意义。

随着第一代创富人群逐步进入老龄阶段，财富传承的需求日益强烈。据《21世纪经济报道》统计，截至2022年末，13家银行公布了其私行资产管理规模共计18.99万亿元，比2021年增加约2万亿元，其中私行家族信托业务发展迅速，同时，全国80%的信托公司已启动了家族信托业务。开展家族信托有利于民营企业家财富保护与传承，也有利于促进财富管理和社会公益慈善事业发展，更好发挥第三次分配的作用。因此，需要进一步加强顶层设计，健全法治，规范业务行为，坚持守正创新，增强综合服务能力。

关于健全家族信托制度的提案

肖钢

我国民企都是改革开放后发展起来的，已积累了巨额财富，未来10年民营企业家将面临大规模代际传承的重大挑战。民营企业家财富保护与传承不仅涉及民企生存问题，更涉及经济增长、就业扩大、民间投资以及发挥第三次分配作用、促进共同富裕等一系列重要问题，迫切需要未雨绸缪，加强顶层设计。

家族信托是民企财富保护与传承最重要的制度安排之一，其本质是委托人（通常是民企创始人）将信托财产权转让给受托人（信托公司），由受托人按委托人的意愿为受益人进行管理。家族信托制度有利于实现产权保护、隔离产权风险、规避家族争产及子女挥霍、促进财富管理和社会慈善事业发展等，因此在境外被广泛采用。很多民营企业家去境外设立家族信托，据典型调查统计，截至2020年12月，在境外设立家族信托的财产价值就超过1.86万亿元。

目前，国内多家信托公司开展了家族信托服务，到2020年6月底，设立家族信托9 049个，财产价值1 863.52亿元。由于家族信托资产主要为现金，而上市公司股票、非上市公司股权以及不动产很难成为信托财产，极大地限制了家族信托功能，制约了我国家族信托的发展，造成了民营企业家财富管理与传承的困局。当前存在的主要问题有以下几点。

第一，《中华人民共和国信托法》对信托财产的产权转移界定模糊。

《中华人民共和国信托法》将信托定义为委托人将财产"委托给"受托人的行为。国际通行的信托制度建立在委托人将信托财产的所有权转移到受托人名下，这是信托的本质属性和制度保障。由于法律不支持"一物两权"，信托财产没有实现产权转移，财产归属不明确、独立性不足，很难实现家族信托的核心功能。

第二，信托财产登记制度缺失。

根据《中华人民共和国物权法》和《中华人民共和国信托法》，我国实行登记生效制。委托人以股权、不动产等按照法律规定应办理登记手续的财产设立信托时，应该办理登记手续，确认财产的转移，信托方能生效。但由于我国信托财产登记制度一直未能落地，信托公司只能通过《中华人民共和国合同法》来持有信托财产，在过户税费及登记审批上遭遇诸多障碍，难以发挥信托财产在独立性、破产隔离等方面的制度优势，制约了家族信托的发展。

第三，家族信托税务制度尚存空白。

由于现行法律法规没有针对民事信托非交易性过户这一特性进行规定，因此税务机关普遍将信托财产的置入视为一种市场交易行为，由此产生的高额税负使除现金外其他资产设立家族信托步履维艰。慈善信托常常嵌套在家族信托中，虽然有关部门出台了税收优惠规定，但实际执行并未到位。

目前我国有3 200万家民营企业，民营企业家对家族信托的需求十分强烈，为促进民营企业家财富保护与传承，规范发展家族信托业务，建议加强顶层设计，将家族信托作为保护民企产权、促进民企传承、扩大民间投资的基础性制度供给。

尽快修订《中华人民共和国信托法》，增加家族信托相关章节。同时，出台家族信托管理条例，建立与家族信托相配套的基础设施。建议相关部门共同拟定家族信托管理条例，针对家族信托非交易性过户的特性，解决信托设立过程中税负过高的问题。针对上市公司股份、非上市公司股权及不动产等不同类型资产，落实信托财产权属登记和流转制度，确立股权及不动产非交易性过户转让登记工作的权威性与统一性。

同时，进一步规制受托人义务，强化受托人治理。建议在法律层面增加对受托人义务的规范，就受托人应尽的亲自义务、忠实义务、审慎义务、有效管理义务、保密义务等做出规定，加强监管。建立家族信托保护人制度，加强对受托人的监督。家族信托是跨生命周期的产权安排和传承计划，必须保障信托财产的独立性，以及受托人破产倒闭后的连续性，以消除民营企业家的后顾之忧。

中国人民银行
关于政协第十三届全国委员会第四次会议第1059号（财税金融类092号）提案答复的函

肖钢委员：

您提出的关于完善信托制度、促进推行家族信托的提案收悉，经商最高人民法院、财政部、银保监会、证监会，现答复如下。

一、《中华人民共和国信托法》修改工作进展

《中华人民共和国信托法》（以下简称《信托法》）自2001年颁布实施以来，为推动我国信托业规范发展发挥了重要作用。近年来，随着我国社会经济持续发展，人民群众财富积累不断增长，金融服务需求日益旺盛，信托业面临新的发展机遇，现行信托制度设计也在实践中遇到一系列问题。

人民银行、银保监会等部门一直密切关注《信托法》实施情况，为推动《信托法》修改开展了大量前期工作。2021年4月至8月，人民银行会同银保监会、中国信托业协会开展了《信托法》立法后评估工作，通过问卷调查、座谈会、调研等形式，评估信托法律制度的科学性、合理性和可操作性，听取各方对修改《信托法》的诉求和建议，为适时推动修改《信托法》奠定基础。同时，银保监会正在牵头起草《信托公

司条例》，拟明确信托登记制度，健全机构准入、经营规则、监督管理等方面的要求。人民银行指导银行间债券市场登记结算机构依法依规开展信托财产登记，不断加强与信托登记机构沟通合作。

二、关于《信托法》修改的具体建议

我们总体赞同您提出的完善信托基本法律制度、建立与家族信托相配套的基础设施、出台《信托法》司法解释、加强监管等建议。这些建议是《信托法》修改中需要深入研究论证的内容，对完善我国信托制度、促进家族信托业务发展具有重要意义，值得借鉴。

（一）关于修改《信托法》，完善受托人义务的建议。现行《信托法》关于受托人义务的规范较为原则和宽泛，未根据主动管理与事务管理类等不同类型的信托业务，明确受托人义务的具体标准，也未对营销推介、尽职调查、产品存续期管理等各业务环节中的受托人职责进行具体规定。在《信托法》修改过程中研究细化受托人义务和责任，完善受托人忠实、审慎、有效管理等义务有助于清晰受托人职责、建设良好受托人文化。

（二）关于建立与家族信托相配套的非交易性过户、登记、税收等制度的建议。现行《信托法》第二条对信托的定义采取"委托给"而非"转移给"的表述，相对模糊了信托财产所有权转移的问题。而实践中，信托财产所有权配套登记制度的缺失更导致大量信托财产无法登记，制约了信托业务的发展。未来修改《信托法》时，有必要充分考虑我国特有的经济文化背景和法律传统，以适当方式明确信托财产所有权归属；有必要完善配套登记制度，促进行业发展。目前，银保监会正在推动起草的《信托公司条例》就信托财产登记相关内容进行了规定，未来修改《信托法》时，可对此予以统筹研究，为信托功能的发挥提供制度保障。同时，可以研究借鉴相关国际经验，立足我国实际，在《信托法》中对信托税收政策做原则性或授权性规定，提升信托活动中税款征收的科学性和规范性。

（三）关于出台《信托法》配套司法解释的建议。由于《信托法》颁布实施时间较早，规定较为原则，导致在制度实施、政策落地和配套制度衔接层面仍不尽完善。近年来，最高人民法院结合案件审理中遇到的突出问题，开展了多次调研，先后发布《关于进一步加强金融审判工作的若干意见》《全国法院民商事审判工作会议纪要》等多项司法政策性文件，及时统一全国法院的思想认识和裁判尺度。当前，最高人民法院已开展金融审判工作专题调研活动，并准备在调研基础上形成审判纪要，以统一相关案件审理的司法尺度。其中，关于营业信托纠纷案件审理的法律问题是本次专题调研的一项重点内容。

（四）关于加强信托业监管的建议。家族信托存续期限较长、信托财产类型较为丰富、委托人需求较为多元，对受托人的管理能力、持续经营能力等都有更高的要求。近年来，银保监会持续加强信托业风险防控、转型发展等各项监管工作，积极引导受托人坚守定位、夯实信托文化，在依法合规、风险可控的前提下，加强研究探索，提升服务能力，推动家族信托在内的信托本源业务持续发力。

下一步，人民银行将在《信托法》立法后评估工作的基础上，会同银保监会总结《信托法》修改重点和难点，抓紧开展立法研究和调研工作，加强与财产登记、司法等部门沟通协调，推动丰富完善信托实践基础，适时推动将《信托法》修改工作列入立法计划，配合立法部门推动修法工作早日完成。

中国人民银行

2021 年 12 月 1 日

第九节

跨境资本流动的均衡态势[①]

中国跨境资本流动保持相对均衡的四个原因

中国资本的跨境流动较几年前已发生很大变化，令人乐观的是，目前已达到相对均衡的态势。回顾历史，人民币汇率和跨境资本流动可分为三个阶段。

第一个阶段是从2014年底到2016年初，其间人民币一直保持较强贬值预期，资本外流增多，当时央行采取多种措施，包括运用外汇储备予以应对。

第二个阶段是从2018年到2020年，人民币迎来第二轮调整，在资本外流的压力下汇率贬值到7.18。不同于上一阶段的应对，在这一轮冲击中采用更多、更综合的应对举措：运用逆周期因子对冲人民币汇率定价公式"收盘价＋篮子货币"的顺周期因素，对银行远期售汇征收20%的外汇准备金；对上海自贸区银行向

---

① 此文系作者在2022年7月中国金融四十人论坛青年论坛双周内部研讨会"全球资本流动和资本市场新动向"上的点评发言。

境外拆借或存放人民币进行限制，有效收紧离岸人民币的流动性，提高做空人民币的成本。

如今进入第三阶段，跨境资本流动进入了相对均衡的态势，我认为主要有四个方面的原因。

第一，资本市场的开放打开了海外投资者进入的渠道，这是资本流入流出保持均衡的重要原因。目前外资持有中国股票债券超过10万亿元，占股市流通市值超过5%，债券也超过4%。一方面，中国的股票和债券等金融资产具有很大的吸引力；另一方面，从资产配置的角度来看，人民币金融资产的体量巨大，是必须纳入全球配置的组成部分，这是对一些境外机构做空人民币的重要对冲与制衡。

第二，中国企业更加频繁地利用外汇套保，管理风险。特别是外贸企业，开始更频繁利用外汇套保的操作，逢高结汇、逢低购汇规避汇率风险。这些市场化的交易形成一种调剂和对冲，减少了顺周期行为，有利于形成双向波动的态势。2022年第一季度企业利用远期、期权管理汇率风险规模超过3 700亿美元，同比增长29%。

第三，人民币汇率机制改革见成效。日均汇率浮动幅度，2018—2021年达到3.9%，高于2014—2015年的2.2%，这极大增强了汇率弹性，不仅扩大了货币政策空间，也有利于跨境资本流动均衡态势的形成。

第四，人民币国际化加快，增加了国际储备当中对人民币的需求。特别是国际货币基金组织2022年将人民币在SDR中的权重提高，这有利于人民币需求的持续提升。

以上四点分析，归根结底就是深化改革开放的成果。实践充分证明，改革开放是保持我国跨境资本流动在当前国际局势复杂多变、国际金融市场剧烈波动下平稳运行的法宝，这也再次启示我们，应对外部冲击，仍然要坚定不移推进改革开放，不断改善投资环境，增强我国金融市场的广度和深度。

保持资本流动均衡需要统筹考虑五大市场

目前的中国金融市场并非高枕无忧。人民币升值贬值的双向波动仍然会长期存在，资本市场波动可能加大，不同金融市场之间的相互影响加大。

随着金融市场的开放，外资来去更加便利，这就要求我们不能仅着眼于外汇市场，而要随着资本市场的开放，统筹考虑外汇市场、债券市场、股票市场、同业拆借市场和信贷市场，深刻把握五大市场间日渐紧密的关系和相互影响。其中市场化程度最高的是股市，其次是债券市场。它们确实对市场变化最为敏感，能及时反映国内外各种因素的影响。外汇市场的市场化程度增加也会影响股市、债市，因此，随着我国金融市场的改革开放，市场化程度提高，要更加重视研究五大市场之间的联动关系与风险传导路径，统筹协调，防范化解跨市场风险，促进各市场平稳健康发展。

美联储加息与欧元贬值的相关思考

首先，关于美联储加息，有三个方面的内容需要考虑。

第一，关于美联储加息会不会到 3.5% 乃至于更多的问题。由于美国选民对通货膨胀非常反感，两党出于对民意的考虑，都要把通胀目标控制在 2%，因此，激进加息实际上是一个政治决定。

第二，美联储的通胀目标每 5 年评估一次，目前不能更改；但过两年再评估时，是不是还要把通胀率控制在 2%，尚需观察。

第三，美联储提出要在长期内实现通货膨胀率 2% 的目标，意味着有些时段可以超过，看作一个长期灵活的动态目标。

相关领域人士坦率表示，本轮加息的程度尚未确定。因为历次加息周期中，"出事"往往在加息末期，一般在加息 3~5 次之后才会引发衰退等问题，7 月继续加息 0.75~1 个百分点。虽然目前美国 CPI 同比增长高达 9%，市场对加息的预期很高，但随着衰退风险的增加，仍要相机抉择，也不排除年内放缓甚至停止加息的可能。

其次，欧元对美元的贬值，一方面是基本面的原因，即欧元区经济不如美国，美强欧弱；另一方面则是市场担心欧债危机重演。此外，还有一个很重要的原因，就是德国 30 年来首次出现贸易赤字。德国以制造业为主，出口一直保持强劲，以前其机械产品出口占全球的比重一直排全球第一，但从 2019 年开始落后于中国，2022 年甚至出现了贸易逆差，进一步引发了市场对欧元区经济的担忧。

欧元贬值会带来美元指数的走高,但美元指数的上升空间是有限的。不过未来或会带来黄金、股票、债券和大宗商品等的价格波动,国际金融市场出现动荡似乎是可以预期的。

第六章

金融支持粤港澳大湾区

"推进粤港澳大湾区建设,支持香港、澳门更好融入国家发展大局,为实现中华民族伟大复兴更好发挥作用。"

——摘自党的二十大报告

"对香港、澳门来说,'一国两制'是最大的优势,国家改革开放是最大的舞台,共建'一带一路'、粤港澳大湾区建设等国家战略实施是新的重大机遇。"

"大湾区是在一个国家、两种制度、三个关税区、三种货币的条件下建设的,国际上没有先例。要大胆闯、大胆试,开出一条新路来。"

——摘自2018年11月12日习近平总书记会见香港澳门各界
庆祝国家改革开放40周年访问团时的讲话

建设粤港澳大湾区，是习近平总书记亲自谋划、亲自部署和推动的重大国家战略。作为我国开放程度最高、经济活力最强劲、金融市场最发达的区域之一，粤港澳大湾区人均GDP是全国的2.5倍，以0.6%的土地面积、5%的人口规模创造了12%的经济总量。

大湾区的金融业是最具竞争力的产业之一，具有广阔的发展空间和潜力。香港国际金融中心的地位日益巩固和发展，广州、深圳等金融中心城市加快发展。大湾区的金融机构、金融市场、金融资产、金融科技、金融人才等各要素规模在全球都具有重要影响，进一步推进粤港澳金融合作，打通境内外金融要素市场，促进大湾区实体经济发展和国际科创中心建设具有重要意义和坚实基础。

从纽约、东京、旧金山等全球发达湾区的发展经验看，金融业在湾区建设中具有不可替代的重要作用。当前推动粤港澳金融合作仍然存在一些困难和障碍，面临新的挑战，迫切需要深入研究，提出创新探索的路径与措施。

第一节
粤港澳大湾区顶层政策体系形成[①]

从 2003 年开始，我国陆续出台相关政策，加强粤港澳地区经贸互动，释放珠三角地区发展潜能，形成了以《内地与澳门关于建立更紧密经贸关系的安排》（CEPA）及其补充协议为核心的政策体系，为粤港澳地区互动联通奠定了基础。2019 年 2 月，中共中央、国务院印发《粤港澳大湾区发展规划纲要》（以下简称《纲要》）。这份纲领性文件，在明确总体目标的基础上，提出了五大战略定位和八大发展重点，并在城市空间布局、科创中心建设、基础设施互联互通、金融市场发展、人才培育、宜居城市、文化交流等核心领域进行了详细规划。

国家发展改革委、财政部、税务总局等部门已先后发布了支持大湾区建设的专项政策，如国家发展改革委 2017 年发布了《深化粤港澳合作 推进大湾区建设框架协议》，财政部发布了《粤港澳大湾区个人所得税优惠政策》。2019 年 7 月，广东省委、省政

---
① 本文系作者 2021 年撰写的课题报告的一部分。

府印发关于贯彻落实《纲要》的实施意见，提出"三步走"安排，携手港澳有力有序推进大湾区建设。广东省推进粤港澳大湾区建设领导小组印发《广东省推进粤港澳大湾区建设三年行动计划（2018—2020年）》，进一步明确广东省今后3年粤港澳大湾区建设重点任务和责任分工。

总的来看，由国家层面、广东省级层面和香港层面组成的粤港金融合作政策体系已经形成。政策的逐步落地有利于粤港两地跨境贸易和投融资便利化，提升本外币兑换和跨境流通使用便利度，扩大金融业对外开放，提高金融服务创新水平，防范跨境金融风险，增强投资者保护。

金融监管合作方面，粤港澳大湾区已建立跨境监管沟通机制及监管沙盒。自2016年推出以来，截至2020年底，共有193项金融科技项目获准使用"沙盒"进行测试。自2017年推出"金融科技监管聊天室"至2020年底，金管局共办理533项使用"金融科技监管聊天室"的个案。香港和广东可借助粤港澳大湾区金融监管协调沟通机制，加强两地间金融监管的交流，协调解决跨境金融发展和监管问题，并可通过建立创新领域金融监管规则和跨境金融创新监管沙盒，强化内地属地金融风险管理责任，协同开展跨境金融风险防范和处置。

金融风险预警体系方面，深圳建立了"前海鹰眼系统"，通过多种信息、数字技术，对多类互联网金融企业开展跨境、跨行业、跨地域、穿透式和舆情实时监测。互联网金融企业利用大数据、人工智能等技术创新金融服务，助力金融证券领域的重要金融机构进行数字化转型升级，改变了传统金融服务模式，提升了金融风险防控能力和数字化运营能力，以此提升香港和广东跨境金融合作密度。

投资者保护方面，粤港澳大湾区对主体责任及投资者教育进行了集中强化。通过督促金融机构完善客户权益保护机制，使其切实负起保护消费者权益的主体责任。通过加强粤港澳三地金融管理、行业组织等单位协作，已探索构建了与国际接轨的多层次金融纠纷解决机制。

金融基础设施建设不断完善

目前，广东省内银行业已有的涉外账户主要包括离岸账户（OSA）、境外机构境内银行结算账户（NRA）和自由贸易账户（FT）三种类型。

其中，离岸账户开立最早，2002年中国人民银行发文批准招商银行、平安银行等大湾区银行开展离岸市场业务，离岸账户在这个过程中发挥重要作用。依托上述账户体系，广东自贸区采用专户专用的方式为市场主体办理金融业务，促进跨境交易的往来。境外非居民还可以通过境外机构境内银行结算账户办理跨境货物贸易、服务贸易，经常转移等经常项目结算，以及部分资本项目人民币收支等业务。基于境外机构境内银行结算账户，广东自贸区还探索了许多创新业务。比如，在全国率先开展前海跨境人民币贷款业务，第三方支付机构跨境人民币结算、跨境双向人民币资金池等。可以说，广东自贸区对境外机构境内银行结算账户的推广和使用，既便利了商业银行，又便利了市场主体，提高了交易效率，降低了交易成本。自由贸易账户是国家依托自由贸易试验区探索资本项目可兑换、扩大金融市场开放和防范金融风险的一项重要制度安排。2019年4月，中国人民银行正式批复同意广东自贸区复制自由贸易账户，12月31日，自由贸易账户在前海正式落地。

总的来看，广东省内实现了粤港两地银行结算系统的基本对接。一是建立外币和人民币票据联合结算系统。2002年6月，实现了广东与香港港币支票、本票和汇票在两地之间的双向结算。2006年2月，中国人民银行为确保香港人民币支票业务顺利开展，出台《香港人民币支票业务管理办法》。二是搭建粤港外币实时支付系统。2004年4月，中国人民银行广州分行建立粤港外币实时支付系统，该系统通过在香港的代理银行与香港即时支付结算系统（RTGS）连接，可办理两地银行客户之间的外币资金汇划业务。香港金融管理局与内地管理部门紧密合作，提供高效率的跨境支付系统联网，以应对日渐增长的需求。2020年，香港与内地各项联网，包括与中国境内外币支付系统的RTGS跨境联网，平均每日金额约10亿港元等值。年内与深圳及广东省的港元及美元RTGS联网，共处理超过10 000宗交易，总值相当于1 164亿港元。支票联合结算机制提供由香港银行付款而在深广两地兑存的支票结算服务。在2020年，该机制处理约8 000张港元、美元和人民币支票，涉及金额相当于8亿港元。三是推动香港人民币清算行接入内地现代化支付系统。2004年2月，中国人民银行深圳中心支行正式成为香港人民币业务的清算行，使香港的人民币业务从非正规的、自发的业务逐渐纳入正规的、规范的银行市场。目前，香港个人人民币支票可在广东流通使用，内地银行卡可在香港提款消费，人民币资金汇划可以实时到账。

两地金融机构跨境互设

金融机构是区域金融市场的主体，推动粤港金融机构双向开放、跨境互设、相互参股、并购重组和拓展业务，有利于整合优化区域金融资源，促进区域金融市场的适度竞争，提高区域金融业的服务水平和整体竞争力。粤港两地按照CEPA"先易后难，逐步推进"的原则，打开了金融合作的突破口。事实上，自2003年CEPA签署以来，推动粤港金融机构的双向开放和跨境互设已成为内地对香港金融业开放的重点。2004年，受惠于CEPA降低银行准入门槛至60亿美元的规定，多家香港中型银行相继在广东、深圳等城市开设分行，或以收购、重组方式开展业务。近年来，广东银保监局通过建机制、搭平台，积极推动辖区银行业保险业创新产品与服务，助力粤港金融机构互设速度加快。截至2021年3月末，共有188家港澳金融机构进驻广东，港资银行营业性机构在广东所有地级市全覆盖。

粤港两地在证券业、保险业的合作也日趋密切。目前，广东省赴港上市企业达268家，居全国第一。广东非银行金融机构也积极进入香港开拓业务，广发证券、招商证券、南方基金等机构先后在香港设立分公司或子公司，并获得香港证监会颁发的证券经纪和投行业务牌照。2006年香港怡和保险顾问有限公司在粤设立了合资保险经纪公司，香港居民前往广东参加保险代理人资格考试的人数逐年增加。截至2020年底，已有中国人寿、中国太保、横琴人寿等险企陆续创新，推出粤港澳大湾区专属的重疾险、医疗险产品，港澳人士也可投保。

金融市场逐步联通

2016年底，深股通的推出标志着两地股票市场正式互联互通，该举措扩大了粤港投资者的投资渠道，深化了粤港两地的金融合作，给股票市场带来了积极影响。南向（深圳港股通）和北向（深股通）的资金流通规模持续增长。

2017年7月，债券通"北向通"开通，截至目前，该项目至少吸引了70家全球100强资产管理公司参与，规模已超过3.8万亿元，其中境外投资者持债规模约1.1万亿元。2021年9月，中国人民银行与香港金融管理局发布联合公告，宣布债券"南向通"于9月24日正式启动，这标志着"债券通"实现双向通车。

作为连接两地和国际金融市场的重要渠道,"南向通"将进一步提升两地金融市场的联通效率和一体化程度,在为内地投资者投资香港及全球金融市场提供便利的同时,也为香港注入新的活力和能量。

随着个人财富的不断增长,两地居民对分散投资、多元化和国际化配置资产的需求增加,而"跨境理财通"机制的落地则为两地居民的财富管理提供了丰富的选择。

人民币跨境结算和离岸业务蓬勃发展

自全球金融危机爆发以来,人民币国际化进程加快。2009年4月,国务院决定在上海、广州、深圳、珠海、东莞5个城市率先展开人民币跨境贸易试点,而境外暂定范围为港澳和东盟地区。2010年6月,中国人民银行等部门发布《关于扩大跨境贸易人民币结算试点有关问题的通知》,将境内试点从5个城市扩大到包括北京在内的20个省区市,广东省的试点范围从4个城市扩大到全省,境外由港澳、东盟地区扩展到所有国家和地区。

目前香港已成为人民币跨境贸易结算中心。其一,离岸人民币资金池初具规模。香港人民币贸易结算量快速增长,根据香港金管局公布的数据,从2010年上半年月均约40亿元增加至2010年下半年月均570亿元,2020年11月跨境贸易结算的人民币汇款总额已高达5 263亿元。截至2020年11月末,香港地区人民币存款规模为 7 183 亿元，较 2019 年同期增长 12.6%。其二，离岸人民币债券市场扩容。香港成为除内地外重要的人民币债券市场，发债主体从财政部、香港银行在内地的附属公司扩大到跨国企业和国际金融机构。2021 年 10 月，深圳政府在香港发行离岸人民币地方政府债券，规模不超过 50 亿元。地方政府债券的离岸发行，将扩大离岸金融中心的人民币资产池规模，有助于人民币离岸金融中心的持续发展。

第二节

粤港澳跨境金融合作需求显著提升[①]

粤港澳大湾区、先行示范区、海南自由贸易港、上海浦东"引领区"等一系列国家发展规划的落地，昭示着扩大开放的力度、速度和强度发生重大变化，坚持开放合作双循环的必要性和迫切性被提升到前所未有的高度。近年来，中国金融业一直秉持稳健、有序的原则，在守住安全底线的同时稳步开放，不断加深金融业与世界经济的交融。

2019年以来，中央及各部委推出多项举措扩大金融对外开放，金融市场、金融机构、跨境资金交易和流通等方面的开放程度日益提升，要素市场化改革持续推进，应对跨境风险的技术日趋完善。这既是实现境内金融市场国际化接轨的迫切需要，也是应对外部风险的有效举措。

广东是改革开放的前沿阵地，具有毗邻香港的无可比拟的区位优势和推动国际制度接轨的优质外部条件。在全方位对外开放

---

① 本文系作者2021年撰写的课题报告的一部分。

的大环境下，粤港两地之间的要素流动将更加顺畅。通过依托香港的前台功能，将以最高效、最有利的方式补齐广东金融国际化要素不足的短板，同时为香港提供中后台的空间基础、产业基础和市场基础。

未来大国竞争的关键，在于科技和创新资源的竞争。金融业不仅需要发挥畅通内循环的作用，更需要在促进产业协同发展方面发挥关键性作用。因此，粤港两地围绕科技研发创新的金融合作空间将更加广阔，通过开展全方位的研发合作和技术共享，将推动粤港在科技金融、数字金融、绿色金融、普惠金融等方面取得更大突破。

根据深圳经济特区金融学会课题组关于市场主体对粤港澳大湾区，特别是深港澳的跨境金融服务需求的问卷调查结果，有以下几点需要关注。

第一，深粤个人受访者赴港澳频率较高，需求主要来自跨境消费和跨境投资两个场景。跨境消费场景下，深粤个人受访者对移动支付有较高需求；跨境投资场景下，深粤个人受访者对股票、保险和基金等金融产品投资兴趣较浓，对畅通投资渠道需求迫切。在人民币跨境使用方面，深粤个人受访者希望进一步提升人民币在港澳使用的便利度，期待数字人民币的跨境使用。

第二，港澳个人受访者来内地频率较高，需求主要来自跨境消费和跨境投资两个场景。跨境消费场景下，港澳个人受访者对移动支付有较高需求；跨境投资场景下，港澳个人受访者对人民币存款和理财产品有较高的配置意愿，这与深粤个人受访者存在显著区别。在人民币跨境使用方面，港澳个人受访者希望进一步提升人民币在港澳使用的便利度，期待数字人民币的跨境使用。

第三，受访在深企业对稳步推进金融开放的诉求较强。但是，不同企业对金融开放方向的期待和需求呈现出不同的特点，这些特点与其企业类型（外贸型、生产型、综合型、投资型）、企业规模大小以及跨境业务规模在其全部业务中的占比等密切相关。具体而言，首先，大多数受访企业认为可以推动人民币在深港澳成为主要使用货币，期待进一步优化跨境金融管理、便利跨境移动支付。其次，受访企业对于与自身业务相关的金融衍生品、境外上市公司股票和未上市企业股权等跨境金融产品的兴趣相对较高，认为跨境融资是未来需求增长较快的领域。再次，业务经营多元化以及涉外投融资业务较多的综合型、投资型受访企业对于资本项目金融开放的期待和需求更为强烈。最后，生产型、外贸型受访企业对于与贸易相关的结算、融资和汇率避险方面的跨境金融服务开放创新更为期待。

第四，受访在深金融机构希望在深港澳推动资本项目开放，推动人民币成为主要使用货币，发展金融科技，推动规则趋同，倾向跨境融资和支付结算进一步便利化。但是，不同类型的金融机构对金融开放方向、方式和具体措施的期待与需求呈现出不同的特点，这与金融机构的业务性质关系密切。具体而言，首先，证券类受访金融机构对于进一步金融开放，特别是资本项目金融开放的需求更为迫切。其次，银行类受访金融机构对现有金融开放程度评价相对较高，对于进一步金融开放持稳步推进态度。最后，保险类受访金融机构对金融开放程度评价较高，对放开居民跨境购买投资类保险产品表现出较高的兴趣。

问卷调查的结果，一方面说明提升跨境金融服务水平符合粤港各类主体的基本诉求，另一方面为精准设计创新政策、推动粤港金融合作提供了有益参考。

第三节
粤港金融合作路径探索[①]

以人民币国际化为引领

展望未来,由贸易结算工具向投融资货币的切换或将成为人民币国际化的重要主线。因此,可考虑在粤港地区持续探索跨境人民币投融资业务,大力推动支付清算、监管科技工具的进步升级。要结合粤港金融的禀赋特色,通过大力发展绿色金融、科技金融等方式,推动人民币国际化再上台阶。

以绿色金融助力粤港两地协同推动人民币国际化,促进大湾区绿色金融产品和服务创新,推动湾区内绿色金融投融资需求的有效衔接;在绿色金融标准制定上持续发力,推动内地"绿色债券认证制度"与港澳"绿色金融认证计划"标准互认,促进大湾区绿色金融的合作发展。一是加强跨境绿色项目推介,组织大湾区金融机构、企业开展绿色金融项目洽谈及业务对接,拓宽内地

[①] 本文系作者2021年撰写的课题报告的一部分。

绿色企业和绿色项目海外融资渠道，丰富离岸人民币使用场景；二是在总结深圳在港成功发行绿色市政债经验的基础上，持续探索以人民币计价的绿色跨境产品，丰富跨境人民币投资标的；三是在充分研究欧盟碳交易机制的基础上，推动广州期货交易所与港交所等在碳排放交易相关金融产品方面展开合作，积极推动粤港金融机构开展碳金融业务创新，推出更多碳投融资创新产品，探索以人民币结算的碳排放权跨境交易机制，形成有国际影响力的碳排放权定价机制；四是研究设立人民币绿色基金，支持包括共建"一带一路"国家在内的海外绿色项目建设；五是粤港可尝试凭借两地已有的绿色能源科技研发、金融投资等资源探索建立跨境绿色科技企业产权交易所，从一级市场股权融资角度助推粤港地区绿色能源科技企业与技术发展，为人民币投融资提供优质资产。

以资本市场融合发展为基础

第一，持续完善粤港两地资本市场互联互通机制建设，丰富两地互联互通资产与产品矩阵。可顺应债券通"南向通"正式上线的形势，在风险可控的前提下，继续在粤港两地为境内外投资者丰富资产配置提供新的产品、工具；立足粤港两地资源禀赋，持续推动境内信用评价机制进一步与国际对接，改善当前境外投资者在投资中国债券市场时高配利率债而低配信用债的情况。

第二，继续加强粤港两地跨境监管合作。金融安全是粤港金融合作的大前提。唯有扎实做好两地跨境监管合作，才能更好地推动粤港资本市场走向更高水平的合作发展。具体来讲，要加强跨境审计和国际监管执法合作，推动粤港监管机构积极参与国际金融治理。同时，通过进一步加强粤港两地资本市场立法监管机构沟通和金融政策、规则、标准协调，为两地资本市场融合发展中的效率与安全保驾护航。

第三，支持、便利粤港金融机构双向跨境展业，实现"引进来"和"走出去"齐头并进。要进一步加大广东对港资、外资金融机构引进力度。探索试点港澳机构与大型银行合资设立理财公司，保险资产管理公司参股境外资产管理机构等设立理财公司；支持外资机构设立或控股证券、基金、期货、保险公司在粤港澳大湾区落地；在CEPA框架下进一步适度扩大对港澳的开放力度，降低港澳机构在粤港澳大湾区内地展业服务的准入门槛。在政策、管理方面适度增加弹性，在风险可控的前提下，支持、鼓励在粤中资金融机构在香港市场的跨境展业，鼓励其在研究、投行、衍生品等业务板块中塑造跨境服务能力，持续推动两地资本市场的协同合作。

以发展全球财富管理为途径

一是，在审慎稳妥的前提下，推动制度改革在粤港地区的先行探索。持续推进我国资本市场的制度改革，以注册制改革为牵引，进一步提升粤港地区优质资产的证券化水平，便利新经济、科技企业在粤港两地上市融资。

二是，持续丰富粤港两地外资可配置的人民币金融资产标的、工具矩阵，加快打造吸引全球资金的核心竞争力。在现有深港通、债券通、跨境理财通等基础上，建议研究推进IPO互联互通、大宗交易商品市场的互联互通、非上市股权交易平台的互联互通，助力全球人民币金融资产配置中心建设。

三是，统筹推进粤港地区财富管理基础设施、投资者保护、法律体系、监管能力建设等各项工作，打造全球财富管理营商环境标杆。

以聚焦和辐射东盟市场为支点

一是，研究东盟优质成长企业赴粤港两地交易所上市。发挥粤港两地交易所在为东盟国家提供企业上市融资服务时享有区位、文化以及经贸联系等多重优势，抢抓东盟经济与企业高速成长的有利条件。

二是，持续支持粤港两地资本市场基础设施发挥平台作用，助力中国与东盟高水平产业合作。目前，深交所已经积累了诸多与东盟的共建"一带一路"国家资本市场合作的宝贵经验。未来，可继续大力支持粤港两地金融基础设施主体发挥对接东盟产业的平台优势，依托平台开展研讨、企业互访、投资配对、工作坊等形式多样的精品活动，为中国企业开展与东盟企业间的投资、并购、合作等搭建桥梁，促进中国与东盟产业合作迈上新台阶。

三是，推动粤港在东盟基础设施项目的海外融资需求中发掘服务机会。当前，东盟基础设施建设的参差不齐是限制其经济进一步发展的瓶颈所在。东盟各国基础设施建设融资缺口较大，在基础设施建设专业服务供给方面（如项目市场评估与甄选、项目可行性分析评估、项目风险规划与采购、项目融资与保险、项目设计与建造、项目运营等）存在短板，东盟的基建项目在投资回报、风险测度等方面难度较大，这使其在吸引全球私人资本的过程中受到制约。考虑到香港在金融、法律、财务、咨询等方面的服务优势，以及广东在内地企业与资金、基建项目建设要素（承建企业、原材料、人才等）方面的积淀，可考虑进一步推动粤港协同整合优势资源，形成一揽子服务方案，在东盟基建项目全生命周期中发挥项目咨询、项目建设、资金中介等多重作用，联合抢抓东盟基础设施建设的服务机遇。

四是，筹划搭建粤－港－东盟跨境供应链金融科技平台。近年来，随着部分东盟企业逐渐成为中资企业重点布局的海外产业链，其日益旺盛的融资需求亟待创新金融服务予以支持。由于这些东盟企业的生产经营与国内企业合作关系日趋紧密，闭环特征显著，因此跨境供应链金融势在必行。跨境供应链金融服务涉及的问题更多、复杂程度更高，为此，需要统筹组织中资银行、外资银行和科技企业共同发起搭建业务中立、技术中立,并且具有高度公信力的跨境供应链金融科技平台,统一联通、统一规范、统一标准、统一运用。该平台可在打通结算工具、数据共享、货币兑换等方面发挥作用,推动跨境供应链金融业务的发展。此外,可加强粤港与广西有关部门的交流合作,学习借鉴经验,协同推动跨境供应链金融服务。

五是,推动粤港与东盟国家的监管协调合作。未来,可统筹组织粤港及东盟的政、学、商界等不同主体,增加粤港与东盟在政策、制度、监管等方面的对话交流,就市场热点议题展开研讨,为粤港与东盟的务实合作营造良好环境。

为构建粤港金融合作新格局,抓紧落实中央发布的一系列重要文件部署和要求,还需要进一步采取以下措施。

加强组织领导

在中央粤港澳大湾区建设领导小组的领导下,建议设立粤港澳金融合作办公室,作为协调议事机构,负责协调粤港澳金融合作中遇到的问题,研究粤港澳金融发展重大问题和新金融业态、新金融模式,推动完善创新领域金融监管规则,防范金融风险工作,推动落实重大金融合作事项,明确地方政府和监管部门在推动粤港澳金融合作中的职能和责任。

探索制度对接新模式

一是推动在大湾区股票、债券、资产管理和财富管理等市场优先以人民币计价,同时,鼓励内地政府和企业在香港发行以人民币计价的市政债、企业债,并支持在民生金融等领域逐步推进人民币计价,实现粤港两地的金融货币制度对接。

二是支持广东在知识产权保护、投资者保护、金融判例制度、债券违约处置制度等领域主动对接香港金融法律和监管制度。在大湾区设立专业的金融仲裁院、金融法院,提升金融法治水平。

三是探索证券市场与国际接轨的相关制度,不断优化信息披露、债券评级、投资者保护,以及跨境争议解决机制、跨境诉讼、国际仲裁和调解等制度,使制度安排更加符合国际规范,并推动广东与香港债券评级互认。

构建互联互通新格局

一是支持粤港打造更全面、更深入、更优质的互联互通模式,并进一步探索在商品现货、期货期权、绿色金融资产等方面实现粤港互联互通,拓展产品互联互通的覆盖范围。在此基础上,实现粤港两地跨境资金自由流动,加大粤港互联互通的集成式创新力度。

二是以做大做强粤港两地本土金融机构为目标,支持香港中资金融机构和香港本土金融机构实现资源、技术、人才、管理制度等要素的全方位共享,为粤港金融机构双向跨境展业提供便利化条件,同时,在大湾区范围内全面实施准入前国民待遇加负面清单管理制度,支持在港的各类符合条件的外资银行、证券、保险、基金等金融机构以新设法人机构、分支机构、专管机构等方式在大湾区拓展业务，更好发挥广东的"中后台"作用。支持香港商业银行在大湾区设立独资或控股、参股金融资产投资公司和理财公司。支持符合条件的在港外资机构在大湾区依法合规获取支付业务许可，鼓励在港外资投资入股大湾区法人金融机构。

利用香港在征信、交易、清算、评级等方面的优势，补齐广东在这些方面的短板。同时，推动共建新型金融基础设施，在大湾区推动国际海洋开发银行、全国性数据要素市场、全国性知识产权交易平台的建设。

推动人民币国际化进程

一是逐步推动大湾区范围内的资本项目可兑换，建设与大湾区跨境资金需求相适应的账户体系建设。二是支持大湾区持续扩容可投资人民币金融资产标的和工具范围，并依托香港财富管理优势和广东巨大的财富市场，共建全球人民币投融资和资产配置中心。三是支持跨境资产转让采用人民币计价和结算，推动人民币相关资产指数纳入全球主流指数，提升全球资本持有人民币资产的意愿和规模。四是支持广东利用开展数字货币试点的政策优势、技术优势、应用场景优势，进一步开发符合粤港两地对跨境支付需求的可复制推广模式，并试点人民币数字货币在东南亚和共建"一带一路"国家的应用。

营造金融服务科技创新生态

一是推动科技金融组织体系改革创新，支持在粤港澳大湾区设立科技银行（或专利银行）、科技保险、科技租赁、科技金控集团等新型科技金融组织。二是推动科技金融产品、服务及合作模式创新。支持大湾区金融机构开展专利抵押（质押）贷款和资产证券化，支持大湾区建立私募基金份额交易平台试点。三是推动科技型企业的融资渠道创新。支持大湾区科技型企业在香港发行集合债、高收益债、离岸债券、资产支持证券等。

加强跨境监管与风险防范

一是推动粤港两地对同类机构、同类产品、同类服务的金融监管标准趋于统一。二是针对大湾区跨境、跨行业、跨市场的产品开展跨境监管沙盒试点。三是推动粤港两地信用信息共享以及跨境审计和国际监管执法合作。四是粤港共建监管科技示范区，提升跨境金融风险监测、预警和处置能力。

第四节

推动琴澳金融双向开放[①]

2019年12月20日,习近平总书记出席庆祝澳门回归祖国20周年大会暨澳门特别行政区第五届政府就职典礼并发表重要讲话指出,"特别要做好珠澳合作开发横琴这篇文章"。2020年10月,在深圳经济特区建立40周年庆祝大会,习近平总书记提出,"加快横琴粤澳深度合作区建设"。近年来,珠海在实施大湾区重大国家战略中取得了积极进展,迈出了重要步伐。在推进《粤港澳大湾区发展规划纲要》(以下简称《纲要》)的各项任务和政策措施落地中,珠海与澳门形成了一批科技创新平台和合作项目,在开展创新合作、便利要素互通、引进人才、改善营商环境、提供服务保障等方面取得了显著成效。

当前,琴澳经济发展稳中向好,澳门回归后人均GDP增长4倍,稳居世界前列。琴澳金融合作迎来重大机遇期。《纲要》颁布以后,人民银行等四部门出台30条金融政策支持大湾区,

---

[①] 此文系作者2020年11月在珠海十字门金融峰会上的发言。

广东省出台金融支持措施80条，多项金融政策密集发布，多点突破。目前，澳门在横琴注册企业已超过3 000家，横琴新区共有金融及类金融企业5 453家，注册资本达10 452亿元，登记的私募基金550家，管理基金规模3 599亿元。2020年6月末，横琴区内各项本外币存款余额1 204亿元，同比增长21%，各项本外币贷款余额901亿元，同比增长29%。智慧金融产业园正在稳步推进。截至2020年8月，横琴自贸片区累计注册澳门金融类企业26家，开始探索设立横琴跨境金融服务中心。13家港澳银行在珠海设立便民服务点，便利港澳企业和居民直接办理跨境不动产登记服务。总之，粤港澳大湾区是我国开放程度最高、经济活力最强的区域之一，香港、澳门具有"背靠祖国、面向世界"的独特优势，大湾区科研实力雄厚、工业门类齐全、产业链条完整、市场广阔、发展优势凸显，这些都为琴澳金融合作提供了广阔空间，奠定了坚实基础。

同时，应当看到，推进大湾区建设仍有一些困难。总体上看，珠江东岸经济总量大约是西岸的4倍，城市之间的发展还有较大落差，港澳创新基础能力有待加强，科研投入不足，2019年R&D支出占GDP的比重，香港为0.92%，澳门为0.34%，澳门产业比较单一，科技创新内生动力较弱。创新要素自由流动仍存在障碍，有关政策适用有待细化和扩大，跨境金融合作仍需突破。港澳青年创新创业的群体效应、科技研发的集群效应、高层次人才的聚集效应尚未形成，优势互补、联动发展的格局仍需进一步推进。

《纲要》提出，巩固和提升香港国际金融中心的地位，广州、深圳、珠海要建设"国际金融枢纽"，"大力发展特色金融产业"，"有序推进金融市场互联互通"。根据这些原则要求，人民银行等四部门和广东省出台了一系列具体政策措施。横琴是大湾区内连接粤澳的双循环交汇地的发力点，琴澳金融合作必须坚持服务实体经济，坚持合作互利共赢，坚持市场化导向，坚持防范系统性金融风险，重点要在双向开放、互联互通方面下功夫，进一步促进创新要素跨境便捷高效流动。

推动"资金通"

产业发展是金融服务的根基。要本着"国家所需、澳门所长"的原则，从琴澳合作的特色定位出发，建设澳门世界旅游休闲中心、中葡商贸合作服务平台，大力发展支持高新技术产业，推进科技应用示范项目。要大力发展大健康产业、文化旅游休闲产业，带动相关医疗、器械、生物科学等科技研发，充分发挥政策优势和平台作用，加快与国际接轨，将更多的世界优质资源、设备、技术、成果、人才、资金引入横琴，传递到大湾区。

积极支持澳门发展品牌工业，合理延伸澳门博彩业外溢效应，联手打造国际娱乐休闲中心。同时，要营造优惠政策环境，更加积极主动地承接大湾区乃至全国的科技创新成果，成为大湾区及全国科技创新的"溢出地"。为此，要大力推动"资金通"，推进资本项目便利化改革，简化企业外债登记、结汇和支付管理方式。开展跨境贷款业务，探索私募股权投资、创投风投基金双向募集、双向投资、双向流动新模式，加大对新兴产业的投资。探索建立青年创业扶持基金，为港澳青年来横琴创业提供支持。进一步打通人民币资金双向流通渠道，考虑到港澳两地中小企业较多，适当降低企业跨境资金池的准入要求，推进本外币合一的便利账户体系与跨境资金池业务。内地银行要推动落实"单一窗口"跨境服务，扩大在线签约、结售汇、进出口融资等产品，加强境内分行与境外分行协同联动，发挥"商行+投行"优势，为企业境外发债、银团贷款、跨境资产转让、并购融资以及财富管理提供一揽子金融服务。打造中国－葡语国家金融服务平台，建设葡语国家人民币清算中心。支持港澳保险公司取得RQFII和QFII资格，鼓励港澳人民币保险资金回流。支持琴澳银行业合作开展票据资产跨境转让业务。允许在横琴注册的资产管理公司作为澳门注册基金的管理实体，进一步活跃两地基金市场。

便利"服务通"

要努力把横琴打造成跨境金融服务中心。探索实施高水平贸易投资便利化试点，为符合条件的企业办理货物交易和服务贸易外汇收支简化流程，提高效率，降低成本。支持从事市场采购贸易、跨境电子商务等新业态的大湾区内地企业和居民个人开立外汇结算账户办理结购汇。

发挥跨境金融服务两地居民生活的重要作用。"澳门新街坊"成功落地，为澳门居民办理横琴居住证，为其参加跨境医保、购置物业等提供了极大便利。为加快推动民生金融互联互通，提升两地居民参与感、获得感，进一步放开澳门代理见证开立内地银行个人Ⅱ类、Ⅲ类结算账户，并试点开立Ⅰ类账户。扩大人民币和澳门元跨境使用规模和范围，借助已有的跨境钱包结算渠道，探索建立跨境社保、行车税、保险费用缴纳、代发薪机制。加快试行跨境"理财通"，拓宽两地居民跨境配置金融资产渠道。完善保险业务跨境收支管理和服务，进一步便利内地银行为已购买港澳地区保险产品的内地居民提供理赔、续保、退保等跨境资金兑汇服务。推动支付通、场景通、兑换通，便利澳门居民在内地居住、旅游、求学和创业，并为央行数字货币支付应用提供良好条件。

加快"规则通"

2020年10月14日，习近平总书记在深圳经济特区建立40周年庆祝大会上的讲话中指出，"要抓住粤港澳大湾区建设重大历史机遇，推动三地经济运行的规则衔接、机制对接"。大湾区是在一个国家、两种制度、三个关税区、三种货币的条件下建设的，国际上没有先例，这既是大湾区建设的难点，也是最大的机遇和优势，必须善用两制之利，力行改革之法，勇闯创新之路。推动金融双向开放，构建跨境金融互补互助互动关系，关键是搞好"规则通"。

金融业务专业性、政策性强，涉及面广，外溢性大，需要两地建立专门的咨询机构，全面梳理两地金融规则、资格、标准的差异，深入研究规则、资格、标准统一互认的管理机制和实施步骤，共同探讨金融创新服务模式，持续关注政策动态和实际案例，大力加强跨境金融监管合作，建立健全金融风险预警体系，抓紧构建跨境金融消费者、投资者权益保护机制，确保金融创新行稳致远。

同时，要全面评估和抓紧落实已出台的各项金融政策，对已执行多年且有效期即将到期的优惠政策进行评估，对部分政策条款可能存在不适用、有歧义的情况进行必要的修订。对全国各地自贸区试点后在大湾区全面铺开的政策，要分析实际运行的情况，结合琴澳合作实际，研究如何发挥政策叠加和协同效应。对赋予大湾区及琴澳金融的全新政策，要区分轻重缓急，制定细则，拓宽创新空间，务求实惠管用。

第五节

大湾区数字金融创新[①]

《粤港澳大湾区数字金融的发展机遇、挑战与前景》这份报告首次以数字金融为主题，对如何通过数字金融来推动粤港澳大湾区战略的实施进行了深入务实的研究，质量高，很有意义。报告有两个令人印象深刻的特点：一是内容全面，报告从大湾区的战略定位和大湾区的科技产业发展现状出发，全面分析了大湾区数字金融发展的实践，系统地梳理了数字金融发展的机遇和挑战，并前瞻性地提出了未来的发展方向；二是案例鲜活多样，报告通过多个鲜活案例，多维度展示了大湾区数字金融发展成效，为各金融机构加快数字化转型提供了借鉴，也提供了新的思路和启示。我建议可以考虑增加三个方面的内容。

[①] 此文系作者 2022 年 11 月在中国金融四十人论坛内部课题评审会暨"粤港澳大湾区数字金融的机遇与挑战"双周圆桌研讨会上所做的点评发言。

抓准独特定位，突出两制优势

与长三角一体化战略、京津冀协同发展战略相比，粤港澳大湾区战略最显著的特色就在于"一国两制"。国家之所以要制定粤港澳大湾区发展规划，一方面是要促使其成为国内国际双循环的交汇点，使中国内地更好地对标国际规则，加快制度型开放，实现高水平开放；另一方面是要将港澳纳入国家发展的大局，更好地发挥港澳地区在实现中国式现代化和中华民族伟大复兴中的重要作用。粤港澳的发展是双向共促的，要全面理解和坚定不移地贯彻"一国两制"，是落实大湾区战略的一个非常重要的特色。因此，建议报告既要讲"一国"的优势，也要补充分析"两制"的红利。

具体而言，在提到大湾区金融业发展成就和潜在挑战时，应当更多地提及"一国两制"的优势和"两制"可能带来的体制机制障碍与挑战。报告提到，大湾区数字金融发展有三大优势，一是政府与市场相结合，二是直接融资和间接融资相结合，三是线上与线下相结合。这些固然是正确的，但还不足以体现大湾区的特色。要体现出大湾区的显著优势，还需要研究两个制度，指出香港实行的国际制度对广东发展的红利和促进作用。此外，报告也提到，大湾区金融业发展的挑战分别是：金融服务实体经济发展的水平有待提升，金融体系风险上升，需进一步扩大开放、实现互联互通，以及金融业整体实力有待提升。其中，除互联互通这一点，其余三者都不是粤港澳大湾区的独有挑战。事实上，大湾区坐拥三个金融中心：香港是国际金融中心，深圳作为金融中心的全球排名也在前十，广州也是金融枢纽中心。大湾区金融发展面临的主要问题是人才、资金、数据、制度、规则和技术等方面存在分割，阻碍了生产要素自由流动，这是真正的挑战。

总而言之，还是要从大湾区的独特定位出发，突出"一国两制"的特色，着眼于充分发挥"两制"的红利，同时也要看到目前存在的障碍。

深化三地合作，推动协同创新

粤港澳大湾区的数字金融合作指的是粤、港、澳三地之间的合作，而不是广东自身的发展。当然，广东自身的数字金融发展也很重要，但三地之间在数字金融领域的合作还有很大的潜力，需要进一步深挖，体现粤港澳之间的合作关系。

第一，粤港澳数字金融合作创新需充分利用各合作示范区的政策。为了推动大湾区战略的落实，《粤港澳大湾区发展规划纲要》中明确提出建立内地与港澳深度合作示范区，这几个合作区有必要联系起来看。深圳除了整体作为示范区外，其中前海合作区有专门的政策。广州南沙区也有专门的政策。珠海也有横琴粤澳深度合作区。这些合作示范区的开发都有相应的国家政策支持，粤港澳数字金融合作创新需要充分利用好这些示范区及其相应的支持政策。此外，香港正计划打造北部都会区，进一步推动港深两地互联互通。

第二，可考虑充分利用香港国际金融中心发展优势，带动扩大广东金融科技投资。从数据上看，我国金融科技投资规模在2018年达到205亿美元的高峰后直线下滑，2019年投资额下降至40亿美元，2020年仅为18亿美元，2021年稍有回升，但也仅为27亿美元，仍低于2019年的投资额。2014—2021年，我国金融科技领域累计投资额为550亿美元，其中主要是股权投资，包括PE和VC。相比之下，美国同期为4 550亿美元，为我国的8.3倍，欧洲则为2 500亿美元，为我国的4.5倍。金融科技和数字金融的发展不能没有投入，这个问题如何通过创新得以突破，还需要进一步研究和解决。

可以充分发挥香港、澳门的优势，带动广东扩大金融科技投资。最近香港发布了虚拟资产政策声明，提出要建立虚拟资产中心。应深入研究，推动广东和香港、澳门之间的创新合作。

第三，可考虑在合作示范区开展部分新型金融机构试验。在深圳前海、广州南沙等合作示范区内，可以考虑继续开展直销银行试验，总结前期直销银行效果不理想的原因，有针对性地加以改进。也可以考虑在大湾区试点真正的数字银行，让符合条件的金融科技公司拥有银行牌照，不仅从事金融业务，还要为企业共享资源和能力提供所需服务，实现银行即服务。比如，帮助企业进行理财，承担企业在会计和财务分析方面的任务，帮助企业进行海关报关和履行外汇外债管理职责，协助企业进入产业链、供应链和创新生态体系，等等，这一切都是以数字化的手段来进行的。所以说，数字银行并不是传统银行的数字化转型，也不是数字化在线的"传统"银行。

此外，建议开通粤港澳跨境理财通的远程在线开户业务。粤港澳跨境理财通已经开通，但截至目前，还无法做到远程在线开户，从技术上看，基于人工智能的在线身份核验比现场核验身份证的安全性更高，是可以保证安全性的。同时，建议进一步推动开放银行、远程银行的试点。

第四，借助粤港澳的科技力量打造数字技术创新平台。数字金融的发展依托于数字技术，要大力推进粤港澳大湾区的协同创新，打造三方合作的数字技术创新平台，实现技术突破。充分利用香港和澳门引入全球的科技资源和人才，为数字经济金融发展提供技术支撑。

第五，建议在大湾区进行跨境监管平台、跨境数据流通和跨境交付模式的试验。粤港澳大湾区有条件进行跨境监管规则融合协调的试验。可以考虑建设一个跨境监管试点平台，加快规则对接。跨境数据流通是数字经济金融发展面临的难题之一，也可以先在粤港澳大湾区内进行探索。此外，跨境金融服务中的跨境交付模式也需要加快发展。跨境金融服务有四种模式，分别是跨境交付、境外消费、商业存在和自然人流动，粤港澳大湾区可以为跨境交付模式发展探索经验。

重视数字普惠金融和消费金融发展

报告的最后一部分提出了粤港澳大湾区数字金融的发展方向，这些都很好，但光有方向还不够，建议增加一些政策措施和建议，这也符合智库研究报告的惯常做法。同时，建议补充和加强数字普惠金融和消费金融方面的内容。随着粤港澳大湾区战略的深入实施，越来越多的香港人和澳门人到内地工作、创业、定居、留学、买房、消费，他们在开户、支付、兑换和保险等方面的金融需求还没有得到很好的满足。由于存在境内外的差别，这些群体享受普通的金融服务仍很不方便，需要大力改善。要针对跨境人群的基础性、消费类、普惠型的金融服务需求，改革有关制度规则，真正帮助他们解决日常生活和工作中遇到的实际问题，促进三地人员交流融合与生产要素自由流动。

第六节

在"一带一路"建设中加快
推进人民币国际化[①]

进入 2020 年以后,新冠疫情蔓延给全球经济金融造成严重伤害,由于需求萎缩、供给中断,进一步削弱了跨国公司海外直接投资的意愿和能力。近几年随着发展中国家经济较快增长,对世界经济增长的贡献度已超过发达国家,发展中国家的海外直接投资也超过了发达国家。

尽管我国受到新冠疫情的影响,但对"一带一路"倡议的投资继续保持较快增长。根据商务部的数据,2020 年第一季度,我国企业对 52 个共建"一带一路"国家的非金融类直接投资达 42 亿美元,同比增长 11.7%,占同期投资总额的 17.3%,较上年提升 2.4 个百分点。

加强资金融通是"一带一路"建设的重要保障,在投融资项目中更多地使用人民币,有利于降低共建"一带一路"国家的货币兑换成本,有效缓解货币错配,规避汇率风险,深化共建"一带一路"国家之间的产融合作,实现优势互补、资源共享和风险

---

① 本文系作者 2021 年基于前期课题研究为《人民政协报·财经周刊》撰写的文章。

共担，促进贸易和投资发展。因此，需要进一步推进人民币国际化，把"一带一路"建设与人民币国际化紧密结合起来，相辅相成，相互促进。建议采取以下措施。

第一，扩大人民币跨境投资。对一些需要购买中国产品和服务的项目，增加人民币贷款或投资比例，对一些投资回收期较长的项目，适当延长回款期，平衡双方贸易投资流动能力。在货物贸易与投资融资的资金收付中更多使用人民币，提高人民币跨境收付比重。我国央行已与22个共建"一带一路"国家的央行签订了双边货币互换协议，但实际使用情况并不理想，下一步应适时增加双边货币互换的国家，积极扩大境外货币当局实际使用人民币的数量。

第二，推动大宗商品以人民币计价。在共建国家中，不少是原油、天然气、矿产资源等大宗商品的重要出口国和进口国，但缺乏商品定价权，这种状况需要进一步改变。要进一步发展我国大宗商品期货市场，引入更多的国际机构和产业链上下游企业参与，增加交易品种，提高人民币交易便利度，利用汇率风险管理工具和供应链贸易金融产品，合理降低投资者的运营风险和成本，提高交易活跃度。进一步加强人民币外汇市场建设，随着境外投资者拥有越来越多的人民币敞口，将会产生大量的外汇对冲需求，外汇市场是不可或缺的。

第三，建设国际化的熊猫债市场。境外政府、金融机构和企业到境内发债，是支持"一带一路"建设的重要融资方式，也是人民币国际化的重要载体，不仅可以使国内投资者分享境外发行主体提供的收益，也可以为境外投资者提供更多投资品种，还可以促进国内市场发展，拓宽"一带一路"建设项目的资金来源。

第四，丰富离岸人民币金融产品。近年来，香港、伦敦等离岸人民币市场快速发展，人民币资金池扩大，在继续巩固发展存贷款、信用担保等金融业务的基础上，可以进一步扩大绿色人民币债券、人民币计价的资产证券化产品以及人民币再保险，为"一带一路"建设提供多功能服务。

第五，完善外汇管理制度。在国际环境多变的背景下，充分评估宏观政策和监管政策对"一带一路"投融资活动的影响，进一步完善内保外贷管理，堵塞漏洞，制定专门支持"一带一路"建设的办法，简化内保外贷审批流程，给予具有资质的企业一定金额的内保外贷额度，在额度范围内备案即可对外提供担保。在外汇管理方面对企业从事"一带一路"投融资给予政策倾斜和灵活性安排，支持开展具备真实业务背景、确有购汇需求、已有合同约定的购汇业务。完善企业境外发债制度，对确有"一带一路"建设项目境外融资需求的，允许企业按全年申报发债额度，根据实际情况灵活掌握，实施"先发行、后登记"管理。

第六，加强共建"一带一路"国家出口信贷机构合作。由我国相关机构牵头组织共建国家的同业机构，搭建相应的平台和机制，加强政策协调与业务合作，通过联合信贷、共同保险、再保险等方式，吸引更多的市场主体和资金参与"一带一路"建设。建设共建"一带一路"国家之间跨境投融资担保协约，在抵质押物登记、查询、处置以及法院判决执行方面加强协作，创造良好的投融资环境。

第七节

亚洲金融合作要实现四个转变[①]

近年来，在世界经济复苏放缓、保护主义盛行的逆全球化背景下，亚洲金融合作取得了长足进展，为促进亚洲经济发展，增强亚洲经济活力注入了新的动能，也为世界经济发展做出了重要贡献。同时，应当看到，亚洲各国政治、经济情况差异很大，发展模式和水平各不相同，区内金融市场仍不发达，金融体系的规模、深度、效率和流动性方面仍有不小的差距，亚洲金融合作面临一些难题与挑战。为了进一步深化亚洲金融合作，需要实现以下四个方面的转变。

第一，合作的动力要从危机驱动转向发展与创新驱动。众所周知，亚洲金融合作是金融危机催生的，1997年亚洲金融危机和2008年全球金融危机以后，一系列合作倡议和合作行动应运而生，有效抵御了金融危机对区内经济社会的严重冲击。当前全球进入宽货币、低利率、高债务的环境，经济发展不确定性明显

[①] 此文系作者2019年11月在亚信金融峰会上的发言。

增多，亚洲各国仍要继续坚持把防范风险作为合作的重要内容，但同时，要充分识别现在的亚洲在全球的地位与作用不可同日而语，有人称"亚洲世纪"即将开启。

亚洲人口早已超过全球的半数，全球最大的30座城市中，21座在亚洲，到2020年，亚洲将拥有全球一半的中产阶级人口。根据联合国贸易和发展会议的数据，亚洲经济规模将在2020年超过全球其他地区的总和，这是19世纪以来的首次，而在2000年亚洲还只占全球产出的1/3多一点。

自2007年以来，亚洲人购买的轿车和卡车一直超过世界其他地区的居民，到2030年前后，亚洲人购买的汽车数量将相当于世界其他地区的总和。

在亚洲，日本、韩国最早追上西方发达国家，后来中国赶超，成为世界第二大经济体。同时，印度经济快速发展。印度尼西亚、越南、菲律宾、孟加拉国等国近年来也获得了较快发展。无论以何种标准衡量，亚洲都即将重新占据全球经济舞台的中心。因此，亚洲金融合作落后于经济贸易发展，要进一步消除合作的障碍，就要以区内经济发展与创新为动力，推动亚洲金融合作上升到新的水平。

据新加坡淡马锡的一项研究，2018年底，以亚洲为重点的风险资本基金管理资产规模达3 030亿美元，而以北美为中心的资金规模为3 970亿美元，差距迅速缩小，预计2020年亚洲将超过北美。2010年以来，亚洲年均增长30%，北美年均增长9%。投资者需求主要由收益驱动，亚洲提供了更多机会。

亚洲繁荣、发展、和平与安全不能靠一个或几个大国来实现，一定是国际和多边共同合作的产物。全球性的问题越复杂，爆发冲突的可能性就越大，就越需要更多的信任与协作。

第二，合作的重点要从应急机制转向改善金融体系结构。与经济体量和贸易量相比，亚洲金融体系建设滞后，资本市场体系、信用体系很不适应，金融资源配置效率有待提高。从金融结构来看，商业银行与间接融资为主导的格局没有明显改变，银行体系存在一些脆弱性因素。货币合作覆盖面不全，货币信任水平不高，亚洲货币稳定体系有待加强。在亚洲贸易中，美元仍是最主要的计价和结算货币，导致亚洲对美元流动性高度依赖，造成货币错配风险。为此，要扩大亚洲各国货币合作，增加双边和多边货币互换。大力推进债券市场发展，动员亚洲储蓄用于本地区投资。加快金融市场相互开放和互联互通，融合相关规则制度，扩大投资产品互认范围，便利跨境证券投资，创新投融资工具，构建多样化的担保体系与信用评级体系。

第三，合作的范围要从一般货币金融领域转向提升"一带一路"金融合作水平。"一带一路"建设启动以来，亚洲地区参与共建的国家的金融合作取得重要进展。实践说明，"一带一路"建设的金融合作极大地拓展了亚洲金融合作的广度与深度，超越了传统合作的领域。未来共建国家经济社会发展资金缺口大，融资需求层次多，对持续性要求高，比如，亚洲基础设施建设的投融资缺口很大。

根据全球基础设施合伙公司的数据，2019—2035年，全球新兴市场基础设施投资需求将超过40万亿美元,平均每年需要2.3万亿美元,其中,亚洲会占相当大的比重。随着亚洲人口与GDP的增长,对基础设施的需求快速增加,对民用航空、电力、天然气和LNG(液化天然气)等的需求,在未来20年内都将大幅超过发达国家。

在这种背景下,就迫切需要亚洲国家坚持开放发展、合作共赢的理念,依靠各国、各地区、各种金融机构提供长期稳定的资金支持,实现共建共享。要构建亚洲国家共建"一带一路"投融资的新体系,就需要加快规则改革创新,调整现有不适宜的管控规则,加强双边多边投资保护机制与争端解决机制建设,建设多边的债务违约救助机制,加大反腐败力度,大力推动绿色金融合作,践行劳工政策、环境保护的社会责任,建立多边的国别风险评估预警体系与新型评级机制,促进亚洲金融市场与银行体系稳健发展。

要进一步发挥人民币在亚洲货币中的重要作用,扩大人民币在货币互换中的使用规模,推进人民币与共建国家货币直接交易,提高人民币在国际贸易结算、投资以及储备货币中的比重。

第四,合作的治理要从差异性、松散性转向协同性发展。尊重各国的差异性,并不意味着不能协同发展。我们应当在尊重差异性的同时,采取措施,努力破解合作中存在集体行动的困难,减少区外因素对区内金融合作的干扰。为此,需要加强亚洲各国对话,增进信任,破除旧观念、旧思维,践行新的亚洲安全观,为深化金融合作打下坚实基础。要进一步畅通政策的沟通与评估渠道，打造各种亚洲金融合作交流平台，推进区域金融思想交流，扩大金融务实合作。

要进一步发挥区域内主要国家的引领作用，加快形成合作新规则。充分发挥香港、东京、新加坡、上海等国际金融中心的辐射作用，提高亚洲金融服务水平，促进本地经济发展。

随着金融合作不断深入，金融风险的外溢性日益增强，跨境监管合作势在必行。要建立有效的双边、多边监管机制，实施跨境资金流动、金融市场运营的监控，构建区域金融风险监视预警信息系统，并就违法行为认定差异处理、违法线索提供、监管执法协助等达成共识，共同应对跨境风险与危机处置。

第八节

打造亚洲数字经济金融合作新亮点[①]

2021年11月,习近平总书记在第三次"一带一路"建设座谈会上的重要讲话中指出,"要稳妥开展健康、绿色、数字、创新等新领域合作,培育合作新增长点"。把数字经济作为我国拓展对外合作新领域。随着《区域全面经济伙伴关系协定》的生效与落实,亚太区域经济一体化推进,有力地促进了疫后亚洲经济的恢复和增长,成为全球经济发展的重要引擎,这与亚洲地区数字产业、数字贸易、数字金融的快速发展是密不可分的。根据谷歌、淡马锡和贝恩联合发布的报告,2019—2025年,东南亚数字经济年均复合增速将达31%,数字金融服务年均复合增长率达12%。

新一轮数字技术正在重塑亚洲经济和金融体系,亚洲信息和通信技术产业的增长速度超过GDP增速,持续释放了经济增长潜力,带动了区域经济整体发展。数字化助力亚洲区域产业链、

---

① 此文系作者2022年11月为深化亚太区域经济一体化撰写的调研报告。

供应链整合，提升了在价值链中的地位。通过物联网与信息传感，对一些产业企业实现智能化识别、定位、跟踪、监控，将信息流、资金流与物流合一，拓展新的产融结合模式，极大地提升了产业效能，降低了生产经营成本，实现了小批量、定制化的柔性生产，更好地满足了市场需求。

亚洲地区数字贸易规模不断扩大，跨境电商的兴起有效抵御了新冠疫情的冲击，促进了消费回升和经济复苏。亚洲是一个充满活力和多元化的地区，人口数量庞大，年轻人多，互联网和智能手机普及率较高，越来越多的消费者选择在线交易，电子商务、数字娱乐、外卖服务、网约车服务等场景快速增长，不仅帮助广大中小微企业建立起新的供应链和销售链，克服经济困难，创造经济价值，而且极大改善了消费者的体验，增进了生产者、供应商和消费者之间的良性互动，准确匹配供给与需求，形成需求引导供给、供给创造需求的新模式。

亚洲也是数字金融最为活跃的地区之一。近年来，在数字支付、数字普惠、数字银行、数字资管等方面取得了很大进展，根据麦肯锡咨询公司的调查，2021 年亚洲地区使用数字银行的消费者比例为 88%，比 2017 年提升 23 个百分点；亚洲地区金融 App 和电子钱包渗透率达 54%，比 2017 年提升 11 个百分点。整合线上线下支付渠道，推动支付平台建设，为消费者提供灵活、便捷、低费的数字支付，为没有银行账户或信用卡的人群提供在线交易服务，为企业提供一站式综合金融解决方案，拓展"先买后付"模式与数字借贷。数字普惠金融还在克服信息不对称、助力小微企业纾困、服务下沉市场和长尾客户、减少对不动产抵押的依赖，以及降低金融业成本等方面发挥了重要作用。

人工智能技术在金融业的应用日益普及。根据微软亚洲研究院的调查，2021年亚洲地区52%以上的金融服务机构已经在人工智能应用上取得进展，增幅为17%~26%。在客户营销服务、贷款审核、应收账款管理、合规催收、贷后管理以及反洗钱、反欺诈等方面极大地降低了成本，提高了效率。同时，数字化财富管理加快推进，亚洲地区大众富裕客户和高净值客户增长较快。根据普华永道的报告，近5年亚太地区资产管理规模复合年均增长率达到8.7%，预计2025年达到30万亿美元。数字化投资交易、智能投顾创新财富管理模式为客户提供长期稳健的财富规划、投资组合方案，以及更为灵活、精准、低成本的理财方式，并长期陪伴客户成长。

中国的数字经济全球领先。根据工信部的数据，2017—2021年我国数字经济规模从27.2万亿元增加到45.5万亿元，稳居世界第二，复合年均增速达13.6%，占GDP比重为39.8%。2022年以来，我国经济面临下行压力，但数字经济的快速发展有力支撑了整体经济的恢复与增长。数字产业化增加值、数字技术基础设施投资和数字消费的增长对GDP增速发挥了重要的拉动作用，数字经济的就业规模逆势增长，缓解了就业压力。数字金融在服务实体经济和人民生活方面起到了重要作用，也具有领先优势。当前我国正在实施"十四五"数字经济发展规划，必将充分释放数字经济新动能，助力高质量发展。

数字经济发展为深化亚信经济金融合作，共促亚洲经济发展开辟了新的领域，提供了难得的机遇。我们要深入践行习近平总书记提出的全球发展倡议和全球安全倡议，认真落实亚信领导人峰会共识，进一步加强中国与亚洲各国的务实合作，打造数字经济金融合作新亮点。为此，提出以下建议。

第一，促进区域产业链、供应链和价值链融合。亚洲一些国家是外向型经济为主导的经济体，维护区域内产业链、供应链稳定，推动区域内生产要素自由流动，强化国家和地区之间生产分工合作，就显得更加重要和紧迫。数字技术深入产业链、供应链的各个环节，贯穿生产、流通、消费全过程，呈现出智能化、网络化趋势，有利于拓展分工协作的应用场景，创新商业模式，降低交易成本，还可以突破地理时空因素的限制，赋能产业链、供应链转型升级，因此，要进一步加强数字化产业链、供应链领域的交流与合作，落实《区域全面经济伙伴关系协定》有关数字经济的开放合作条款，适时制定新的规则，增进成员国之间的协调配合。2020年中国-东盟数字经济合作年开启，要进一步巩固合作成果，持续完善沟通机制，为中国企业与东道国企业数字化转型、供应链管理拓展更大的空间，增强业务协同联动效应。同时，交流数字基础设施建设、产业数字化转型、数字化防疫抗灾和数字经济监管等方面的经验，共享数字经济发展红利。

第二，扩大区域数字经济的投资。当前全球跨境资金呈现出向亚洲国家和地区聚集的趋势，过去10年流入亚洲的直接投资大幅提升，证券投资也大幅增加，特别是在数字经济领域，亚洲对资金的吸引力显著增强。据谷歌等几家机构联合发布的报告，预计到2025年，东南亚地区在数字经济领域的投资规模将达到3 000亿美元。近年来，全球家族财富办公室、欧美投资机构和我国创投机构紧盯亚洲数字经济发展机遇，积极布局并开展股权投资。根据另类资产投资研究公司Preqin发布的数据，2021年东盟地区创投交易金额达到创纪录的200亿美元，同比大涨160%。通联数据（Datayes）显示，2021年东南亚高科技初创公司共获得257亿美元的股权融资，是2020年94亿美元的近三倍。中国的创投机构具有独特的竞争优势，可以将中国新经济高科技企业的发展经验与亚洲国家相关企业分享，创造广泛的业务合作空间，推动专业技术人才的互动交流。为进一步推动数字经济投资，亚洲各国应进一步改善营商环境，健全法治，更好保护投资者合法权益。

第三，加强跨境数据治理。数字经济治理的核心是数据治理，涵盖数据的收集、传输、存储、处理、应用等全过程，涉及数据权属、隐私与安全、流通交易以及算法与模型治理等重要内容，利益相关方众多，而数据跨境就更为复杂、多样，治理难度更大。由于亚洲各国数字经济发展程度和阶段不同，重点关切也不尽一致。从全球范围看，有147个经济体出台了数据治理方面的法律法规，但由于各国治理的规则、方法、路径存在差异，这就给跨国企业合作、数字经济跨境投资、跨境金融数字化带来很大的挑战与合规成本。因此，需要亚洲各国加强交流，系统梳理各国数据治理的共同点与不同点，探讨寻求解决方案。同时，加强数据治理的投入,发展第三方评估认证机构,强化数据本地化存储,推进数据治理技术研发应用,通过运用区块链、隐私计算等技术确保数据可用不可见,在维护安全的前提下,充分释放数据要素的价值。

第七章

财政金融风险治理

"面对波谲云诡的国际形势、复杂敏感的周边环境、艰巨繁重的改革发展稳定任务，我们必须始终保持高度警惕，既要高度警惕'黑天鹅'事件，也要防范'灰犀牛'事件；既要有防范风险的先手，也要有应对和化解风险挑战的高招；既要打好防范和抵御风险的有准备之战，也要打好化险为夷、转危为机的战略主动战。"

——摘自《习近平著作选读》第二卷，第244~245页

"下一步，要继续按照稳定大局、统筹协调、分类施策、精准拆弹的基本方针，抓好风险处置工作。要依法合规，加强金融法治建设，探索建立定期修法制度。要压实责任，'谁家孩子谁抱'，压实地方党政同责，负责属地维稳和化解风险；压实金融监管、行业主管、纪检监察等部门责任，按照各自职责推动风险化解；压实企业自救主体责任，制定可行的风险化解方案。要强化能力建设，提升监管科技水平，补齐监管短板，加强金融监管干部队伍建设。要有充足资源，抓紧设立金融稳定保障基金，发挥存款保险制度和行业保障基金在风险处置中的作用，研究制定促进金融机构兼并收购和化解不良资产的支持政策。地方要主动盘活存量资产，化解风险。企业股东要首先承担风险损失，直至股本清零。要各方广泛配合，金融业建立一体化风险处置机制，充分授权，统筹协调，提高跨市场跨行业统筹应对能力。"

——摘自《习近平著作选读》第二卷，第579~580页党中央一直高度重视防范财政金融领域风险问题，把打好防范化解重大风险攻坚战，放在三大攻坚战之首，近年来已经取得阶段性重要成果，目前财政金融风险总体可控。同时也应看到，财政金融风险仍在累积。近年来受经济下行、新冠疫情等的影响，又出现了一些新情况、新问题、新矛盾，新旧困难叠加，周期性与结构性因素交织，使财政金融领域风险凸显。因此，需要正确认识和把握防范化解财政金融风险的重要意义和方针政策，坚持底线思维，稳中求进，多管齐下，统筹协调，进一步健全财政金融风险防范的体制机制。

第一节

影子银行治理[①]

我国影子银行的内涵和影响

影子银行这一概念最早由美国太平洋投资管理公司执行董事保罗·麦卡利于2007年在美联储年度会议上提出，意指游离于监管体系之外，与传统的接受中央银行监管的商业银行系统相对应的金融机构。

影子银行这一概念的推出虽迟，但引发了理论界和实务界的热议。国际货币基金组织总结了国际学术界关于界定影子银行的三个标准。第一，从参与实体看，一般指游离于监管体系之外、与银行相对应的金融中介机构，如以市场为导向的金融中介机构，像银行一样实施借短贷长和杠杆活动，但受到较少监管的非银行金融机构，以及具有期限、信用和流动性转换功能，但无中央银行流动性支持的参与实体。第二，从实施活动看，系指创新

---

① 此文系作者2019年撰写的课题调研报告。

金融工具和金融活动，如与银行业务相类似，但受到较少监管或不受监管的信用中介业务、资产证券化业务。第三，从创新市场看，系指证券化市场或者金融衍生品市场，如证券化市场以及提供短期资金的回购市场。金融稳定理事会（FSB）对影子银行的定义则是脱离常规银行体系之外的信用中介，包括金融实体和金融活动。并且，在FSB的语境中使用"影子银行"一词并非含有对这种信贷中介系统的贬义。国际金融协会（IIF）认为，影子银行主要与银行的三大核心活动有关：运用高流动性存款、扩展信贷和提供支付系统。它们还指出，在现代金融体系中，银行的核心活动通常由非银行金融系统提供的活动"分解、取代、增加或补充"。

2012年，中国人民银行调查统计司与成都分行调查统计处联合课题组的文章《影子银行体系的内涵与外延》认为，中国的影子银行是指从事金融中介活动，具有与传统银行类似的信用、期限或流动性转换功能，但未受《巴塞尔协议Ⅲ》或同等监管程度监管的实体或准实体。《中国金融监管报告（2014）》将中国影子银行业务分为三个层次：第一个层次为狭义口径影子银行体系，按照是否接受监管为依据进行界定，主要产品工具包含非金融牌照业务下的小额贷款、融资担保、P2P、无备案私募股权基金、第三方理财及民间借贷；第二个层次为中等口径影子银行体系，主要产品工具既包含狭义口径下的影子银行体系，又包含金融牌照业务下的信托、理财、货币市场基金、资产管理、资产证券化、股票融资、债券融资等；第三个层次为广义口径影子银行体系，既包含中等口径影子银行体系，又包含银行表外非传统信贷业务（银行承兑汇票、信用证、应付代付款项、贷款承诺等）和银行表内非传统信贷业务（标准化及非标准化投资、同业、非生息资产、存放央行款项等）。

本文参考主流研究影子银行的文献，扣除了重复计算的部分，将中国影子银行口径定为：商业银行理财产品余额、信托资产余额（扣除银信合作等通道部分）、券商资产管理业务规模（扣除通道部分）、小额贷款公司贷款余额。经测算，截至2018年12月，我国影子银行规模为54.1万亿元，其中，银行理财规模为32.1万亿元，占我国影子银行的比重为59%，是位列第二的信托资产（扣除通道业务后）的2.56倍。

影子银行的消极和积极作用

影子银行带来了以下风险和危害。

第一，资源错配风险。

影子银行资金流入了不该进的部分，造成了资源错配。一部分理财资金通过购买证券或者银信合作、银证合作等模式，流向了地方政府融资平台、房地产行业、"两高一剩"行业，助长了盲目投资和产能过剩现象，也推动了资产价格的过快上涨。同时，由于这些领域往往资金链紧张，通常还是借新还旧维持，需要不断借助理财资金进行债务循环，商业银行为维持理财产品的

"刚性兑付",也会采取滚动发行的方式,这就造成了潜在风险的不断积累。

第二,资金空转风险。

为了规避监管,理财产品往往多层嵌套、层层包装,使理财资金在流入实体经济之前在金融系统内部拉长了资金链条,推高了实体经济的融资成本,同时也使部分金融机构沉迷于同业往来业务,热衷于帮助商业银行实现监管套利而偏离了主业,造成金融机构之间相互借贷规模迅速膨胀,一部分资金"脱实向虚",增加了系统性金融风险。例如,截至2016年底,商业银行理财产品达25.77万款,累计募集资金173.59万亿元,而同期全社会固定资产投资完成总额为63.17万亿元。相当多的资金没有进入实体经济领域,而是在金融机构之间相互拆借,击鼓传花,造成金融过度加杠杆和金融泡沫,最终危及金融安全。

第三,期限错配风险。

期限错配是理财产品的普遍现实,银行理财产品多采用"资产池"的运作模式,将不同类型、期限和预期收益率的理财产品募集的资金归集在一起统一管理,投资于各种标的,这严重背离了受人之托、代人理财的原则,放大了理财产品的风险。从负债端来看,银行发行的理财产品普遍以一年期以内的产品为主,占到发行量的90%以上,而从资产端来看,银行理财存量资产的平均剩余期限为3~4年。资金期限明显错配,只能依赖不断增发新的短期产品来兑付老的产品,如果长期放贷收不回来,加之潜在的刚性兑付属性,势必引发投资者与银行之间的矛盾,酿成系统性金融风险。

第四，刚性兑付风险。

刚性兑付的风险主要体现在以下三个方面。一是刚性兑付放大银行系统风险。基于经典的"银行挤兑模型"，如果银行承担刚性兑付责任，意味着银行需要承担额外风险，而表外业务又缺乏有效监管，容易导致银行体系风险膨胀，演变为系统性的危机。二是刚性兑付抹杀了不同风险项目的差异，导致资源错配。在非刚性兑付下某些无法获得融资的"坏项目"，假如银行提供刚性兑付，投资者可能反而愿意提供资金，这一方面助长了"坏项目"的投资，另一方面压缩了"好项目"可得的资金总量，降低了投资效率。三是刚性兑付助长投机心理，不利于金融市场稳定。长期以来，我国投资者认为银行理财的"高收益、低风险"是天经地义，没有建立起投资风险和收益相匹配的投资理念。在这种状况下，一点波动就可能导致投资者心理预期的剧烈变化。例如，在刚性兑付的情况下，如果某一家银行的某一个理财产品发生亏损，则投资者可能对整个行业丧失信心，从而形成挤兑。而在非刚性兑付的情况下，个别产品的亏损不会造成系统性的信心动摇。

第五，金融稳定性风险。

为获取高额回报，同时又要满足刚性兑付的需求，资产管理人往往会通过加杠杆的方式，广泛参与期货、期权、互换业务、证券融资、回购协议等业务，增加了金融市场运行的不稳定性。1998年初，美国长期资本管理公司拥有40多亿美元资本，但通过加杠杆，其所持有的资产高达1 200多亿美元。过高的杠杆使长期资本管理公司对小概率事件的发生缺乏风险缓释能力，因在债券市场做错了方向而导致公司破产。

值得注意的是，在影子银行业务中商业银行扮演了枢纽角色，其资金运用范围几乎囊括金融市场所有的金融工具与产品，其交易对手涉及各类型金融机构。作为金融体系交易网络的重要节点，商业银行既可能是金融风险源头，也容易成为金融风险传染中继站，这就意味着一旦上述风险传导到商业银行本身，便会被迅速放大并传导到整个金融市场，极端情况下会带来整个金融市场的动荡。

在分析影子银行带来的风险和危害时，需要特别提到，在我国，地方财政对金融资源的侵占现象一直存在，影子银行实际上已成为地方财政从市场拿钱的工具，这个问题不解决，是难以从根上化解影子银行风险的。

同时也应当看到，在我国直接融资和金融市场尚不发达的情况下，影子银行作为特定阶段金融市场替代性的产物，具有服务实体经济的功能和促进金融创新的作用，可以从需求和供给两个角度进行分析。

从需求角度看，影子银行的积极作用表现在两个方面。

第一，支持了实体经济的融资需求。

近年来，实体经济中的民营企业，尤其是中小微企业、产业政策限制投资的行业、地方基建项目等领域都有较大的融资需求，而传统的间接融资和直接融资市场均无法满足这些需求，影子银行资金通过各种渠道流入这些行业，满足了这些融资需求，支持了实体经济发展。截至2018年底，我国银行理财产品余额为22万亿元，接近GDP的1/4。在如此大规模的理财资金中，很多通过投资债券、权益类资产、非标准化债权等直接和间接的方式注入了实体经济，支撑了基础设施建设，对于弥补基建短板、缓解经济下行压力具有积极意义。

从有统计数据的年份来看，截至2016年上半年，投向实体经济的理财资金余额达16.03万亿元，占理财资金投资各类资产余额的60.74%，其中投向实体经济的理财资金涉及国民经济90多个二级行业分类，其中规模前五的行业为工程建筑业、房地产、公共设施、电力热力生产供应和道路运输，规模前五的行业占比为51.54%。

第二，满足了居民投资理财多元化的需求。

理财产品动员了储蓄，成为居民投资的重要渠道。传统意义上，中国普通投资者最主要的"投资工具"是储蓄存款，而中国长期存在金融抑制，人为压低了存款利率，导致部分经济发展的成果不能惠及普通投资者。银行理财产品客观上起到了对传统存款储蓄的替代作用：一方面，理财产品能提供比储蓄存款更高的收益水平；另一方面，理财产品流动性好，投资者的资金可以在活期账户与投资理财账户之间频繁快速转换。以上两方面优势使居民形成了对理财产品的投资偏好，这种居民存款"理财化"不仅满足了居民的投资需求，一定程度上也推进了存款利率市场化的进程。

从供给角度看，影子银行的积极作用表现在填补了多层次金融市场的供给不足，倒逼了金融监管和制度供给的完善。

我国金融市场尚不发达，金融供给侧还面临着多层次市场不健全、金融产品不丰富、金融结构不合理、资金配置效率较低、金融监管能力不足等问题。在这种背景下，以理财产品为代表的影子银行应运而生、迅速壮大，在一定程度上填补了金融市场供给的不足，促进了中国金融市场的发展，并催生了"大资管"时代的到来。

从宏观数据来看，影子银行对非银行金融机构发展的影响显而易见：2016年之前影子银行规模迅速扩张，信托公司、证券公司、基金公司及其子公司的资管业务也得到了迅速扩张。从2017年开始，对影子银行的治理整顿开始，直接表现为银行资产规模扩张趋势得到抑制，同时各类非银行金融机构资产管理规模的增速下降。这种规模的同步变动，说明商业银行事实上通过影子银行业务为各类金融机构提供了重要的资金来源，从有数据的年份来看，截至2016年底，基金公司资管业务中58.1%的资金来自银行，基金子公司资管业务中63.1%的资金来自银行。

影子银行的发展也倒逼了我国金融监管体系的完善。2008年以来，商业银行表外业务快速发展，资管类产品风险不断暴露，这引起了金融监管部门的重视。国务院成立了金融稳定发展委员会，"一行两会"的新监管格局形成，"资管新规""理财新规"等相继发布。这些监管措施和制度供给，有效防范了系统性金融风险，减少了监管套利和监管真空，推动了我国金融监管体系的不断完善。

综上所述，影子银行作为一种金融创新，促进了我国金融市场的成熟和发展。对商业银行来说，理财产品已经成为其参与竞争、维护客户资源和提高利润的重要方式；对实体经济来说，理财资金已经成为其重要的融资渠道；对居民来说，理财产品已经成为其存款替代、稳健投资的最佳选择；对于非银行金融机构来说，理财合作业务扩大了资产管理规模，拓展了财富管理的渠道、方式和能力，发挥了财富管理的专业特长，使利率、汇率等金融杠杆更为敏感有效，进一步促进了金融市场发展，适应了"大资管"时代的需要。

影子银行治理成效

2017年以来，伴随资管新规的落地以及一系列金融严监管政策的出台，对影子银行的治理整顿初见成效，影子银行业务得到有效控制，防范化解重大风险攻坚战取得了阶段性成效。根据银行业理财登记托管中心与中国银行业协会联合发布的《中国银行业理财市场报告（2018年）》，在"资管新规""理财新规"发布后，2018年末银行表外非保本理财产品余额为22.04万亿元，与2017年末的22.17万亿元、2016年末的23.11万亿元相比稳中有降；作为对比，2009—2016年，银行理财规模从不足万亿元快速增长到近30万亿元，复合年均增长率为50%左右。具体来看，影子银行的治理成效主要体现在四个方面。

理财资金回表有利于调整信贷结构

影子银行的资金回表，一方面，规范了过去影子银行资金体外循环、脱实向虚、逃避监管等问题；另一方面，加大了正规金融渠道支持实体经济的力度，也使货币政策传导更加精准顺畅。2017年和2018年，本外币贷款增量分别为13.8万亿元、15.2万亿元，同比增速分别为16%、10%，分别高于同期社融增量增速7个百分点、24个百分点，这表明社融增量结构得到了优化，正规金融渠道对实体经济支持的力度加大。更重要的是，对影子银行的治理有助于疏通货币政策传导渠道，更精准地引导资金流向新兴行业、民营企业和小微企业。过去影子银行资金绕过监管进入"两高一剩"、房地产等政策限制行业，挤占了应该获得资金支持的行业，降低了金融服务实体经济的效率。2017年以来对影子银行的治理，有助于货币政策更精准发力、更迅速进入实体，助力了实体经济结构优化和健康发展。

理财资金"脱实向虚"得到明显控制

2014年后，我国实体经济下行压力明显，但理财资产规模仍在持续增加，大量的银行理财资金流向金融市场，造成了"资金空转"现象和系统性金融风险积累。通过2017年以来的治理整顿，情况大为改善。金融同业类产品是指专门面向银行业、证券业、保险业等金融机构销售的理财产品，其存续余额可以近似反映流向金融市场的理财资金规模。2017年以前同业理财规模迅速上升，从2014年末的0.49万亿元上升至2016年末的5.99万亿元，占银行理财资金的比重也从3.3%上升至20.6%。2017年以来，其余额和占比连续22个月环比"双降"，截至2018年底，全市场金融同业类产品存续余额1.1万亿元，占全部理财产品存续余额的5.0%，基本恢复到2015年初的水平，表明"资金空转""脱实向虚"现象明显减少。

打破期限错配、刚性兑付初见成效

期限错配和刚性兑付是理财产品潜在金融风险的主要来源，也是2017年以来治理整顿的主要着力点。理财产品的期限错配主要体现在其资金来源短期化和资金运用长期化的不匹配，资管新规中也明确要求，封闭式资产管理产品期限不得低于90天。根据《中国银行业理财市场报告（2018年）》，2018年新发行封闭式非保本理财产品加权平均期限为161天，同比2017年增加约20天，期限错配的问题得到初步改善。理财产品的刚性兑付主要体现在其"资金池"模式滚动发行和按预期收益率发售，资管新规规定，到2020年将所有预期收益型产品过渡到只能发行净值型产品，净值化管理对配置资产的估值、信息披露要求都较为严格，可以在一定程度上打开传统理财产品运作黑箱，打破刚性兑付。数据显示，银行业金融机构在2018年共发行净值型理财产品4 481款，净值型产品同比增长278.78%，而保本理财产品则持续缩量。

影子银行体系在资管新规的引导下加速转型

一是产品转型，过去银行理财产品主要是预期收益型产品，从 2018 年开始净值型产品发行加速，而保本理财产品持续减少。二是风控转型，无论是商业银行还是券商、基金、信托等金融机构，都加快了优化调整部门和组织架构的节奏，全面重塑资管业务的风险管理体系。六大国有银行理财子公司纷纷组建，股份制银行和城商行也陆续跟进。三是销售转型，各类资管机构以投资者适当性管理为导向，重塑理财产品销售体系以适应净值化转型要求，加快了合格投资者培育，夯实了客户基础，坚持将合适的产品销售给合适的投资者，做好投资者的引导和教育工作。

上述分析表明，过去两年对影子银行体系的治理整顿取得了很大成效，不仅提高了金融服务实体的效率，也为防范化解金融风险发挥了重大作用。但客观上，由于治理整顿影子银行的节奏过快、力度偏大，以及"一刀切"等问题，没有将影子银行规避监管、诱发风险的属性与其服务实体经济、弥补正规融资渠道不足的属性很好地区别开来，造成了影子银行融资的萎缩，给实体经济带来了一些负面影响。具体表现为，委托贷款、信托贷款、未贴现承兑汇票骤然下降，加剧了实体经济融资难、融资贵问题，也冲击到股市、债市等金融市场的信心和预期；叠加中美贸易摩擦带来的外部不确定性，加大了中国经济下行压力。中国经济在 2018 年经历了"稳中向好"到"稳中有变"的转变，经济增速从 2018 年第一季度的 6.8% 下滑至第四季度的 6.4%，创下 10 年新低。

金融是实体经济的血液，实体经济的稳定持续发展离不开金融体系的稳定持续支持。社会融资规模反映的是一定时期内金融体系为实体经济提供的资金供给总量，是实体经济运行的顺周期指标，社会融资规模需保持一定增速才能满足实体经济正常的融资需求。2018年社会融资规模增量为19.3万亿元，较2017年的22.4万亿元减少了3.1万亿元；社会融资规模增量占同期GDP的比重也由2017年的27%下降到2018年的21%，创下该指标2007年以来的最低水平。社会融资规模增量的下降主要来自委托贷款、信托贷款、未贴现的承兑汇票规模的下降，2017年此三项的增量合计为3.6万亿元，而2018年则为下降2.9万亿元，这"一增一降"意味着2018年影子银行体系提供的社会融资规模下降了6.5万亿元。同期，本外币贷款从13.8万亿元增长到15.2万亿元，仅增长了1.4万亿元；企业债券和股票融资增长了1.5万亿元。以上两项合计提供了2.9万亿元社会融资规模增量，这显然难以弥补影子银行体系缩水的6.5万亿元融资增量。融资增量的减少，必然对实体经济和金融市场产生冲击，最直接的证据是2018年基建投资增速出现断崖式下跌，实体经济尤其是民营企业融资难、融资贵问题凸显，股市持续低迷和信用风险频发。同时，由于社会融资规模增量的下降，导致一些银行抽贷、断贷，而实体企业为应对银行的抽贷、断贷压力，需要过桥资金和担保，这进一步增加了融资成本。调研数据显示，即使银行贷款利率只有5%，但加上其他成本，实际拿到的资金成本要高达10%~12%。

政策建议

2017年以来，中国人民银行、银保监会等监管机构先后出台多项措施，对影子银行进行了规范和整治，成效显著，影子银行活动得以规范，规模得到了有效控制，风险化解取得了阶段性成果。但影子银行规模巨大、情况复杂，已成为中国金融体系的重要组成部分，对于经济增长、金融稳定发展具有重要意义。因此，治理影子银行，应把握好节奏和力度，确保治理有序、风险可控，尤其要注意防范次生风险，处理好稳增长和防风险的关系，处理好规范发展和鼓励创新的关系，处理好银行业和非银行金融机构之间的关系，处理好商业银行转型发展和完善多层次资本市场的关系。

把握好整顿影子银行的节奏和力度

资管新规规定的过渡期为2020年，从目前行业整体转型进度看，以商业银行净值型理财产品为例，截至2019年第一季度末，尚不及20%。对庞大的存量资产的处置遇到许多困难，新产品发行面临较大压力。因此，建议给予银行更宽松的时间完成存量理财投资资产表外转表内、非标转标的任务，延长整改过渡期，切忌要求过急、过快。首先，转型过快会给商业银行带来较大的资本压力，尤其是核心一级资本，应充分考虑其影响。其次，部分非标因其自身属性，难以转标或无法转标的，不能"一刀切"，需要给予更长的时间进行消化。最后，需做好政策的压力测试，充分认识整顿影子银行给金融市场和实体经济带来的影响，避免产生次生风险。基于此，在过渡期中，一方面，应清理存续老产品和老资产中的风险和问题；另一方面，对新产品和新资产应加强规范，做好新老产品的衔接，保证过渡期内金融市场的流动性，在拉长过渡期的同时，更要管好过渡期。

统一对各类资管产品的监管标准，减少监管套利

为了避免不同金融机构之间业务的标准不统一，需要进一步明确配套制度的细节执行标准。监管机构对公募和私募的划分要统一标准，要协调监管措施，理顺对理财子公司的监管。当前，银行传统理财产品中公募和固定收益产品居多，私募和权益产品偏少。根据《商业银行理财子公司管理办法》的规定，理财子公司可以开展公募、私募（面向合格投资者）、理财顾问和咨询服务等。银行理财子公司未来的主要业务是以公募理财产品为主，包括货币型理财产品、债券型理财产品、股票型理财产品等，性质上与公募基金相同，但由于受不同的法律与规定监管，容易形成不当竞争，造成监管套利。同时，银行理财子公司的业务还可以兼顾私募证券投资和非标准化债权投资。为了避免理财子公司内部出现"糊涂账"，监管部门应明确标准化资产的判断标准，对相关配套细则进一步明确和优化，制定标准化债权类资产的认定办法，为非标转标给予合理的机制安排，使银行准确计算本行非标准化债权资产规模，根据期限是否跨越过渡期决定具体过渡应对措施。要理顺银行理财子公司与母行之间的关系，鼓励理财子公司差异化发展，统一各地方监管部门的监管尺度。

加强私募股权型净值型产品销售，增加市场长期资金

私募股权市场对于实体经济，尤其是新兴产业、新技术企业的发展，以及支持供给侧结构性改革、推动经济高质量发展具有重要意义。此前，原本由银行通过理财资金错配和结构化配资流入私募股权市场的资金，受资管新规的影响出现了断流，对股权投资、创业投资造成较大冲击。根据私募通的统计数据，2018年前11个月，中国本土股权投资市场中，中外创业投资机构共募集730只基金，基金数量同比下滑15.8%；募集基金规模2 702.41亿元，同比下降20.7%。进入2019年以来，从规模和数量来看，私募、创投行业募资端大幅降温。因此，应考虑设计制度安排，让风险偏好较高、投资期限较长、具有较强风险承受能力的投资者通过净值型产品投资股权投资基金和创业投资基金，增加长期资金供给，提高资源配置效率。

提升金融机构的风险管理能力

健全金融机构公司治理机制，落实风控三道防线的职责，构建相互衔接、协调运转的管理机制，实现全面风险管理，确保风险文化稳健、风险偏好一致、风险策略得当、风险工具匹配。在资产的风险管理上，首先，应加强金融机构整体资产组合的流动性风险管理，拓宽流动性风险管理手段，结合市场波动与产品实际情况，提高监控的前瞻性。其次，应加强组合信用风险管理，标准化资产投资集中度风险管理，防范表内外业务集中度风险叠加。再次，应完善风险补偿机制，逐步提高风险拨备计提水平，提高风险缓释能力。最后，应加强整体资产组合的风险监控，全面监控资产投资组合的信用风险、市场风险、流动性风险，强化风险预警与报告，并充分依托信息科技系统，提高监控的时效性与自动化水平。此外，银行应强化对理财风险建模，确保准确反映其风险状况。由于非标资产市场价格不易获得、风险较高、流动性较差的特点，应定期由专业团队对风险模型及参数进行校验，确保其真实反映非标产品的风险状况，并定期进行压力测试，及时处置。

加强对结构性存款的管理

监管机构应尽快颁布结构性存款的管理办法。2018年以来，特别是资管新规落地以来，为对接银行表内保本理财，银行结构性存款规模出现明显增长。许多不具备金融衍生品交易资格的地方性中小银行发行的结构性存款并未与衍生品挂钩，或者衍生品端浮动收益设置成几乎无法触及的深度虚值期权，导致结构性存款实为保本金、保固定收益的刚性兑付产品，与资管新规打破刚性兑付的主旨背道而驰。因此，监管机构应尽快出台结构性存款的专门管理办法，实现有规可依，同时加大对"假结构性存款"的监管力度，做到执规必严。

加快推进金融体系改革，大力发展多层次资本市场

以银行理财为主的影子银行之所以是"银行的影子"，反映出金融市场发展不充分，影子银行在某种程度上替代了金融市场的功能。因此，从根本上治理影子银行，必须加快推动金融供给侧结构性改革，大力推动利率市场化进程，提升非银行金融机构的作用，积极发展多层次资本市场。这一方面可以满足资金需求方的多层次需求，促进实体经济发展；另一方面能够确保将金融交易、金融行为置于有效监管之下，切实防范化解系统性金融风险。

第二节

把握好处置风险的节奏和力度[1]

资管新规执行一年多来取得了明显的成效,防范化解金融风险攻坚战取得了重大阶段性成果。2019年7月30日,中共中央政治局会议明确提出,把握好风险处置节奏和力度。核心是处理好稳增长和防风险的关系。对于资产管理行业来说,未来要处理好三个关系:一是处理好老资产和新产品的关系,二是处理好资管产品简单透明和结构分层的关系,三是处理好资管机构多元竞争与统一监管的关系。

资管新规成效

资管行业的风险可分为资源错配风险、期限错配风险、刚性兑付风险,以及由此产生的系统性风险隐患。资管新规执行一年

---

[1] 本文系作者2019年在中国财富管理50人论坛《资管行业未来市场格局与业务模式研究》报告发布会上的发言。

多来取得了明显成效。回头来看，如果资管新规不出台，可能就会使潜在的系统性风险爆发。

实际上，自2017年资管新规公开征求意见开始，各金融机构就在调整自己的行为，一直到2018年4月27日新规正式发布。因此，资管新规的调整措施应该从2017年算起。如果那个时候未能及时、果断出手来治理金融乱象，任由这些问题累积发展，那么后果不堪设想，现在再来做，付出的代价就会比当时还要大！因此，从这个意义上讲，资管新规防范了一次险些酿成的系统性风险。

防范化解金融风险攻坚战取得了重大阶段性成果：一是金融脱实向虚的现象得到明显遏制，同业借贷、银行对非银行金融机构的债权、同业理财等的规模都在下降；二是信贷结构得到调整优化，特别是表内结构得到调整优化，中小微企业贷款明显增多；三是解决期限错配和刚性兑付问题初见成效，近年来发行的净值型产品规模上升，理财产品的平均投资期限在拉长；四是资管行业在加速转型，无论是银行系、证券公司、基金子公司、保险公司等都在抓紧转型。

新规执行有代价

资管新规的影响主要表现在2018年到2019年上半年，整个信用环境还是在趋紧，特别是2018年下半年，社会融资总额骤然下降，直接给基建投资、稳定经济增长造成了负面影响，进而又给整个金融市场带来了冲击和波动。

出于种种原因，过去几年银行信贷资源的配置给国有企业比较多，而民营企业融资、中小企业融资大多是从信托贷款、委托贷款等渠道获得的。资管新规切断了这类资金来源以后，使中小企业特别是民营企业的融资难问题凸显出来。由于民营企业前期股权质押过多，且大部分资金并没有用到上市公司，又导致了民营股权质押的危机。加上其他因素，引发了民营企业整体信用危机。民营企业一度存在贷款贷不到、发债发不了的问题，融资渠道受到了很大影响。

进入2019年以来，这种负面影响仍在继续。比如民企信用债，2019年以来违约现象仍时有发生。中低级评级群体，包括AA+级及以下的信用债的净融资额，4月还有1 200亿元；到5月和6月就下滑到只有300亿元；7月进入负值，而AAA级的信用债发行从5月以后持续走高。

2018年以来的信用紧缩加上2019年以来发生的新情况，影响还在持续。从中小银行的情况来看，同业负债在收缩，资产规模的扩张在放缓。2019年6月，城商行和农商行的同业存单净融资额收缩2 800亿元，第二季度收缩了4 000亿元，与此同时，国有大型商业银行和股份制商业银行存单放量了3 000亿元，流动性进一步向大银行集中，中小银行面临资本补充的困难。

应做好四项工作

当前的形势是复杂多变的，从未来几年看，全球经济形势可能将进入一个低增长、低通胀、低利率和低回报的发展阶段。金融市场会出现高波动、低回报的特点。对于资管行业来说，应对的策略应该是走低成本、多元化和差异化的发展道路。

当前，要把握好处置风险的节奏和力度，核心是处理好稳增长和防风险的关系，应该做好四项工作：第一，要实现金融供给的平稳接替，确保各项业务和产品不发生骤然式、断崖式下降；第二，要确保市场流动性合理充裕；第三，避免地方政府、中小银行和民营企业出现大规模、大面积的违约事件；第四，要切实加强对资本外流的管制。

推动资管行业健康发展的建议

第一，处理好老资产和新产品的关系。由于银行的老资产存量过大，特别是非标资产存量过大，按原定的过渡期压降，不现实也不可行。当前银行的非保本理财规模还有约 22 万亿元，要靠净值型产品筹集的资金去对接老资产不可行。"非标"转"标"也不现实。由表内承接表外理财非常困难，这么大的量表内怎么能承接？提前收回的可能性也极小，老资产要提前收回，基本不可能。资产证券化也不行，因为很多资产是没有现金流的，做不了资产证券化，走不通。

因此，鉴于以上现实的困难，应该取消2020年"过渡期"的要求。由银行的资产管理部门继续经营管理老资产，逐步压降，不限定时点，持续经营下去，并要实行"一行一策"，防止"一刀切、齐步走"。新成立的理财子公司不要再接续老资产，新成立的理财子公司一开始就按资管新规来运作，就做"净值化"，完全按新规要求来做，严格进行信息披露。要把原来银行的老产品和新成立的理财子公司的新产品严格区分开来，严格信息披露，非常清晰地告诉投资者购买的是什么产品，一定要按照新规来运作。

当前，老资产要处置一定会出现损失，而表内提取的拨备是不能用于表外资产的损失弥补的，这是一个难点。如果简单地按照会计准则来实行，很难操作得了。这个问题是有特殊性的，处理老资产一定会发生损失，银行表内的拨备还是充足的，应该可以弥补表外老资产处置当中的一部分损失，这个问题应该作为特殊的情况来处理。表外资产现在也应该计提拨备，过去长期没有计提拨备，没有资源处理不良资产。

第二，处理好资管产品简单透明和结构分层的关系。要坚持纠正资金空转和脱实向虚，遏制结构过于复杂的产品的发展。解决这个问题要从三个根源入手。

第一个根源是消除监管套利。为什么原来要层层嵌套？是因为有监管套利。原来银监会管信托，证监会管基金子公司，金融机构为了躲避不同的金融监管部门，就千方百计搞一些结构复杂的产品，需要从消除监管套利入手。

第二个根源是加杠杆。金融机构加杠杆的目的是薄利多销，以量补价。从2013年以来，有一个现象特别值得重视。只要央行的操作稍微紧一点，各个系统马上就不行了，连股票市场都受影响。因为杠杆过高，用七天的、一天的、隔夜的资金做资产运营，把市场流动性宽松视为常态，一旦调整就受不了，所以如何控制杠杆、减少金融机构对公开市场的过度依赖，是遏制复杂结构产品的根本性措施。

第三个根源是资金传导链条过长。中国人民银行在公开市场操作的传导机制的链条过长，央行跟一级交易商做交易，大银行成为"二级中央银行"，大银行通过同业市场再到中小银行，然后中小银行再传到非银行金融机构，资金的传导链条很长，既抬高了资金成本，又不利于央行货币政策有效传导，还助长了复杂结构产品。

同时还需要强调的是，随着金融体系分工的专业化、精细化，以及投资者风险偏好的多元化，简单的债务和股权产品是满足不了投资者的需求的。这就需要将产品划分出一定的结构和层级，在权益关系和债务关系上附加额外的条款进行一些机制上的设计和创新，对这些产品应当给予宽容。同时要坚持实施穿透式监管。

值得注意的是，流动性是金融市场的灵魂和血脉，二级市场的交易虽然没有直接服务于实体经济，但是增加了市场的广度和深度，为持续服务实体经济提供了源头活水。一般认为二级市场炒来炒去是过度投机，要进行遏制，这是有道理的，但也要高度重视市场流动性。

同时，决定资管行业高质量可持续发展的内在因素就是专业能力的建设，包括资产选择能力、资产定价能力、产品创设能力、金融科技能力、专业销售能力和合规风控能力。

第三，要处理好资管机构多元竞争与统一监管的关系。我国金融体系是以银行为主导的，未来资管行业仍然会以银行为主导。另外，大银行的客户网络基础、获取资金的能力、优势地位以及科技投入水平等都是现在其他金融机构难以比拟的。即使在资本市场发达的美国，银行系资管同样发挥着很重要的作用。比如摩根大通是一个综合性银行，也是一个综合资管的代表，以主动管理为主；而道富银行是专家型代表，以被动性的权益投资为主；美国银行是资管产品多元化，侧重长期资源的配置。从2018年的情况看，在整个资管行业中，银行内的私人银行资管主要面向高净值客户，其规模大体占资管总资产的1/3，商业银行理财大体上占1/3，还有1/3是证券公司、基金子公司、保险公司等，即银行占了2/3。

正因如此，银行的理财子公司对资管行业的发展很重要。目前，银行理财子公司和公募基金、信托公司等在很多方面有差别，在产品的发行特别是公募产品的发行、投资方向的确定，以及运作的模式、投资的比例、信息披露的标准等方面都是不同的。随着资管行业对外开放，外资机构会越来越多，在多元竞争环境下如何消除监管套利，显得越来越重要。

当前，迫切需要对整个大资管行业的各类机构、各类产品，在资金募集、投资、运营、信息披露等方面的行为进行统一监管，要统一规则、统一执法，以消除和减少监管套利、监管重叠和监管空白，提升监管水平。

第三节

加强金融控股公司监管[1]

2019年7月26日,中国人民银行发布《金融控股公司监督管理试行办法(征求意见稿)》(下文简称《办法》),这一举措很重要也很及时,对于进一步规范金融控股公司业务、防范金融风险具有重要意义。

《办法》的创新之处是,把产融结合和金融控股公司监管相结合。因为产业和金融结合,背后的监管逻辑就是防止产业虚化、企业不务正业,以及防控关联交易和金融风险,控制实业公司过度向金融渗透和发展。

《办法》规范了一小部分金融控股公司,主要是实际控制人为境内非金融企业、自然人以及经认可的法人的金融控股公司。现在(金融控股)公司有两大类,第一大类是央企,按资产规模分类,位居前列的是招商局、华润、华能、中国电网等;第二大类是民企,但是已经倒掉了一批,例如明天系、安邦系。《办法》是一份过渡性文件,有些问题还没解决。从金融控股公司的角度

---

[1] 此文系作者2019年8月在中国金融四十人论坛双周内部研讨会上的发言。

讲，大部分金融控股公司还在《办法》的监管范围之外，《办法》要真正成为金融控股公司的管理办法还有距离。

针对《办法》提几点建议。

第一，金融控股公司划分标准仅凭资产总额可能有些不科学。比如，从某央企集团的财务情况来看，2006年以来，其金融板块的利润每年大体上超过全集团利润的14%。2009年，金融板块利润超过全集团利润的70%。还有的央企进行股票投资，2015年投资收益超过主业利润。这种例子比较多，如果简单以资产总额来衡量金融控股公司，可能不够全面。

第二，对于企业集团建立金融控股公司，《办法》监管还不够严格。对于企业集团金融控股公司的准入、股东条件，这些都没问题。但对金融资产占到集团总资产很大比重的，比如占比达70%~80%的，对于这类企业集团的金融控股公司，应当比照系统重要性金融机构的标准来监管。此外，还要特别重视对实际控制人的监管，而不是仅仅在控股公司层面的监管。

第三，监管部门之间的协调能力还需要进一步加强。对于金融控股公司监管职责，央行和其他监管部门之间还需要进一步明确。可以借鉴美国的功能性合作监管经验，美联储牵头监管金融控股公司，金融控股公司的子公司是分业监管模式，但最重要的是要信息共享，这正是我们的短板。目前"一行两会"的数据仍被分割，形成了"信息孤岛"，难以做到信息共享，建议要下大力气，依靠现代科技来解决这个问题，进一步协调监管机制。此外，央行还应该负责牵头金融控股公司风险处置。

第四节

防范地方政府隐性债务风险[①]

地方政府的隐性债务是指没有纳入地方财政预算，但又需要由地方政府承担最终偿还责任的债务。这部分债务形式多样，透明度差，债务风险高，已经成为防范化解系统性金融风险的"灰犀牛"。

有关部门先后印发了一系列文件，规范地方政府举债融资行为。地方政府高度重视，取得了一些积极成效。但从调研情况看，各地工作进展很不平衡，普遍存在以下两个问题。

一是隐性债务底数不清。债务种类名目繁多，主要包括地方政府融资平台、PPP项目，以及特许经营方式BOT（建设—经营—转让）、BT（建设—移交）等，各类投资基金以及通过违规出具承诺函、融资租赁、签订工程类政府购买服务协议等方式变相举债。省级、地市级和县级政府缺乏本地区全面的隐性债务数据。有的剥离公司或新成立公司，甩掉一部分债务，没有从地

[①] 此文系作者2018年5月在全国政协"健全系统性金融风险防范体系"专题协商会上的发言。

方政府最终承担偿还责任的角度统计债务，使本来复杂多样的债务形式更加"碎片化"，每次统计报告数据都会不一样，数据伸缩性较大。有的故意回避违规举债问题，有的甚至明知本地债务负担过重也不愿意承认。按照有关部门的统计，截至2016年底，我国政府显性债务规模29.95万亿元，是GDP的36.2%。其中，中央债务13.48万亿元，地方债务16.47万亿元。从调研的情况看，地方政府隐性债务规模是其显性债务的1.5~3倍，按此推算，地方隐性债务规模可能达到24.7万亿~49.4万亿元。

二是债务风险化解难度大。随着进一步规范地方政府举债行为，客观上收紧了新增融资规模，给化解存量债务风险带来了更大的压力，也促使一些地方将部分债务转移到非平台的国有企业，增加了这些国有企业的债务负担。在债务偿还中之所以还没有发生违约事件，主要依靠地方政府强势地位，转移腾挪债务的现象比较普遍，"十个瓶子九个盖"，拆东墙补西墙。由于地方债务累积形成的资产大部分属于公益性的，未来难以产生收益，也难以引进民间资本，而一部分有收益的项目，地方政府又不愿意让给民间资本，这就进一步加大了盘活存量债务的难度。

分析以上问题的原因，主要有几个方面。

一是地方政府隐性债务缺乏权威定义，没有统一的口径。有关部门虽然制定了内部口径，但各地对限额之外的隐性债务，特别是地方未来支出责任，因为时间跨度较长，在统计上的理解不尽一致，造成数据失真。

二是地方政府存在博弈心理，总在揣摩有关部门的政策意图，寄希望于中央兜底。有的地方缺乏打好主动仗的意识，等待观望，边走边看，得过且过；有的地方担心影响本地区信用环境，人为减少债务负担；有的地方怕倒查责任，不敢和盘托出。

三是地方公共投资需求大。现在基建投资的主体内容不再是"铁公基"，代之以水利、环境、公共设施管理业、能源生产供应业以及扶贫领域，许多是硬任务，而地方的事权与财权不匹配，加上缺乏正规的融资渠道，导致地方公共投资资金需求与供给矛盾突出。

针对上述问题及其成因，提几点建议。

第一，明确界限，盘清底数。制定统一口径，甄别核实隐性债务。及时回应地方疑惑，消除地方顾虑，协调解决债务甄别中存在的细节问题，加强督促检查，确保数据完整、准确、可比。

第二，控制增量，化解存量。制定防范化解地方政府隐性债务的行动计划，分类施策，多措并举，稳妥实施，对新增项目，要有保有压，及时调整。对历史存量资产，研究如何变成产权，成为今天的资本。把已建成项目的未来收益变成今天的投资，把经营性国有资产运营收入变为地方长期的综合财力。研究发行长期债券问题。把顶层设计与地方创新紧密结合起来，积极探索经营城市的理念、途径和方法，运用市场化和法治化手段来经营和管理城市各项资源，加快地方政府融资平台转型，从项目融资建设主体转变为资产和资本运作市场主体，发挥资源综合开发与配置功能。

第三，堵塞后门，开启前门。深化地方投融资体制改革，地方举债由地方人大审议批准,增强透明度和约束力。强化预算内外约束,严禁违规融资、变相举债,严肃纪律问责。要加大对财力薄弱的欠发达地县基础设施的支持力度,结合扶贫攻坚、乡村振兴、江河治理、公共事业发展,增加省级财政专项补助和转移支付,采取倾斜、捆绑方式,有些项目由省里承担还本付息责任,切实避免马太效应,促进地区协调发展。

第五节

化解区县财政风险[①]

党中央一直高度重视地方财政风险，特别是区县财政风险问题，近年来采取了一系列有效措施，出台了一系列改革，推进省以下财政体制改革，实施地方政府法定债务和隐性债务合并监管，建立健全地方财政风险评估预警机制和应急处置机制，制止地方违法违规举债，遏制隐性债务增量，化解债务存量，取得了积极成效，目前地方财政风险总体可控。同时，也应当看到，地方债务风险仍然很大，财政形势比较严峻，老问题没有根本解决，又出现了一些新情况、新问题、新矛盾，使地方财政风险凸显，特别是区县级的法定债务占地方法定债务总量的50%，隐性债务占60%，拖欠款占77%，落实"三保"任务就更加困难，因此，迫切需要进一步采取措施加以解决。

第一，坚持纳入省级财政统筹。在推进省以下财政体制改革时，要进一步增强省级财政调控能力，考虑到区县级财政能力比

[①] 此文系作者2023年5月在全国政协经济委员会"积极应对化解区县财政风险"专题座谈会上的发言。

较薄弱，应进一步完善和增加省以下财政转移支付制度，适当增加省级支付责任。在一个省内，区县级财政风险也很不平衡，差异较大，加上地方债券发行都是以省级政府信用背书的，一般按国债收益率加25个基点来确定发行利率，并没有对应到区县政府，因此，由省级财政统筹解决更为有利。

第二，坚持中国特色。地方政府债务风险与西方国家的主要区别是，债务并没有用于开支，而主要是用于基础设施建设，这对于促进我国城镇化、工业化，全面实现小康，满足人民对公共服务的需求起到了重要作用，但问题是形成的巨量资产体现在社会效益上，项目建成后缺乏经济效益和流动性。如按照权责发生制的会计准则编制地方政府资产负债表，地方应有大量的净资产。有关研究机构估算，地方非金融国有控股净资产加上行政事业性净资产将超过250万亿元。根据国际货币基金组织对全球58个主要经济体的排名，政府净资产与GDP之比排名，中国位列第六。

因此，化解地方财政风险，应研究措施，使大量没有直接收入回报、不能流动的基础设施资产，变成有收益、可流动、可投资的资产，下大力气盘活存量资产，提高基础设施资产的运营效率。值得注意的是，盘活存量资产并不意味着简单出售，而是要通过精准分类、资产重组，在不增加地方政府债务的前提下，采用资产证券化方式进行融资，通过一些政策和技术安排，使之成为符合金融市场要求的投资工具。

第三，坚持四项约束条件。一是中央不救助，"谁家的孩子谁来抱"。二是不大幅度提高赤字率，更不搞财政赤字货币化。三是不过度增加地方负债，不透支未来。四是地方政府包括区县财政和城投平台不违约、不破产，坚决守住不发生系统性风险的底线。

根据以上思路，提几条操作上的具体建议。

一是大幅降低地方政府债务利息支出。适当增加两种再融资债券发行，拉长期限，降低利率，一种用于替换原来利率较高、期限较短的债券，一种用于置换隐性债务。只要将利息支出占财政收入（或GDP）的比重大幅压降，地方政府债务就可持续，就能以时间换空间化解风险。

二是设立省级政府信用保障基金。资金来源通过向"中央和地方财政性存款＋机关团体存款"账户发行专项票据筹集，实际上是动用各级财政及机关团体结余资金的一部分，相当于政府节约的开支用于补充信用保障基金。该保障基金除了用于应急风险处置，主要用于一部分基础设施资产增收增信，确保资产证券有合理的、稳定的收益，成为可投资的证券资产。投资者持有这类证券，可作为合格资产在市场转让，也可以向中央银行抵押融资，以帮助它们解决流动性问题。

三是鼓励支持基层政府探索创新。总结推广各地行之有效的经验，规范和完善相关做法，及时跟进评估相关措施，指导帮助地方解决难题。

第六节

以系统观念应对房地产风险[1]

防范化解房地产市场风险没有一招见效的灵丹妙药，因此，必须坚持以系统观念来防范化解风险，用普遍联系、全面系统、发展变化的观点认识房地产市场，把握房地产行业的发展规律。对房地产市场更多强调全局性、整体性，保持战略定力和耐心，防止长期目标短期化、系统工程碎片化。

当前房地产风险化解取得成效

从新房销售来看，一般来说，每年第一季度新房销售并不太好，2017—2023年，只有2021年和2023年第一季度的新房销售同比表现上升，其他年份的第一季度均呈下降趋势。从中指研究院对100个重点城市房价情况监测的数据来看，2023年第一季度，这100个城市的新房每个月平均成交面积是3 361万平方

---

[1] 此文系作者2023年4月在"2023·金融四十人15周年年会暨闭门研讨会"上的发言。

米，同比增长18.2%，环比增长12.8%，同比、环比实现了双增长。从价格来看，2023年第一季度100个城市新房价格累计上涨0.01%，虽然涨幅微弱，但和2022年第四季度相比已由跌转涨，其中3月的价格涨幅略大。

从二手房的交易情况来看，2023年第一季度15个重点城市的二手房成交面积同比增长50%，速度仅次于增速较高的2021年同期。从价格来看，100个城市的二手房价格累计下降0.18%，比2022年第四季度收窄了0.41个百分点，略有好转。

从房地产企业投资拿地情况来看，2023年第一季度百强房企拿地总额为1 930亿元，同比下降15%，但比上月下降幅度收窄，土拍热度有所回升。

目前来看，2022年以来采取的一系列政策措施取得了积极成效，但同时也要看到，房地产市场仍处在调整阶段，正处于"弱复苏强分化"的状态，特别是市场分化现象越来越严重，这种分化表现在几个方面：第一，一、二线城市和三、四线城市分化严重；第二，国企和民企分化严重，大部分国企销售较快、拿地较多，民企仍然困难；第三，二手房和新房也在分化，按照过去的经验，一般新房销售较多，然后带动二手房交易，但2023年以来则是二手房挂牌交易较多，带动新房交易。

总体来看，房地产行业遇到的困境没有根本好转，整个房地产市场的风险隐患并没有消除，市场企稳的基础并不牢固，特别是当前市场预期已经发生变化，"房价不会跌只会涨"的预期已被打破。

推动房地产业向新发展模式平稳过渡

中央经济工作会议在2021年首次提出新发展模式，2022年底则提出要向新发展模式平稳过渡。首先，新发展模式势在必行，过去依靠三高（高负债、高杠杆、高周转）模式的房地产业不可持续，新模式则以全体人民住有所居为中心，坚持"房住不炒"，加快建立多主体供给、多渠道保障、租购并举和住房品质改善的住房制度。其次，新模式的建立是一个系统工程，涉及领域广泛，比如土地制度、税收制度、住房消费生产、保障机制、开发模式、供需模式和管理模式等，所以新模式的发展是不可能一蹴而就的。

亟须推动房地产业向新发展模式平稳过渡的原因有以下几点。

第一，房地产多年积累的风险目前仍处于高发、频发时期，防范化解风险是构建新发展模式的基础和前提。没有房地产行业的软着陆，就没有整个行业的良性循环和健康发展。最近，风险从房地产业向银行业迁移的状况日渐显现，根据六大国有银行2022年的年报，2022年，对公房地产的不良贷款率最高达到7.23%，比2021年上升2.18个百分点。如果风险蔓延趋势得不到遏制，对商业银行体系来说，不良贷款率还会继续上升。

第二，强调平稳过渡是2023年实现经济运行整体好转的要求。房地产业规模大、链条长、牵涉面广，在国民经济、全社会固定资产投资、地方财政收入当中都占有相当高的份额，对稳增长、调结构、惠民生有重要意义。2023年经济要想实现整体好转，房地产业的拖累程度就不能像2022年那么大。

第三，这是推进长效机制建设的需要。房地产新发展模式和长效机制建设需要多方面持续发力、久久为功，当前面临很多深层次的问题和矛盾，既涉及房地产的增量，也涉及房地产的存量，这些问题处理起来都要经过一个较长的过程。以保障性租赁住房为例，目前我国有3亿~4亿新市民（在大城市里工作但买不起房子的群体）需要租房，按照"十四五"期间的规划，40个重点城市计划建成保障性租赁住房650万套，约能解决1300万市民住房困难的问题，所以未来任务很艰巨，不仅要解决租房困难问题，还要更新城市、改造老旧小区，这些任务推进起来都需要一个过程，因此，确实需要强调当前的平稳过渡。

商业不动产调控应区别于住宅市场调控

应该将房地产调控区分为住宅市场调控和商业不动产市场调控，并采取措施着力盘活和处置商业不动产。据有关机构测算，目前房地产企业的有息负债（不算预售款、拖欠款）为20万亿元左右，商业不动产规模价值为50万亿元左右。商业不动产的空置积压比较严重，现在只能依靠循环借贷，所以商业不动产成为房地产行业风险不断爆发的导火线，因为商业不动产一般是自持经营和运营的，一旦出现资金链无法持续的情况，就会发生爆雷，引发一系列连锁反应。因此，下一步要大力盘活和处置商业不动产，并且要分门别类、针对不同资产类别精准施策，这有利于从根本上缓解房地产风险问题。

为什么要高度重视商业不动产？商业不动产本质上是以经营为主的服务业，也就是第三产业，属于消费类的基础设施，比如商场、电影院，同时又具有重资产的特点，比如建一个商场需要很大投资，所以它又具有资本属性，为资本市场提供了可投资的稳健的大类资产。如今，城市经济发展是一个国家实现现代化的支撑点，而城市经济发展则有赖于科技、文化、消费、物流、医疗等产业发展，商业不动产是上述一切产业的空间载体、生产资料、生产要素，也是城市竞争力的关键。

把商业不动产调控独立出来以后，金融政策上也应该做一些改进。比如把商业不动产贷款额度从房地产贷款总额中拉出来，商业不动产属于第三产业服务业，它的贷款额度不应受房地产贷款的限制。同时鼓励行业重组并购贷款发展，鼓励私人银行、私募股权基金配置商业不动产，鼓励保险机构和社保基金通过间接或者直接形式进入商业不动产投融资，这样不仅可以带动消费、促进投资，同时有利于从根本上缓解房地产行业风险。

要大力推动"商改租"，将商业不动产改为租赁住房，为此，中共中央、国务院出台了一系列支持"商改租"的政策，但在落实当中遇到很多困难，比如在规划、消防安全、标准、审批等方面十分复杂。因此，应该进一步加大政策的协调与执行力度，简化审批流程，增强合规性，降低成本。此外，帮助从事长期租赁住房的机构拓宽融资渠道，因为它的融资模式是依靠未来租金，但需要提前进行一次性投入，要针对这些特点改进融资模式，出台税收优惠和专项补贴措施。

建立房地产金融的新循环

当前消费需求不足，要着力构建房地产金融新循环，从不动产私募投资基金到不动产抵押贷款资产支持证券，从类REITs、Pre-REITs（不动产投资信托基金筹备阶段）到公募REITs，持续增加债权类资金，扩大权益类融资。同时，促进居民建立新的住房、新的投资和新的消费循环。

从住房来讲，要租购并举，满足居民合理需求。从投资来讲，要运用各种市场工具来鼓励机构和居民个人增加对不动产的投资，缓解目前存在的超额储蓄和提前还贷的状况，开辟另外的投资渠道。从消费来讲，居民消费可分为居住消费和非居住消费。一方面，通过放松对需求端的控制，增加居民合理的购房需求，扩大居住类消费。另一方面，通过盘活商业不动产存量，增加居民投资工具，提升消费类基础设施的经营绩效和投资收益率，扩大居民非居住消费，形成不依赖买房就能增加财产性收入的良性循环。